Kreative Farbgestaltung im Garten

Es ist nicht gestattet, Abbildungen dieses Buches zu scannen, in PCs oder auf CDs zu speichern oder in PCs/Computern zu verändern oder einzeln oder zusammen mit anderen Bildvorlagen zu manipulieren, es sei denn mit schriftlicher Genehmigung des Verlages.

Die Deutsche Bibliothek – CIP-Einheitsaufnahme

Ein Titeldatensatz für diese Publikation ist bei der Deutschen Bibliothek erhältlich

Dieses Buch folgt den Regeln der neuen deutschen Rechtschreibung

Titel der Originalausgabe: The Bold & Brilliant Garden
Copyright © Frances Lincoln Limited 1999, London

Text © Sarah Raven 1999
Vorwort © Christopher Lloyd 1999
Fotos © Jonathan Buckley 1999 mit Ausnahme von Seite 168

Augustus Verlag Augsburg 2001
© Deutsche Ausgabe Weltbild Ratgeber Verlage GmbH & Co. KG
Alle Rechte vorbehalten

Übersetzung: Katrin Johar, Frankfurt/Main
Redaktion: Michael Brandstätter, Eisenberg/Allgäu
Umschlaggestaltung: Vera Faßbender, München
Fotos: Jonathan Buckley
Gesamtproduktion: Buch & Konzept, München
Satz: Gesetzt aus der Perpetua und The Sans
von Annegret Wehland, München
Druck und Bindung: Kwong Fat, Hong Kong
Gedruckt auf chlorfrei gebleichtem Papier
Printed in Hong Kong

ISBN 3-8043-7196-5

Seite 1 Eine spät gepflanzte, purpurrote Hyazinthe, *Hyacinthus* 'Distinction' in Gesellschaft der Tulpe 'Prinses Irene' und einer frühblühenden Baumpäonie, *Paeonia suffruticosa* 'Howki'. Dazu gesellen sich die ersten gelbgrünen Blüten des Großblättrigen Frauenmantels, *Alchemilla mollis*.
Vorhergehende Seiten Die Blätter und Knospen einer purpurfarbenen, kugeligen Artischocke, *Cynarua cardunculus* Scolymus-Gruppe schaffen einen perfekten Hintergrund für die magentafarbenen Gladiolen, *Gladiolus* 'Fidelio', und die zinnoberroten Montbretien *Crocosmia* 'Lucifer' sowie den Rittersporn, *Delphinium* Black-Knight-Gruppe. Der immergrüne Chinesische Pechsame, *Pittosporum tobira*, sorgt für einen ruhigen Ausgleich.
Gegenüber Eine Detailaufnahme einer Alpendistelblüte, *Eryngium alpinum*, die ihre außergewöhnliche Form und Zartheit zeigt.

Inhalt

Vorwort von Christopher Lloyd 7
Einführung 8

Frühling 14

Erste Frühlingspflanzen für Sonne und Halbschatten 6
Pflanzen für Sonne und Halbschatten ab Frühlingsmitte 22
Pflanzen für schattige Standorte 27

Frühsommer 36

Pflanzen für sonnige Standorte 38
Pflanzen für den Schatten 55
Anpflanzungen für feuchte Böden in Sonne und Schatten 58

Hochsommer 72

Sonnige Standorte 74
Pflanzen für feuchte Böden in Sonne und Halbschatten 102

Spätsommer 110

Pflanzungen an sonnigen Standorten 112
Pflanzen für den Schatten 134
Pflanzen für Feuchtzonen in Sonne und Halbschatten 141

Herbst 146

Pflanzen für sonnige Standorte 148
Pflanzen für schattige Standorte 157
Pflanzen für Feuchtzonen in Sonne und Halbschatten 158

Bezugsquellen 162
Register 163
Danksagung 168

Vorwort

Seit Jahren werden wir mit Büchern und Gartenmagazinen überhäuft, die uns über guten Geschmack, über die richtigen Farben und deren Zusammenstellungen aufklären wollen. Man soll den Regeln des Farbkreises folgen und sich nach den Vorgaben richten, die von Gartendesignern aufgestellt wurden.

Jetzt endlich gibt es einige Vorreiter, die mit einer neu gefundenen Freiheit, ohne Angst vor Kritik, Farben viel wirkungsvoller und wesentlich ungehemmter einsetzen. Früher war man der Meinung, es wäre in Ordnung, Knallrot und Gelb, sogar Orange (obwohl es doch eher aprikosen- oder pfirsichfarben sein sollte) zu verwenden, solange sie als eigenes Thema dargestellt würden: d.h., sie sollten alle zusammen in einer kleinen Ecke des Gartens oder einer Rabatte wachsen. Hatte man dann etwas guten Willen gezeigt, konnte man sich mit Erleichterung auf die zarteren Farbtöne konzentrieren, mit denen man sich sicher und vertraut fühlte.

Aber eine kleine Frage stellte sich immer wieder. Warum sollten wir nicht z. B. leuchtendes Orange neben Magenta oder Rosa mit Gelb überall dort in unserem Garten einsetzen, wo man Spannung und Dramatik erzeugen möchte? Schließlich findet man diese Farbkombinationen auch häufig in der Natur an einer einzelnen Blüte vereint. Warum sollte man sie nicht in größerem Stil in die Tat umsetzen?

Sarah Raven ist eine jener tapferen Verfechterinnen dieser Gartenphilosophie, wo die Hingabe zu einem sinnlichen Vergnügen aus Farben, Düften und Formen im Mittelpunkt steht. Dies erreicht sie nicht durch ein paar Farbkleckse oder impressionistische Tupfen. Sie arbeitet vor allem mit satten Farbblöcken und -streifen, die von üppigem Blattgrün eingerahmt werden. Genau das ist ihr Stil. Im Spätsommer können Sie sich dann in ein paar Quadratmetern Ihres Gartens verlieren – eingehüllt von hoch aufragendem Blattwerk, leuchtenden Blüten und hypnotisierendem Duft. Es entsteht eine überwältigende und überaus stimulierende Atmosphäre.

Raven kombiniert starke Farben in einem zügellosen und aufregenden Stil: Violett mit Zinnoberrot, Mandarine mit Magenta, Karmesinrot mit Gold („eine intensiv leuchtende Farbe wird knallhart neben eine andere leuchtende Farbe gesetzt"). Aber das soll nicht heissen, dass alles erlaubt ist. Im Juni schüttelt es mich oft selber bei den chaotischen und unverdaulichen Farbzusammenstellungen aus verschiedenen Kandelaberprimeln, die man so häufig sieht. Sarah Raven meint dazu: „Pflanzen Sie nicht alle Farben wild durcheinander. Kräftige Farbblöcke – z.B. eine zinnoberrote Gruppe neben leuchtendem Rosa, Mandarine neben Magenta – ergeben einen viel kräftigeren Eindruck."

Sie meidet die leisen Töne wie Blassrosa, Blassgelb, Cremefarben und reines Weiß, verwendet aber Grau- und Silbertöne, nicht als einzelne Gruppe, sondern in bunten und kontrastreichen Kombinationen.

Sarah Ravens Gartenjahr des Überschwangs beginnt im Spätfrühling (wenn die Tulpen den Garten mit ihren leuchtenden Wogen dominieren) und dauert bis zum Spätherbst. Sie berücksichtigt sowohl sonnige als auch schattige Standorte. Die vielfältige Verwendung von ein- und zweijährigen Pflanzen sowie frostempfindlichen Stauden wird genau erläutert. Sie behauptet nicht, dass ihre Art des Gärtnerns keine Zeit und Mühe kosten würde, nur um den eher bequemen Gärtnern einen Gefallen zu tun. Ihre Botschaft richtet sich an den engagierten Gärtner, der in der Üppigkeit dieser vielen Pflanzen schwelgen möchte. Triste, unproblematische Sträucher, die brav jahrein, jahraus an ihrem Platz stehen, sind nicht ihre Sache. Packen Sie es an, brechen Sie aus und verwirklichen Sie Ihre Gartenträume mit Hilfe Sarah Ravens vitaler Botschaft.

Dieses Buch ist voll von fundierten und praktischen Empfehlungen, die alle auf persönlichen Erfahrungen beruhen. Ich kann mich für Sarah Ravens Garten verbürgen, der, ähnlich meinem eigenem, vor neuen Ideen und Experimenten überbrodelt. Jeder, der dieses Buch gelesen hat, wird feststellen, dass er um vieles bereichert neue Sichtweisen erfahren hat.

Christopher Lloyd, Great Dixter, 1999

EINFÜHRUNG

Ich liebe die Farbe Orange – jedes Orange, aber am meisten tiefes Zinnoberrot – dieses Orange, das an Scharlachrot grenzt, die Farbe von Heinz' Tomatensuppe. Mandarine; genau der Farbe der Frucht entsprechend – Orange mit ein bisschen Gelb gemischt – ist fast genauso gut. Das war nicht immer so. Vor fünf Jahren hatte ich einen Garten in London, in den ich überhaupt kein Orange hineinließ. Dann wurde ich Floristin und alles änderte sich.

Ein Florist arbeitet wie ein Gärtner. Wenn er einen Blumenstrauß bindet, sammelt er Farben, Formen und Strukturen wie beim Anlegen eines Gartens. Nur misst der Strauß nur etwa einen halben Meter Durchmesser anstatt vieler Meter. Es ist eine intensive Spielart desselben Vorgangs, aber befreiender, da das Resultat nur etwa eine Woche lang existiert und nicht mehrere Jahre. Dabei darf und sollte man mutig und ungehemmt sein – man wird sogar dazu ermuntert.

Je länger ich mit Blau, Blassrosa, Silber und Weiß – den typischen Hochzeitsfarben – arbeitete, desto mehr langweilte es mich und ich wollte etwas Aufregenderes tun. Ich hatte genug von Diskretem, Feinem und Zartem. Ich wollte Arrangements, die eher die Blechbläser als die Violinisten eines Orchesters symbolisieren – starke und leidenschaftliche Farben – denen entsprechend von rotem Fleisch, Rioja und Espresso.

Anfangs wählte ich satte altmodische Farben – Farben, wie man sie in einer Gemäldegalerie zur venezianischen Renaissance finden kann – Töne in Karmesinrot, Karminrot, Purpur, Zinnoberrot und dunkle Blautöne. Meiner Meinung nach benötigte ich noch eine weitere Gruppe leuchtender Farben, um mehr „Pep" und Kontrast zu erhalten und um die Intensität der ersteren aufzuhellen, die alleine zu voll und zu dunkel waren. Zu Beginn nahm ich viel Gelbgrün, dann Mandarine

Der Garten vor meiner Küche im Sommer. Blütenähren von *Eremurus* 'Cleopatra' ragen über die gelbgrünen Blätter von *Euphorbia schillingii* empor, während Mohn, Nelkenwurz, Ochsenzunge (*Anchusa azurea* 'London Royalist') und Glockenblume (*Campanula glomerata* 'Superba') für mehr Farbe sorgen: Gleichzeitig verströmen meine tiefrote Lieblings-*Gallica*-Rose 'Charles de Mills' und die süßliche *Rosa* 'Royal William' ein herrliches Parfüm. Zwei wüchsige Kletterpflanzen *Humulus lupulus* 'Aureus' (Hopfen) und *Akebia quinata* (Fingerwinde) bedecken die aus Hasel geflochtenen Trennwände, die, bis die Hecke auf der anderen Seite hoch gewachsen ist, als Windschutz dienen. Die formgeschnittenen Buchsbaumkugeln und eine immergrüne Säckelblume bleiben auch im Winter interessant. Die großen üppigen Blätter im Vordergrund gehören zum Blumenrohr (*Canna indica*).

und Himmelblau. Dann wurde ich zu Rosa bekehrt – nicht das Blassrosa, das mich an Zuckermandeln erinnerte und mir nicht lag, sondern strahlendes, ungestümes Rosa, wo die Pigmente dicht an dicht zusammengepackt waren.

Meiner Meinung nach sah es zusammen mit dem leuchtenden Himmelblau phantastisch aus – die Farbe von *Meconopsis* (Scheinmohn) mit Rubinrot und Gelbgrün – und passte außerdem zu Silber. Bald stellte ich fast jeden Blumenstrauss in diesen Farben zusammen. Ich mischte Purpurrot mit Zinnober, Mandarine mit Magenta, Karmesin mit Gold; alle auf einer Basis aus Gelbgrün und Silber.

Dann zog ich aus London weg, legte einen Garten in Ost-Sussex an und wollte diese Farben auch in meinem neuen Garten verwenden. Als ich Pflanzenkataloge durchstöberte, suchte ich vor allem rubinrote, purpurne, orangefarbene oder himmelblaue Sorten aus und pflanzte sie einfach dicht nebeneinander.

Beim Pflanzen verwendete ich Gruppierungen einer Pflanzenart und wiederholte sie in Abständen im ganzen Garten. Alles stand in Gruppen von zwei bis drei Pflanzen – sogar sieben, wenn genug Platz war. Ich wollte nicht pünktchenweise im impressionistischen Stil pflanzen. Ich wollte einen lebendigen Eindruck mit großen Farbflecken oder -streifen, die länger als ein Meter waren. Es gab Pflanzen wie Goldlack, Phlox und viele Ein- und Zweijährige, die am besten in großen Mengen aussehen, so dass ich sie in zweifacher Anzahl pflanzte.

Der Landhausgarten in Sissinghurst
Große Flächen farbenfroher Blumen beleben den Landhausgarten in Sissinghurst. Durch regelmäßige Besuche verstärkte sich meine Ansicht, dass ich so Gartenbau betreiben wollte. Er ist voller Blüten und Blätter in Gelb und Gold, gemischt mit viel Scharlachrot, dunklen Rottönen und Orange in Kontrast zu Gelbgrün; meistens sind sie in genau abgezählten Gruppen von drei, fünf oder sieben gepflanzt. Der Garten hat eine traditionelle Form mit vier rechteckigen Beeten, in jeder Ecke eine hübsche irische Eibe, aber die Farbzusammenstellungen waren leuchtend und lebendig. Genau das wollte ich in meinem eigenen Garten, aber mit einem etwas breiteren Farbspektrum, das auch die düsteren und satten venezianischen Farben mit einschloss.

Eine leuchtende Farbe benötigt zum Ausgleich eine klare Blütenform. Ich begann nach eindrucksvollen Blüten, Pflanzen mit üppigen Formen, großen Glocken oder fransigen, farbenprächtigen Blüten zu suchen, die aussahen wie eine Ansammlung von Federhüten. Ich wählte riesige Blumen, die

den Zeichnungen meiner fünfjährigen Tochter Rosie ähnelten: große, voluminöse, offene, aufspringende Blüten in leuchtenden Farben. Ich pflanzte Papageientulpen, Türkischen Mohn, ungefüllte Pfingstrosen, Zinnien, Dahlien und Hortensien. Aber ich wollte den Garten nicht nur mit diesen Pflanzen füllen. Ohne einen Gegenpart würde er lächerlich aussehen, aber ein Großteil der Pflanzen sollte von solch auffallendem Erscheinungsbild sein.

Der Garten von Christopher Loyd in Great Dixter
Dann besuchte ich Christopher Loyds subtropischen Garten in Great Dixter in Sussex. Ich war vor Begeisterung außer mir. Hier gab es im Spätsommer und Herbst riesige Gruppen von Dahlien, umgeben von einem Dschungel üppigen Laubwerks. Eine vollkommen schlüssige Komposition. Die knalligen Blüten in ihren intensiven Farben zeigten sich hier in Unmengen. Scharlachrot, Purpurrot, Orange und Rosa standen im Gleichgewicht mit einer Fülle von Blättern, die im gleichen Ausmaß vorhanden waren. Plötzlich sah ich meinen Traum vor mir. Es war wie in einem der von Rousseau gemalten Dschungelbilder – beim Gehen musste man die Pflanzen auf die Seite schieben. Dies war ungezügelte Natur, aber dennoch beeinflusst; es war aufregend, nicht ordentlich und gezähmt.

In Great Dixter lernte ich, dass man üppige Blüten mit Blattwerk kombinieren muss. Sie sollten in einem ausgewogenen Verhältnis zueinander stehen. Man benötigt kräftig gefärbtes Laubwerk, Gelbgrün und Karmesinrot, genauso wie silberblättrige Pflanzen, die in den farbenfrohen Beeten Beständigkeit erzeugen, und die ausgleichenden Wuchsformen von *Canna*, Honigstrauch und Glockenbaum sowie von robusten Riesengräsern, Sumachgewächsen und Rhabarber. Ihr Laubwerk schafft Ruhezonen und erzeugt mit seinen eindrücklichen Blattformen und turmhohen Ausmaßen ein Gefühl von üppiger Fülle und wirkt als Einrahmung.

Die Zusammenstellung in Great Dixter war perfekt. Sie präsentierte Überfluss, Begeisterung und Leidenschaft, aber auch Struktur und Eleganz. Zusätzlich wurde der Garten auf einer Seite von einem Gebäude und an den anderen drei Seiten von hohen Eibenhecken umsäumt. Wenn man eintrat, befand man sich in einer verborgenen Welt. Die Botschaft war eindeutig: Das Ausschließen der übrigen Welt verändert die Atmosphäre vollkommen. Daher errichtete ich Wände, schuf Abschnitte mit Haselnusssträuchern und Bambus, pflanzte überall Wein, Klematis, Rosen, Geißblatt und einjährige Kletterer, um sie in das üppige Konzept zu integrieren.

Einführung

Mir wurde klar, dass intensive Düfte meinen Farbenrausch und die ausdrucksstarken Formen um eine zusätzliche sinnliche Dimension bereichern würden. Es gab stark duftende Daturas in Great Dixter, aber ich wollte das ganze Jahr über durch Duftwolken wandern können. Daher pflanzte ich Hyazinthen, Goldlack, Rosen, Lilien, Geißblatt, Phlox und auch Datura. Als Floristin weiß ich um die Wirkung von Formen und Duft und ich wollte samtartige Strukturen einbringen, die zu der Farbenpracht passen sollten. Ich pflanzte Primeln, Hohe Bartiris, Klematis, Sonnenhut und die Tithonie wegen ihrer veloursähnlichen Blütenblätter, außerdem Gruppen von Königskerzen, Salbei, Lupinen und Ziest der flaumigen Blattstruktur wegen.

Am schönsten ist der subtropische Garten in Great Dixter ab dem Spätsommer, da er geschützt und sonnig liegt. Ich wollte dasselbe Aussehen und Gefühl fast während des ganzen Jahres erreichen und durch weitere Bereiche im Garten ergänzen. Ich fragte mich, ob es möglich war, dieselbe Intensität leuchtender Farben und üppigen Wuchses auf feuchtem Boden und im Schatten zu erzeugen? Sowohl im Frühjahr als auch im Frühsommer?

Ein ausdauerndes Farbenspiel

Ich bemerkte, dass es schwierig war einen üppigen Eindruck vor der Mitte des Frühlings zu schaffen: Es gab nicht genügend Pflanzen mit Farben oder Laubwerk mit der Wirkung, die ich suchte, aber es bleiben genug, um Pläne für die kommenden Monate zu schmieden. Sobald die Tulpen blühen, kehrt Leben ein. Mit dem Fortschreiten des Sommers wird es einfacher, wenn überwinternde Sträucher und Stauden zum Vorschein kommen und sich der Garten mit Farben und Blättern füllt. Ein Garten wie dieser erreicht seinen Höhepunkt zweifelsohne später im Jahr, wenn die eher exotischen und nicht winterharten Pflanzen ihr stärkstes Wachstum zeigen. Die Zuordnung einer Pflanze zu einer bestimmten Jahreszeit kann nie ganz exakt sein. Pflanzen, die nach diesem Buch im Hochsommer blühen, können in wärmeren Klimaten früher blühen, oder aber später, wenn sie später gepflanzt wurden oder das Wetter kälter ist als erwartet. Bei der Anlage eines solchen Gartens an feuchten oder schattigen Standorten, stellte ich fest, dass einige der wüchsigsten Pflanzen auf nassem Boden gedeihen und hier viele der leuchtend bunten Blumen vom Frühsommer bis Herbst gepflanzt werden können. Auch Schatten muss nicht langweilig sein, selbst wenn man hier die strahlenden Farbwirbel, die das Sonnenlicht hervorbringt, nicht findet. Wie viel Sie erreichen können hängt von der Art des Schattens ab: nur wenige

Pflanzen wachsen gut unter einer nährstoffhungrigen Buche, aber Sie können farbenfrohe Polster unter einer Hasel, einem Weißdorn oder an einer schattigen Mauer pflanzen, solange Sie zusätzliche Nährstoffe zuführen.

Solch einen Garten anzulegen hat aber auch Tücken. Wenn man nur kleine Gruppen pflanzt, ist immer ein Nachbar zur Stelle, der die Lücke nach dem Abblühen füllt. Aber wenn in größeren Feldern die Pflanzen verblüht sind, entstehen große Löcher in den Blumenbeeten und die Einheit des Gartens ist in Gefahr. Um Lücken zu vermeiden, wähle ich oft Pflanzen, die der Reihe nach blühen. Ich setze Unmengen von Zwiebeln und Türkischen Mohn; ich säe zahllose ein- und zweijährige Blumen und pflanze Dutzende von Dahlien und frostempfindlichen Stauden ein und aus. Nachdem diese Pflanzen ihre Aufgabe erfüllt haben, kann man sie abschneiden oder ausgraben. Ein Garten, in dem Gruppen dieser Pflanzen verstreut sind, wird immer gefüllt wirken.

Es hat natürlich keinen Sinn, sich vorzumachen, dies wäre ein Garten mit geringem Arbeitsaufwand. Das Pflanzen kostet viel Zeit und Mühe.

Obwohl es viele wunderschöne Sträucher und Stauden gibt, wäre es unmöglich dieses üppige, prächtige Bild zu schaffen ohne die kurzlebigen Pflanzen – Zwiebelpflanzen, Einjährige, bedingt winterharte und frostempfindliche Stauden – und deshalb konzentriert sich mein Garten, und auch dieses Buch, auf sie. Sie müssen gesät, vereinzelt und umgetopft, gepflanzt, gemulcht, hochgebunden, gedüngt, zurückgeschnitten und ins Winterlager gebracht werden. Außerdem benötigt man ausreichend Platz auf Fensterbänken, oder besser noch einen Anzuchtkasten, um Jungpflanzen zu ziehen. Aber diese Art des Gärtnerns bringt viel Freude wegen ihrer schnellen Ergebnisse; schon im ersten Jahr zeigt sich Ihr Garten mit Farb- und Duftwolken angefüllt. Vielleicht wird es Ihnen wie mir ergehen: jedes Gartenjahr ist ein Ansporn, noch aufregendere Formen zu finden und ein überaus kostbares und üppiges Paradies zu schaffen, einen verborgenen Garten, eine Oase des Überflusses. Wenn Sie ihn einmal betreten haben, werden Sie ihn nie mehr verlassen wollen...

Nächste Seite: Die üppigen und leuchtenden Farben
Hier die von mir am meisten verwendeten 24 Farben. Sie haben die Sättigung und die Intensität, die Wärme und den Überfluss, die einem Garten Leben und Leuchten verleihen. Große Teile des Farbspektrums sind ausgeschlossen; ich kann ohne sie auskommen. Es sind keine verwässerten Farben dabei, kein Blassrosa oder Hellblau, Blassgelb oder Creme. Auch Weiß habe ich ausgelassen: für mich ist es zu kalt, obwohl ich zugeben muss, dass manche weiße Blumen auch andere Vorzüge wie Duft oder Struktur aufweisen und so reizvoll sind, dass sich Weiß gelegentlich in meinen Garten einschleicht.

11

FRÜHLING

Frühling

Im Frühjahr verreise ich gerne, denn nach nur einer Woche Abwesenheit ist der Garten wie verwandelt. Es erscheint alles verändert, nicht nur wegen des neuen Austriebs, sondern vor allem das Gefühl von Gesundheit und Lebenskraft ist aufregend. Frische, glänzende Triebe und Blätter, alles ganz neu, ohne Schneckenfraß oder andere Verletzungen. Obwohl sich der Garten Woche um Woche füllt, dauert es noch bis zum Ende des Frühlings oder bis zum Anfang des Sommers, bis ein wirklich üppiger Rahmen geschaffen ist. Es gibt nicht genügend Frühlingsblüher, die Farbkaskaden, Duftwolken und Schleier üppigen Grüns hervorbringen. Man kann jedoch Teilstücke schaffen, die einen Vorgeschmack auf die zu erwartende Fülle bieten.

In der Sonne könnte man Beete mit purpurroten oder leuchtendrosa Hyazinthen anlegen, die mit orangefarbenen Kaiserkronen und Goldlack kontrastieren und sie immergrüner Gartenraute, Rosmarin, Salbei oder der Zimmeraralie gegenüberstellen. Oder man nimmt im Schatten Lungenkraut, karmesinrote oder pupurrote Primeln zusammen mit gelbem Flattergras (*Milium effusum* 'Aureum') und Nieswurz in Grün, Karmesin und Schwarz. Das ist eigentlich etwas zu zurückhaltend, um einen Garten wirklich lebendig und strahlend erscheinen zu lassen, aber doch ein Schritt in die richtige Richtung.

Mit dem Erscheinen der Tulpen kann auf den sonnenverwöhnten Beeten die Gartensaison mit fast schwarzen, karmesinroten, orange- und goldfarbenen Tulpen beginnen, die von gelbgrünen und zinnoberroten Wolfsmilchgewächsen und farbintensivem Goldlack unterstützt werden. Im Schatten zeigen sich die Blütenfarben mehr diffus. Tränendes Herz, Lerchensporn und Silberling nehmen den Platz der farbenfrohen Polster ein, der Einfluss von Blattgrün ist von zunehmender Bedeutung und nimmt mit dem Silbergrün und Gelbgrün von Nieswurz, Flattergras und Wolfsmilch eine Schlüsselrolle ein.

Im Frühling kann man sich auf den Überfluss des Sommers vorbereiten. Jetzt kommt die Zeit, einjährige Blumen und bedingt winterharte Pflanzen auszusäen, sie zu vereinzeln und um-

zutopfen. Frostempfindliche Knollen und Stecklinge können eingetopft werden und auf das Auspflanzen vorbereitet werden, wenn die Frostgefahr vorüber ist.

Erste Frühlingspflanzen für Sonne und Halbschatten

Hyazinthen, Narzissen und Kaiserkronen bilden strahlend schöne Farbmuster, besonders zusammen mit Goldlack – eine Kombination, die auch noch betörend duftet.

Es gibt viele Hyazinthen in satten rosa, purpurnen und blauen Tönen, wie 'Jan Bros', 'Woodstock', 'Distinction', 'King of the Blues' und 'Blue Magic'. Wenn Sie im zeitigen Herbst fünfzehn bis zwanzig Zwiebeln halbmondförmig 10–15 cm tief pflanzen, erhalten Sie wahre Farbwogen im zeitigen Frühjahr. Um die Farbenpracht länger zu erhalten, kann man eine früh blühende Sorte mit einer spät blühenden kombinieren, indem man sie so dicht setzt, dass sich die Zwiebeln fast berühren. Wenn die ersten Blüten welken, kann man sie abschneiden oder ausgraben, um Platz für die nächsten zu schaffen.

Die Zusammenstellung von Hyazinthen und Goldlack zeigt verschiedene Effekte. Der flammend rote Goldlack 'Fire King' zeigt sich in einem sehr eindrucksvollen Kontrast zu der leuchtendrosa *Hyacinthus* 'Amsterdam', gefolgt von 'Jan Bros', der purpurfarbenen 'Woodstock' und 'Distinction'. Einmal pflanzte ich diese rosa und orangefarbene Kombination um meine Rhabarberpflanzen. Die rosa Hyazinthen passten zu den Rhabarberstielen, als diese aus ihren Bleichtöpfen aus Ton sprossen und ihre dem Licht beraubten Blätter gelb leuchteten. Der Rhabarber vergrünte nach ein oder zwei Wochen, aber die verschiedenen Hyazinthen-Sorten blühten über einen Monat lang und der Goldlack noch länger.

Hyazinthen wachsen wild in der Türkei in Hanglagen mit guter Wasserableitung, kommen aber auch mit Lehmboden ganz gut zurecht. Sie gedeihen in Sonne und Halbschatten, sind aber etwas frostempfindlich und müssen nach einem harten Winter wie Einjährige ersetzt werden. Beim Bestellen der Hyazinthen sollte man die Farbbeschreibungen in den Katalogen beachten: Die als Orange aufgeführten sehen oft wie ausgewaschenes Lachsrosa aus. Die größten Zwiebeln mit 18–20 cm langen Blütenständen sollte man meiden. Die hohen Ähren tragen zu viele Blüten an einem dicken fleischigen Stiel. Es mag vielleicht zuerst sehr vielversprechend klingen, kann aber in Gruppen gepflanzt klotzig und geschmacklos wirken – wie überladene Staubwedel.

Goldlack, *Erysimum cheiri*, gehört zu den treuesten Frühlingsboten. Er ist absolut zuverlässig und blüht lange – der ideale Partner für Frühlings-Zwiebelpflanzen. Er wird auch wegen seines Duftes und seiner Farben geschätzt. Man kann ihn nicht mit nur einer Farbe beschreiben: seine Schönheit ist auf einer Komposition

Vorhergehende Seiten Im Frühjahr erfüllen dunkelrote, purpur- und orangefarbene Blumen diesen Teil meines Gartens. Die Triumphtulpe 'Negrita' steht zusammen mit Goldlack 'Blood Red' und orangen Kaiserkronen an dem blauen Keramiktopf. In dem Beet in der Mitte unter den Rosen zeigt sich ein Teppich aus farbenfrohen Primeln, Küchenschellen (*Pulsatilla vulgaris*) und Stiefmütterchen. Die Blütenfarben wiederholen sich in den jungen, karmesinrot getönten Blättern der Pfingstrosen, der süßen Bartnelken und denen des bronzefarbenen Fenchels, *Foeniculum vulgare* 'Aureum', während das frische Grün des kugeligen Buchsbaums und die gelbgrünen Blätter von *Tanacetum parthenium* 'Aureum' die satten Farbtöne unterbrechen.

Gegenüberliegende Seite oben Die Farbe der leuchtendrosa, nach Licht hungernden Triebe des Rhabarbers, die aus den engen Töpfen emporschießen, wird von den stark duftenden Hyazinthen, *Hyacinthus* 'Woodstock,' aufgenommen. Orangefarbener Goldlack, *Erysimum cheiri* 'Fire King' und *Hyacinthus* 'Woodstock' steuern Duft und kontrastierende Farben bei.

Gegenüberliegende Seite unten Die goldorange *Narcissus* 'Suzy' strahlt gegen den dunkelroten, samtigen Goldlack 'Blood Red'. Beide duften wunderbar.

von mehreren Farben an einem Stiel begründet. Gerade aufblühende Blüten voller Sattheit und Farbintensität sitzen Seite an Seite neben älteren Blüten in kräftigeren Farbtönen, die ihren samtigen Schimmer verloren haben. Die meisten Züchtungen werden etwa 50 cm hoch. Mit 15 oder 20 Pflanzen dieser Art kann man eine abwechslungsreiche und lebendige Gruppe formen.

Goldlack wächst am besten in voller Sonne, verströmt mehr Duft in der Hitze, toleriert aber auch Schatten. Genau genommen ist er eine kurzlebige Staude, wird aber in der Regel zweijährig und aus im Spätfrühjahr oder Frühsommer direkt ins Freiland gesäten Samen gezogen. Er gedeiht in schwerem Lehmboden, wächst aber auch leicht in jedem fruchtbaren Boden. Leichten Böden sollte man etwas Kompost oder gut verrotteten Mist zufügen. In Gegenden mit rauen Wintern, kann man Goldlack unter Glas vorziehen, ihn vereinzeln und umtopfen wie andere bedingt winterharte Pflanzen.

Ausdauernde Narzissen

Ein Teppich aus dunkelrotem Goldlack 'Blood Red' bildet den idealen Hintergrund für Narzissen. Ich pflanze nicht die großblütigen Trompetennarzissen, Größe 1 oder 2, sondern die kleinblütigeren Jonquillen und Tazetten-Narzissen, Größe 7 oder 8. Die großblütigen Arten kommen am besten zur Geltung, wenn sie direkt in die Grasnarbe gepflanzt werden, wo das wogende Grün ausgleichend wirkt und sie sich gegen das Gras behaupten können. Meiner Meinung nach dürfen Narzissen in Blumenbeeten andere Pflanzen nicht erdrücken und sie sollten duften. Daher wähle ich die Jonquillen, die bis zu 45 cm hoch werden. 'Suzy' ist eine Schönheit mit ihren hübschen goldenen Blüten und dem goldenen Becher. 'Quail' zeigt ein ebenso tiefes Gelb mit einem dazu passenden Becher. Beide duften lieblich. *Narcissus tazetta* 'Geranium' hat auch ein starkes Aroma und obwohl nicht von besonderer Färbung, blüht sie doch sehr lange. An jedem 35 cm langen Stiel sitzen fünf bis sieben Blüten, die unentwegt ihren Duft verströmen, bei jedem Wetter frisch aussehen und doppelt so lange blühen wie andere Narzissen.

Man pflanzt Narzissen im Spätsommer oder Anfang Herbst 15–20 cm tief, in leichten, sandigen Böden etwas tiefer. Sie wurzeln früher aus als andere Zwiebelpflanzen und ziehen Vorteile aus der zusätzlichen Zeit im Boden. Sie mögen nahezu jeden Bodentyp, gedeihen aber am besten in mäßig fruchtbarem, wasserdurchlässigem Boden, der im Frühjahr feucht

Gegenüberliegende Seite *Hyacinthus* 'Blue Magic', in einem breiten Streifen angepflanzt, wiederholt das Blau des glasierten Keramiktopfes in einer kräftigeren Version. Das Tränende Herz, *Dicentra spectabilis* 'Alba', und die gelbgrüne *Euphorbia amygdaloides* var. *robbiae* beginnen unter einem Apfelbaum zu blühen. An einem warmen Frühlingstag ist dieser Teil meines Garten von dem Duft der Hyazinthen und des Goldlacks erfüllt.
Links In den zinnoberroten Blütenglocken der *Fritillaria imperialis* 'Rubra' zeigen sich fünf große Tränentropfen am Blütengrund.
Rechts *Fritillaria persica* wiederholt die Färbung der Blattunterseiten des Rhabarbers, *Rheum* 'Ace of Hearts'.

bleibt. Sandigem Boden sollte man vor dem Pflanzen organisches Material zufügen. Wählen Sie einen Platz in voller Sonne oder Halbschatten. Die verblühten Blütenstände werden abgeschnitten und die Blätter lässt man mindestens sechs Wochen welken. Narzissen sind ausdauernde Zwiebelpflanzen und werden jedes Jahr erneut blühen, wenn man die Blätter nicht entfernt.

Die imposante Kaiserkrone

Kaiserkronen gehören zu einer anderen Familie, die um diese Zeit blüht. Es gibt viele schöne Arten, aber ich wähle die auffallenden, großen Kaiserkronen. Die *Fritillaria imperialis* bildet beeindruckende, 1 m hohe Ähren, jede behangen mit Wirteln voller orange- oder goldfarbener Glöckchen und saftigen, sattgrünen Blättern. Sie verdient einen markanten Standort im Garten.

Die großen Zwiebeln sollte man im Spätsommer 15–20 cm tief setzen. Kaiserkronen bevorzugen nährstoffreichen, wasserdurchlässigen, kalkhaltigen Boden, dem vor dem Pflanzen viel organisches Substrat untergemischt wird. Sie sind auf offenen Grasflächen von der Türkei bis zum Himalaya verbreitet. Am besten wachsen sie an einem sonnigen Standort ohne Wind. Im Halbschatten erhält man möglicherweise nicht jedes Jahr einen Blütentrieb. Die Blüten schneidet man ab, bevor sich die attraktiven Samen bilden, um die Zwiebeln nicht zu schwächen. Zum Sommeranfang färben sich die Blätter braun und sterben ab. Sind die Zwiebeln tief genug eingesetzt, kann man nach der Blüte Einjährige oder frostempfindliche Stauden darüber pflanzen ohne dabei die Zwiebeln zu beschädigen.

Um die Blütenbildung anzuregen, sollte man, wenn die Blätter im Frühling anfangen zu treiben, den Boden mit einem kaliumreichen Dünger aufbessern (Holzasche ist eine hervorragende Kaliumquelle): Nach der Blüte wird erneut gedüngt. Sollten stecknadelkopfgroße, weiße Knospen erscheinen, die sich aber nicht weiter entwickeln, liegt entweder ein Mangel an Kalium vor oder die Zwiebeln waren nicht genügend ausgebildet.

Die etwas schwieriger zu kultivierende *Fritillaria persica* ist besonders hübsch, wächst aber nur an einem sonnenverwöhnten Standort und auf wasserdurchlässigem Boden. Ihre hübschen silbergrünen Blätter heben sich von der drückenden Düsterheit ihrer karmesinroten, fast schwarzen Glocken an den 1 m langen Blütenständen ab. Sie sieht sehr exotisch aus, ist aber nur schwer zum Blühen zu bringen. Einen rauen oder nassen Winter überleben die Zwiebeln nicht. Auch Goldlack würde neben Kaiserkronen gut aussehen: die tief karminrote 'Blood Red' bildet einen interessanten Kontrast zu den orange- oder goldfarbenen Kaiserkronen, ebenso die orangefarbene 'Fire King' zu der dunkelkarminroten *F. persica*.

Passt das Klima für Goldlack nicht, kann man stattdessen *Euphorbia dulcis* 'Chameleon' mit karmesinroten Blättern verwenden. Sie ist winterhart, treibt früh aus und zeigt, in großen Gruppen gepflanzt, einen ähnlichen Effekt wie der Goldlack 'Blood Red'. Viele Monate lang bewahrt sie ihr attraktives Aussehen, blüht im Sommer und verfärbt sich im Herbst rot und golden, um einen attraktiven Teppich zu weben. Sie gedeiht in feuchtem Boden und zeigt die intensivste Färbung im Halbschatten. In der Sonne wird sie etwas grüner, wächst aber gut, allerdings kann Rost ein Problem darstellen.

Allzu viel der Fülle kann schwer und ermüdend wirken: man benötigt klare, kräftige Farben zum Ausgleich. Zu Frühlingsanfang bietet sich die dunkelrosa *Hyacinthus* 'Jan Bros' an, oder auch purpurfarbig blühende Blaukissen wie etwa 'Purple Cascade'; in großzügigen Bögen entlang eines Weges gepflanzt, sind sie eine Überlegung wert. Schneidet man sie nach der Blüte zurück, werden sie bald von den Nachbarpflanzen überwuchert. Sie sind leicht aus Samen oder aus halb reifen Stecklingen zu ziehen.

Oben links Die tief karmesinroten Blätter der *Euphorbia dulcis* 'Chameleon' zeigen sich im zeitigen Frühjahr. Kurz darauf folgen die eckigen, kapuzenförmigen Blüten.
Oben Mitte und rechts Die wolligweiche Schwarznessel, *Ballota pseudodactamnus* (Mitte) und die blaublättrige Weinraute, *Ruta graveolens* (rechts) sind immergrüne Stauden von unschätzbarem Wert, die für die ersten Frühlingsblüten einen herrlich leuchtenden Hintergrund formen.

Für mich ist Gelbgrün die beste Farbe, um volle Orangetöne, Karmesin und Schwarztöne klar zu trennen. Im zeitigen Frühjahr gibt es zwei Wolfsmilcharten mit dieser ungewöhnlichen Farbe: *Euphorbia amygdaloides* var. *robbiae*, eine immergrüne Staude von 30 cm Höhe, die sich leicht selbst aussäen und sich stark ausbreiten kann, und *E. characias* subsp. *wulfenii*, ein immergrüner Strauch von stämmiger, robuster Form. *E. amygdaloides* verträgt Sonne und Schatten; *E. characias* braucht Sonne zum Blühen. Die leuchtendsten *Characias*-Sorten sind 'John Tomlinson' und 'Lambrook Gold'. Alle sind zweijährig und tragen im Frühling oder Frühsommer, ca. 1,20 m hohe Blütenähren für drei bis vier Monate. Im ersten Jahr erscheint der blattreiche Stiel und blüht im nächsten. Ein Trieb blüht nur einmal und kann, sobald die Samenstände nicht mehr gut aussehen, abgeschnitten werden. Sie benötigen sehr viel Platz, aber ihre dichte graugrüne Belaubung bleibt das ganze Jahr über reizvoll und ist besonders schön, wenn im Winter die Blattränder von Frost gezeichnet sind.

Es ist wichtig das ganze Jahr über ausgleichendes Grün im Hintergrund der Blüten wahrzunehmen, da es den ständig wechselnden Farbkompositionen Beständigkeit verleiht. Am Anfang des Frühlings kann man immergrüne sowie früh austreibende Blattstauden einsetzen. Ein formgeschnittener Buchsbaum ist nie fehl am Platz. An verschiedenen Stellen gepflanzt bringt er Struktur in den leeren Garten während des Winters und im zeitigen Frühjahr. Die Raute, *Ruta graveolens,* ist ebenfalls eine hübsche immergrüne Pflanze. Gut in Form geschnitten, bildet sie perfekte blaugrüne Bälle von 60 cm Durchmesser (in der Sonne kann sie Blasen verursachen, wenn man sie ohne Handschuhe berührt). Rosmarin ist von unschätzbarem Wert, will man einen dunkelgrünen Farbeffekt erzielen. Nehmen Sie eine Hybride wie 'Sissinghurst Blue' oder 'Benenden Blue', die im späten Frühjahr dunkelblaue Blüten tragen und pflanzen Sie sie in die volle Sonne.

Nieswurz und Hyazinthe

Die immergrüne, mehrjährige Korsische Nieswurz, *Helleborus argutifolius*, ist wegen ihrer das ganze Jahr über strukturgebenden Eigenschaften unschlagbar. Ihre ca. 1,20 m hohen Stiele sind fast das ganze Frühjahr hindurch mit frischen apfelgrünen Blüten bedeckt, die für die Üppigkeit manch anderer Pflanzen einen Ausgleich bieten. Sie gibt einen idealen Partner für Hyazinthen ab, später auch für Tulpen. Ihre grünen Samenkapseln sind ebenfalls attraktiv. Es ist für eine Nieswurz ungewöhnlich, dass sie gut in voller Sonne und leichtem Boden gedeiht; an sehr heißen Standorten benötigt sie jedoch etwas Schutz vor sengender Hitze.

Die riesigen, glänzenden, tief gelappten Blätter der Zimmeraralie, *Fatsia japonica*, verleihen dem Garten im Sommer ein exotisches, dschungelähnliches Aussehen. Die Zimmeraralie muss in kühleren Klimaten frostfrei überwintert werden. Egal ob in Sonne oder Schatten, dieser Strauch wird bis zu 3 m hoch, kann aber zu einem halb so großen, kräftigen Busch zurückgeschnitten werden. Um große, graue Blätter zu bekommen, sollten Sie es mit Artischocken probieren, eine der ersten Blattstauden, die im Frühjahr austreiben. Zur Frühlingsmitte erreichen ihre Blätter bereits 60 cm Höhe. Beim Pflanzen von großblättrigen Pflanzen neben kleinblütigen Frühlingsblumen sollten Sie aufpassen, damit die zarten Pflanzen nicht erdrückt werden.

Cynara cardunculus und die *C.c.* Scolymus-Gruppe haben riesige, spitze Blätter, die wie mit Widerhaken besetzte Pfeilspitzen geformt sind. Ich liebe die riesigen, purpurnen, distelähnlichen Blütenstände, die im Spätsommer erscheinen. Soll das Blattwerk weiterhin als silberner Farbblock wirken, entfernt man sie besser, denn durch die Blüte wirken die Blätter sonst lückenhaft.

Die ganze Pflanze muss vom Beginn des Sommers an angebunden werden, da die ca. 2 m hohen Blütenstände sonst umfallen. Alle zwei oder drei Jahre sollte die Staude geteilt werden.

Der Rhabarber (*Rheum* x *hybridum*) gehört ebenfalls zu den ersten Stauden, die austreiben. Das ganze Jahr über gefällt er als üppige Blattpflanze, die auch Schatten verträgt, solange der Boden nicht knochentrocken ist.

Einige immergrüne Pflanzen animieren uns, sie beim Vorübergehen zu berühren und geben einen Vorgeschmack auf die tastbaren Blüten und Blätter, die später im Jahr erscheinen. Wegen seiner daunenartigen, silbernen Blätter gehört der Halbstrauch

Ballota pseudodictamnus (Schwarznessel) zu meinen Ganzjahres-Lieblingspflanzen, ist aber mit seinem frischen, vollen Aussehen und ca. 45 cm Höhe um diese Zeit besonders nützlich. Im Mittelmeerraum wächst die Schwarznessel wild auf steinigen Böden und gedeiht am besten in voller Sonne und auf nährstoffarmen, trockenen, gut durchlässigen Böden. In schwere Böden bringt man vor dem Pflanzen groben Sand ein. Nicht unbedingt winterhart, lässt sie sich im Spätfrühjahr leicht aus Stecklingen von halb reifem Holz vermehren und erreicht eine gute Größe in wenigen Jahren. Die Stecklinge bilden Wurzeln in einer sandigen Mischung; am besten überwintert man ein paar Pflanzen unter Winterschutz oder in einem kühlen, aber frostfreien Raum.

In für die Schwarznessel zu kalten Klimazonen, kann man den immergrünen Salbei, *Salvia officinalis*, anpflanzen, der wesentlich winterfester ist und ähnlich weiche Blätter aufweist. Ich liebe den hübschen *S.o.* 'Berggarten', der dunkelgrüne Blätter trägt, die so weich sind wie das Fell eines Maulwurfs. Bei Berührung verströmt

Bedingt winterharte, einjährige Pflanze

Kein lebendiger und farbenprächtiger Garten ist vollkommen ohne die Einjährigen. Sie sorgen für prächtige Farben, Struktur, Duft und Größe. Sie wachsen sehr schnell und blühen fast doppelt so lange wie die meisten Stauden und Gehölze – Zinnien, Spinnenblume, Sonnenhut und Tabak blühen von der Mitte des Sommers bis zu den ersten Frösten. Die Anzucht lohnt sich und sie benötigen nach dem Auspflanzen wenig Pflege. Ein Anzuchtkasten mit Temperaturkontrolle ist eine gute Anschaffung.

Der beste Aussaattermin ist ab Frühlingsanfang bei steigender Lichtintensität und Tageslänge. Bei früherer Aussaat erhält man staksige, durch Lichtmangel bleiche und krankheitsanfällige Pflanzen. Füllen Sie Anzuchtschalen mit einer normalen Aussaaterde – klumpige Erde wird vorher gesiebt. Gut wässern und abtrocknen lassen.

Die Samen streuen Sie anschließend gut verteilt auf die Erde, damit die Keime nicht zu dicht beieinander liegen und sich gegenseitig beengen. Bei sehr kleinen Samen ist es hilfreich, sie mit feinem, trockenem Sand zu mischen, um sie gleichmäßiger verteilen zu können.

Mit einer 5 mm dicken Erdschicht wird das Ganze abgedeckt und auf den Rand der Schale eine Zeitung oder eine Styroporplatte gelegt. So wird ein Lichteinfall vermieden,

was die Keimung der meisten Samen begünstigt und eine hohe Luftfeuchtigkeit gewährleistet. Manche Samen keimen nur unter Lichteinfluss, das ist dann auf der Samentüte vermerkt. Hier bedecken Sie die Schale mit einer Glasscheibe oder Klarsichtfolie. Setzen Sie die Schalen in einen Anzuchtkasten, ein Gewächshaus oder auf ein zugfreies Fensterbrett. Für eine schnelle Keimung ist 18 – 20 °C die ideale Bodentemperatur. Man sollte die Samen täglich überprüfen und die Abdeckung entfernen, sobald die Samen keimen, da Keimlinge viel Licht benötigen. Vermeiden Sie direktes Sonnenlicht, das die Pflänzchen verbrennen könnte.

Wenn die Keimlinge ein bis zwei echte Blattpaare (die denen der erwachsenen Pflanze ähnlich sind) zeigen, ist es Zeit zum Vereinzeln. Nehmen Sie aus der Schale einen Klumpen Erde mit ein paar Keimlingen. Vorsichtig zieht man nun einzelne Pflanzen mit ihren Wurzeln heraus. Setzen Sie jede einzeln in einen Topf mit 15 cm Durchmesser und feuchter Anzuchterde.

Danach setzt man die Töpfe ins Gewächshaus oder in ein frostfreies Frühbeet (die ersten Tage noch beschattet, später brauchen die Pflänzchen Sonne) und hält die Temperatur, wenn es geht, auf 15 °C im Wurzelbereich. Die Lufttemperatur sollte niedriger, aber immer über dem Gefrierpunkt liegen. Warten Sie bis ein kräftiges Wachstum einsetzt. Wenn die Pflanzen weitere Blattpaare gebildet haben, können sie an eine hellere, kühlere Stelle im Anzuchtkasten

gestellt werden. Gut feucht halten. Sobald am Topfboden Wurzeln erscheinen, wird in größere Töpfe umgepflanzt.

Haben sie sich dort eingewöhnt, können sie für immer längere Perioden ins Freie gebracht werden. Wenn die Frostgefahr vorüber ist, bleiben die Pflanzen draußen, sollten aber nachts mit Vlies abgedeckt werden. Sind sie ohne Schutz eine Woche im Freien geblieben, können sie endlich ausgepflanzt werden.

Von Zinnien und Spinnenblumen sollten die Triebspitzen entfernt werden, um sie zum Verzweigen anzuregen. Kräftige Pflanzen sind fruchtbarer und halten länger.

Beim Auspflanzen wird gut angegossen. Als Faustregel gilt, zuerst stark wässern – nach den ersten zwei Wochen weniger gießen. Bei großen Wassergaben, dringt das Wasser tief ein und zieht die aktiven, jungen Wurzeln mit. Die jungen Pflanzen können eine tiefere, feuchte Bodenschicht erreichen, wo kein Wasserverlust durch Sonne und Verdunstung herrscht. Wenn man häufig wenig wässert, bilden sich eher oberflächliche Wurzeln, die leicht zugrunde gehen, sollte man während sommerlicher Hitze abwesend sein. Die gelegentliche Flut ist besser als kurzes tägliches Sprenkeln.

Drei bis vier Wochen nach dem Auspflanzen bringt man um jede Pflanze herum eine 5 cm hohe Mulchschicht aus, damit der Boden nicht austrocknet und das Unkraut unterdrückt wird. Größere Pflanzen benötigen eine Stütze.

Frühling

er einen pikanten, aromatischen Duft. Man pflanzt die Sträucher in gut durchlässigen, normalen Boden in volle Sonne oder Halbschatten mit etwa 60 cm Abstand voneinander. So entwickeln sie sich schnell zu einer stattlichen Größe.

Das Geheimnis dieser kleinen, immergrünen Sträucher besteht darin, sie kompakt zu halten. Bleiben sie ungeschnitten, erhält man ein paar wenige Blätter auf einer holzigen Masse; daher sollte man die Pflanzen am Ende des Frühlings stark zurückschneiden. Um diese Zeit ist die Frostgefahr vorbei und die Pflanzen zeigen in Winter und zeitigem Frühjahr am meisten Fülle, wenn der größte Teil des Gartens kahl ist. Viele der zweijährigen Königskerzen (*Verbascum*) bilden um diese Zeit große, flaumige, silberblättrige Rosetten; die Blätter sind rauer und wolliger als Salbei und Schwarznessel, wie Kissen und sind schön zu befühlen. Die Blattrosette von *Verbascum bombyciferum*, einer immergrünen zweijährige Pflanze, besteht den Winter über; pflanzt man sie im vorhergehenden Jahr früh genug aus, erreicht sie im darauffolgenden Frühjahr ca. 50 cm Durchmesser. Ihr ähnlich ist *V. olympicum*, eine halb immergrüne zweijährige Pflanze, die ebenso groß und hübsch ist und ausladende, grauweiße Rosetten von 75 cm Durchmesser besitzt. Sie erscheinen schon früh im Jahr und bilden weiche, wollige Teppiche, die am besten in der Nähe einer Bank oder Sitzgelegenheit zur Geltung kommen.

Pflanzen für Sonne und Halbschatten ab Frühlingsmitte

Ab Frühlingsmitte erwecken die Tulpen mit ihren intensiven Farben den Garten zum Leben. Es gibt Tulpen, die zur Frühlingsmitte oder erst gegen Frühlingsende blühen; Tulpen in kräftigen Farben; Tulpen, die duften, und Tulpen mit interessanten Blütenblättern, deren seidige Weichheit zum Befühlen einlädt. Sie können zwischen Eleganz und Überschwang, zwischen Sattheit und Glanz wählen, sich für eine Jungfrau, eine Herzogin oder eine Dirne entscheiden – ich liebe sie alle.

Zum Teil beruht meine Freude an den Tulpen darauf, dass sie schnell auftauchen, blühen und dann wieder verschwinden. Sowie sie verblüht sind, kann man sie – wenn man sie wie Einjährige behandelt – ausgraben; oder Sie pflanzen frostempfindliche Stauden, Dahlien oder Sommerblumen dazwischen, um braun werdende Blätter zu verdecken und die Zwiebeln für das nächste Jahr stehen zu lassen. Die neuen Pflanzen übernehmen nun das Komando und beschwören innerhalb einiger Monate die nächste Farbexplosion herauf.

In Gebieten mit langen, harten Wintern und nassen Frühlingen behandelt man Tulpen am besten als Einjährige, da sie im zweiten Jahr nicht ausreichend blühen würden. In weniger rauen Klimaten blühen die meisten Hybridtulpen drei oder vier Jahre lang. Die Papageientulpen und die gefüllten Sorten zeigen

sich am wenigsten zuverlässig in der Anzahl ihrer Blühperioden. Die Darwin-Hybriden sind anpassungsfähiger und wüchsiger. Am besten setzt man sie Ende Herbst, da sie vorher noch keine Wurzeln bilden. Die Zwiebeln setzt man im Abstand einer Zwiebelbreite. In leichten Böden pflanzt man 20–25 cm tief, also tiefer als normalerweise. In schweren Lehmböden sind 15 cm genug. Zu den größten Bedrohungen gehören das Tulpenfeuer und Fäulnis in staunassen Böden. Das Tulpenfeuer ist eine Pilzerkrankung, die im Boden durch verrottende Blatt- und Blütenreste des Vorjahres verbreitet werden kann. Wird Blattgewebe durch schwere Regenfälle oder Hagel verletzt, kann sich die Krankheit schnell ausbreiten. Aus diesem Grund sollten Blütenblätter und Blattgrün nach dem Welken entfernt werden. Um die Fäulnisgefahr zu mindern, kann man den Zwiebeln beim Pflanzen zwei oder drei Hand voll groben Sand zufügen; dies hält auch Schnecken fern.

Die übergangslose Sequenz von karmesinschwarzen, purpur- und burgunderroten Tulpen bildet die Ausgangsbasis für die venezianischen Farben. Eine der ersten purpurrot blühenden Triumph-Tulpen ist 'Negrita' mit großen, becherförmigen Blüten. Als nächstes folgt die dunkler blühende 'Recreado'. Gut zu kombinieren mit der größeren, fast schwarzen 'Queen of Night'. Das breite Band aus dunklem Karmesin und Purpur bildet eine prächtige Ergänzung zu dem flammend roten Goldlack 'Fire King'. Sind die frühen Tulpen verblüht, ist die Zeit reif für die Aufsehen erregende dunkelblütige 'Black Parrot', deren riesige Blütenblätter am Rand gekräuselt und in Grün und der Farbe Roter Beete gefiedert sind.

Ein Nachteil der dunkelblütigen Sorten wie 'Queen of the Night' und 'Black Parrot' ist, dass sie in nassen Frühjahren schnell verblassen und welken. In einem Gebiet schwerer Regenfälle zieht man eine robustere Triumph-Tulpe wie 'Abu Hassan' vor, die ein tiefes venezianisches Rot zeigt, das zu Gold verblasst, oder die karmesinschwarze 'Prince Charles', oder die violette 'Purple Star': alle drei vertragen nasse Wetterverhältnisse.

Unter den Tulpen in satten Orangetönen haben viele einen süßen, freesienähnlichen Duft, z. B. die ungefüllte, frühe 'Generaal de Wet', die elegante lilienblütige 'Ballerina' oder die ausladende, gekräuselte Papageientulpe 'Orange Favourit'. Die kleine, einfache, frühe Tulpe 'Prinses Irene' duftet nicht, erhält aber ihren Glanz durch ihre pflaumenblauen und mandarine-

Oben links Frech strecken sich die nach Freesien duftenden lilienblütigen Tulpen 'Ballerina' über *Euphorbia* x *martinii*, eine eher gedrungene Wolfsmilch-Sorte.
Oben rechts Eine große Gruppe *Acanthus spinosus* ist von der Papageientulpe 'Bird of Paradise' umgeben. Die gezackten Blattränder des Akanthus gehen mit den Tulpenblüten eine lebhafte Verbindung ein. Die Blütenfarbe spiegelt sich in dem duftenden *Erysimum* 'Orange Bedder' und 'Blood Red' wider.
Unten links *Euphorbii griffithii* 'Dixter'. Diese stolze Pflanze passt phantastisch zu karmesin- und purpurroten Tulpen und gelbgrüner *Euphorbia palustris*.
Unten Mitte *Tulipa* 'Bird of Paradise'mit *Erysimum* 'Orange Bedder' mit einer Detailaufnahme, die die samtige Struktur der Goldlackblüten zeigt.
Unten rechts *Tulipa* 'Prinses Irene' mit *Erysimum* 'Vulcan'.

Die farbkräftigsten und leuchtendsten Tulpen zeichnen sich wunderbar gegen das weiche Gelbgrün von Nieswurz und Wolfsmilch ab.

Oberste Reihe, von links nach rechts
Tulipa 'Queen of Night'; *Tulipa acuminata*; *Tulipa* 'Generaal de Wet'; *Tulipa* 'Queen of Sheba'; *Tulipa* 'Texas Flame'.

Mittlere Reihe, von links nach rechts
Tulipa 'Orange Favourite'; *Helleborus argutifolius*; *Tulipa* 'Abu Hassan'; *Tulipa* 'Mariette'; *Euphorbia palustris*; *Tulipa* 'Bird of Paradise'.

Untere Reihe, von links nach rechts
Tulipa 'Prinses Irene'; *Tulipa* 'Flaming Parrot'; *Tulipa* 'Mickey Mouse'; *Tulipa* 'Black Parrot'; *Tulipa* 'Recreado'.

Frühling

farbenen Federn. Lieben Sie das etwas weniger Ausgetüftelte, gibt es 'Orange Sun' mit riesigen Blüten an 50 cm langen Stielen.

Probieren Sie doch einmal ein paar moderne grelle Farben zwischen den satten Farbtönen. Ich liebe die leuchtendrosa lilienblütige 'Mariette' und die ein oder zwei der zweifarbigen Sorten, da sie als Blickpunkt wirken und die dunkleren Farben aufhellen. Die goldfarben und scharlachrote 'Mickey Mouse' ist eine früh blühende Tulpe; zwei oder drei Wochen später erscheint die Papageientulpe 'Flaming Parrot' mit scharlachroten Streifen auf cremig gelbem Grund; danach 'Texas Flame', Scharlachrot auf Gold. Beide haben Blüten, die sich zu einer großen, an den Rändern gekräuselten Schale, so groß wie meine gewölbten Hände, öffnen.

Den absoluten Kontrast zu dieser üppigen Pracht bildet die ulkige *Tulipa acuminata*, mit Blütenblättern wie dünne Spinnenbeine. Auch diese Pflanze hat rote Streifen auf hellem Grund und sollte nirgends fehlen. Sie bildet im Garten eine ideale Markierungslinie, ein Streifen ihrer spitzen Blüten begrenzt ein reich bepflanztes Areal und schafft den Übergang zum Nächsten.

'Queen of Night' sticht unter den glänzenden Tulpensorten besonders hervor. Die lilienblütige 'Queen of Sheba', deren Blütenblätter das Licht fast wie ein Spiegel reflektieren, wirkt von allen am seidigsten. Ihre riesigen Blüten in venezianischem Rot, das an den Rändern zu Butterblumengelb verrinnt, muten beim Aufbrechen wie Kelche aus schimmernder Seide an. In der Sonne breitet sie sich wie eine Seerose zu einem Durchmesser von nahezu 30 cm aus. Ich pflanze diese Tulpe gerne neben eine Sitzgelegenheit oder an den Garteneingang, damit ich sie im Vorübergehen berühren kann.

Unverzichtbare gelbgrüne Euphorbien

Um all diese intensiven Farben zu Frühlingsmitte im Gleichgewicht zu halten, verwende ich viele Mitglieder aus der unschätzbaren, gelbgrün blühenden Familie der Wolfsmilchgewächse. Auf der Suche nach dieser Farbe als beruhigendes Element, tauchen als Antwort viele Wolfsmilcharten um diese Jahreszeit ganz von allein auf. *Euphorbia polychroma*, eine buschige Staude, gehört mit 40 cm Größe zu den kleineren Formen, klein genug, um an einem windigen Standort auszuharren, und ideal als Kombination mit niedrigen Tulpen wie 'Prinses Irene'. Sie hat hübsche, flach angeordnete, gelbgrüne Blüten, die aber nur einige Wochen überdauern; für den Rest des Jahres ist sie eine unansehnliche Pflanze. *E.p.* 'Candy' ist eine verbesserte Sorte, besonders hübsch im zeitigen Frühjahr mit ihrem frischen Austrieb, einer Mischung aus Karmesinrot und Grün.

Die blaugrüne kriechende Staude *Euphorbia myrsinites* überdauert einen längeren Zeitraum. Sie braucht einen gut wasserdurchlässigen Standort, etwa an einem Weg, wo ihre kräftig silbernen Blätter, die an eine fleischige, extra lange Lauchstange erinnern, die Wegränder im Winter und zu Beginn des Frühlings verschönern können.

Robuster und anspruchsloser ist die kleine Polsterstaude *Euphorbia cyparissias* mit reinem Gelbgrün oder die orangefarben

Direkte Freilandaussaat

Zu meinen Lieblingspflanzen gehören robuste Ein- und Zweijährige, wie Ringelblumen, Kornblumen, Wachsblumen, Goldlack, Fingerhut und Eselsdisteln. Sie sind leicht zu ziehen, benötigen wenig Erfahrung und Ausrüstung.

Winterharte Einjährige sollten zur Frühlingsmitte oder zum Ende des Sommers ausgesät werden, Zweijährige zum Frühlingsende oder zu Sommeranfang.

Das Geheimnis für gutes Auflaufen ist ein sonniges, offenes Beet und die richtige Bodenbestellung, d. h. Boden mit einer feinen, krümeligen Beschaffenheit 10–15 cm tief. (siehe Bodenbearbeitung auf S. 156). Das Saatbeet muss unkrautfrei gehalten werden und einjährige Unkräuter auf anderen Flächen sollten ausgehackt werden, bevor sie Samen tragen und diese über die Beete verstreuen. Bei den Vorbereitungen zur Aussaat sollte man das Beet in einer Richtung durchrechen, wobei die letzten Erdklumpen zerbrochen und Steine

ent/fernt werden. Dann dasselbe im rechten Winkel wiederholen. So erhalten Sie eine feinkrümelige Erdoberfläche. Um den Boden beim Säen nicht zu verdichten, bleibt man am besten auf dem Weg oder steht auf einem Brett, was eine bessere Gewichtsverteilung bewirkt.

Falls Sie vorhaben, die Pflanzen später zu verpflanzen, sollten Sie in einer geraden Linie säen, markiert durch eine zwischen zwei Stöcken gespannte Schnur. Lassen Sie die Schnur an ihrem Platz bis die Samen keimen. Alles außerhalb dieser Linie ist als Unkraut zu betrachten.

Falls Sie Einjährige direkt an ihren endgültigen Standort im Freiland aussäen, sollten Sie besser flächig als in Reihen säen. Mit einer sandgefüllten Flasche „zeichnen" Sie mit dem Sand den ungefähren Umriss sowie eine Reihe kurzer radialer Linien. Diese dienen als Hilfe, um Sämlinge von Unkräutern zu unterscheiden.

Ziehen Sie schmale Furchen neben den Sandlinien, etwa 1 cm breit und 1 cm tief; je größer der Samen, desto tiefer die Furche.

Den Samen so dünn wie möglich aussäen, am besten einzeln. Mit der zuvor entfernten Erde abdecken und mit der flachen Hand fest andrücken. Anschließend gut einwässern, um Luftkammern im Boden zu vermeiden.

Wenn die Sämlinge ein oder zwei echte Blattpaare gebildet haben, ist es Zeit zum Vereinzeln. Nur kräftige Pflanzen lässt man in einem Abstand von 8–10 cm stehen. Den Boden um die verbleibenden Pflanzen andrücken, denn die Wurzeln werden bei dem Herausziehen ihrer Nachbarn gelitten haben. Anschließend wieder angießen.

Wenn die Pflanzen eine geschlossene Reihe bilden, ist es wieder Zeit zu vereinzeln – diesmal zu dem empfohlenen Pflanzabstand, wie er auf der Samentüte angegeben ist. Robustere Pflanzen wie Goldlack und Fingerhut kann man mit einem Pflanzenheber vereinzeln, indem man die überzähligen Setzlinge ausgräbt und in einer anderen Reihe wieder eingräbt. Diese wachsen dann zu kräftigen Pflanzen heran, die nur zwei bis drei Wochen hinter den anderen in ihrer Entwicklung zurück sind.

überhauchte *E.p.* 'Orange Man'. Mit 20 cm Höhe ist sie eine nützliche Randpflanze, die im Frühling und Frühsommer hübsch blüht und sich im Herbst langsam in einen orangefarben gefleckten Teppich verwandelt. Sie bevorzugt einen sonnigen Standort und gute Wasserdurchlässigkeit, kommt aber mit den meisten Böden zurecht und kann sich stark ausbreiten.

Um diese Jahreszeit zeigt sich *Euphorbia palustris* mit ihren 90 cm Höhe als eine Staude von ganz anderem Ausmaß. Im Frühling ist sie mindestens zwei Monate lang mit großen, gelbgrünen, verzweigten Blütenständen bedeckt. Den Sommer über bildet sie einen dichten, leuchtend grünen Hintergrund mit ihren herunterhängenden, schmalen, streifenförmigen Blättern, die sich gelb und ocker färben, bevor sie im Herbst abfallen. Sie ist leicht zu ziehen und gedeiht am besten in voller Sonne oder Halbschatten auf feuchtem Untergrund. Man kann sie in jedem noch so leichten und sandigen Boden anpflanzen, wenn man viel organisches Material zugibt, um die Wasserspeicherfähigkeit des Bodens zu verbessern. Eine in Form und Farbe ähnliche Pflanze stellt *E. oblongata* dar, etwas kleiner und weniger auffällig, dafür blüht sie aber von Frühling bis Herbst.

Auch die orangeroten Sorten der ausdauernden *Euphorbia griffithii* werden wegen ihrer langen Blühperiode geschätzt. Sie blühen von der Mitte bis zum Ende des Frühlings in Zinnoberrot. Aber auch ihre ziegel- und scharlachroten Triebe und Blätter sehen den ganzen Sommer über gut aus und fangen bei Herbstbeginn an zu leuchten. Falls Sie den Goldlack 'Fire King' nicht anpflanzen können, stellen diese Euphorbien eine gute und etwas größere Alternative dar. Aber Vorsicht, sie haben die Gewohnheit, Ausläufer zu bilden und können einen sandigen Standort schnell übervölkern. *E. griffithii* 'Dixter' ist die kleinste, sich am wenigsten ausbreitende Sorte.

Filziger Salbei und wolliger Ziest

In der Mitte bis zum Ende des Frühlings treiben weitere entzückende Pflanzen in der Sonne aus, die einladen, sie zu befühlen. Die weichen, filzartigen, hasenohrähnlichen Blätter von *Salvia argentea* beginnen sich auszubreiten; ebenso *Salvia aethiopis* und in etwas geringerem Ausmaß, aber ähnlicher Sanftheit der Ziest, *Stachys byzantina*. Wählen Sie die nicht blühenden Arten der Ziestfamilie, wie 'Silver Carpet', deren Blätter ihre wollige, silberne Frische das ganze Jahr über behalten. *S.b.* 'Big Ear' trägt nur wenige Blüten, aber größere Blätter, die bei heißer oder schwüler Witterung nicht schlaff herunterhängen. Die Blätter des Türkischen Mohns, die beim Austrieb dicht mit feinen Haaren bedeckt sind, sind ebenfalls attraktiv. Im Gegenlicht erscheint jeder Teil der Pflanze, Blätter, Stiel und Knospen wie von einem weichen daunigen Pelz umgeben. In ähnlicher Weise erscheinen die Blätter und Triebe der Lupine, *Lupinus varius.*

Die weichen, fedrigen Blätter des Fenchels, *Foeniculum vulgare*, treiben früh aus und sehen im Frühling und Sommeranfang am besten aus, besonders früh am Morgen oder nach Regen, wenn sie im Licht glitzern. Er hat glänzend grüne Blätter; die der Hybride *F.v.* 'Purpureum' sind dunkler mit einem bronzekarmesinroten Schimmer an den jungen Triebspitzen. Die Pflanzen erreichen zum Ende des Sommers eine Höhe von ca. 1,80 m. Pflanzen Sie Fenchel in volle Sonne oder Halbschatten in leichten, schwach gedüngten Boden, dem Sie etwas Kompost beigeben.

Pflanzen für schattige Standorte

Es klingt vielleicht überraschend, aber es ist durchaus möglich, auch im Frühjahr einen Bereich im Schatten zu schaffen, der durch lebendige Muster und Farben hervorsticht. Das Geheimnis liegt darin, eine Auswahl von Pflanzen zu treffen, die zu einem harmonischen Teppich verwoben werden können. Im Schatten ist das Auge weniger sensibel. Komplizierte Anordnungen von kleinen Pflanzgruppen wirken hier verwirrend und können recht chaotisch aussehen. Treffen Sie eine sorgfältige Auswahl und seien Sie beim Pflanzen nicht zu zaghaft.

Jede ausgewählte Pflanze muss eine intensive Farbe und ein klares Erscheinungsbild aufweisen. Der lebendige und leuchtende Garten ist kein Platz für ein paar Nieswurz, Taubnesseln und Immergrün, die aus einem eintönigen Efeuteppich herausragen. Stellen Sie sich stattdessen Flecken von tiefem Karmesinrot gegen gelbgrüne Streifen vor; oder Orange gemischt mit Marrokanischem Blau und Silber; oder leuchtendes Rosa mit purpurroten und goldenen Flecken. Mit solchen Kombinationen wird eine Schattenzone nie der langweiligen Düsternis verfallen, die man manchmal unter Bäumen oder an schattigen Wänden sieht.

Leuchtend bunte Primeln und Schlüsselblumen, Lungenkraut, Winterling, Nieswurz, Alpenveilchen und Waldanemonen, Schaftdolde und Leberblümchen bilden üppige Blütenteppiche; diesen können die klaren, weniger intensiven Farben des Tränenden Herzens, Lerchensporns und Silberlings folgen. Das Blumenarrangement ändert sich mit dem Wechsel der Jahreszeiten, daher ist es empfehlenswert, das Blattgrün konstant zu halten; beides wäre zu verwirrend.

Die Wahl des Laubes ist somit der kritische Punkt. Es soll immer hübsch aussehen, soll einerseits auch ohne Blumen attraktiv dastehen und andererseits eine lebendige Verbindung mit den Blüten eingehen können. Da die Auswahl an auffallenden Schattenpflanzen begrenzt ist, muss in Zeiten des Mangels das Laubwerk die Hauptrolle spielen. Es ist entscheidend, eine interessante Mischung aus Blattformen und kontrastierenden Farben zu finden, die das Rückgrat des Schattengartens bildet. Im Schatten übernehmen nicht die Blüten, sondern die Blätter die Schlüsselrolle.

Immergrüne sind ideal, aber auch manche Stauden treiben früh aus und sehen viele Monate lang gut aus. Probieren Sie nicht nur den typisch grünen Teppich aus – nehmen Sie auch silberne, karmesinrote und gelbgrüne Pflanzen. Gelbgrün ist ein echtes Plus in einer schattigen Rabatte. Sein Leuchten lässt die satten, dunklen Farbtöne noch viel stärker hervortreten.

In der Sonne und auf feuchtem Boden gleichen große, frische Blätter den Glanz der Blüten aus, aber die Schattenrabatte benötigt im Frühjahr zierlichere Blätter, die die kleinwüchsigen, Boden deckenden Primeln, das Tränende Herz und Schatten verträgliche Zwiebelblumen nicht erdrücken. Blattpflanzen mit zarten Formen sind hier besser als robuste Formen.

Duftpflanzen bilden einen wichtigen Teil des Schattengartens. Zu den ersten Blühern mit intensivem Duft gehört der immergrüne Seidelbast: *Daphne odora* 'Aureomarginata', ein kleiner Strauch, gehört zu den besten und robustesten Sorten. Er hat zierliche, pastellrosa Blüten, die eigentlich gegen meine Farbprinzipien verstoßen, und wächst langsam. Da er aber monatelang blüht und unvergleichbar intensiv und süß duftet, darf man alle Beschränkungen vergessen. *D. bholua* 'Jacqueline' duftet ähnlich und toleriert auch Schatten. Seine Blüten sind außen magentafarbenen und innen weiß und bedecken vom Spätwinter bis Frühsommer den Busch völlig.

Seidelbast will nicht verpflanzt werden, daher sollte man ihn pflanzen, wenn er noch jung ist. Auch ist er empfänglich für Viruserkrankungen. Schneiden Sie im Sommer halb reife Stecklinge, um für alle Fälle einen Ersatz zu haben.

Etwas später verströmen die früh blühenden Geißblattsorten wie *Lonicera* x *italica* oder *caprifolium* intensive Duftwolken. Sie wurzeln gerne im Schatten und recken ihre Triebe in die Sonne.

Blattpflanzen für schattige Standorte

Schatten tolerierende Immergrüne der verschiedenen Farbtöne bilden das Rückgrat eines schattigen Gartens. Besonders wichtig sind sie im zeitigen Frühjahr, wenn sie sich in breiten Bändern durch den Garten schlängeln.

Die meisten immergrünen silberblättrigen Pflanzen benötigen volle Sonne, um gut zu wachsen, aber es gibt ein paar Ausnahmen. *Helleborus* x *sternii* (Nieswurz) mit beeindruckenden silbernen Bättern benötigt mehr Sonnenlicht als andere Mitglieder dieser Familie, gedeiht aber gut im Schatten. Nehmen Sie verbesserte Züchtungen wie 'Boughton Beauty' oder die Ashwood-Reihe mit marmorierten, silbergrünen Blättern, die auffallend gezähnt sind. Die Mittelnerven, Adern und Blattunterseiten der Ashwood-Reihe sind dunkelrot gefärbt. Beide sind fast den ganzen Frühling über mit blassapfelgrünen Blüten bedeckt. Wichtig sind sie aber wegen ihres kräftigen, metallisch schimmernden Laubes. Ihr Silber sticht aus der Kupferfarbe der abgefallenen Blätter der Laubbäume im Winter und zu Frühlingsbeginn heraus und unterstreicht die intensiven Farben der später im Jahr austreibenden Pflanzen.

Eine andere, nicht silberblättrige, sondern graugrüne und karmesinrote Nieswurz ist die immergrüne *H. foetidus* der Wetser-Flisk-Gruppe. Ihre fingerähnlichen Blätter breiten sich von dem tief karmesinroten Herzen, oben auf den knallroten Stängeln, aus. Unter guten Bedingungen behält sie ihre hübschen Blätter das ganze Jahr hindurch. Grösser als *H.* x *sternii* hat sie eine Höhe und einen Durchmesser von 60 cm. *Sternii* und *Foetidus* sind beide relativ resistent gegen den Carla-Virus, von dem die *H. orientalis*-Hybriden oft befallen werden, und ihre Blätter sehen meistens gesund und frisch aus. Die volle, dunkle Färbung der Triebe und Blätter der Wesker-Flisk-Gruppe bildet eine erstaunliche Kombination mit den leuchtenden, gelbgrünen Blättern und Blüten der Gelbdolde, *Smyrnium perfoliatum*.

Fruchtbare Gelbdolde

Die Gelbdolde ist eine meiner Lieblingsblattpflanzen im Frühjahr, die Schatten vertragen. Sie ist dreijährig, ca. 75 cm hoch und trägt im ersten Jahr sehr einfache Blätter und im zweiten holunderähnliche Blätter. Sie beginnt erst im zeitigen Frühjahr des dritten Jahres zu blühen, aber das Warten lohnt sich, da die lockeren Blütenwirtel und gelbgrünen Blätter unübertroffen sind. Sie bildet einen perfekten Kontrast zu satten und lebendigen Farben: zum Beispiel mit einer Gruppe der hohen karmesinroten Primeln aus der Cowichan-Garnet-Gruppe, oder mit der purpurroten Mondviole, dem tiefblauen Leberblümchen oder dem dunkelblauen Vergissmeinnicht.

Die Gelbdolde ist nicht einfach zu ziehen. Säen Sie sie im Herbst direkt ins Freiland oder lassen Sie sie in einem Anzuchtkasten keimen und verpflanzen Sie anschließend. Wenn eine Pflanze erst einmal blüht, wird sie sich leicht selbst aussäen. Man kann ihre Ausbreitung kontrollieren, indem man bei Einsetzen der Samenbildung alle Blüten bis auf eine oder zwei abschneidet und die Sämlinge gleich im ersten Jahr vereinzelt.

Es gibt zwei ca. 60 cm hohe immergrüne Euphorbien, die ebenfalls Blüten in dem unschätzbaren Gelbgrün tragen. *Euphorbia amygdaloides* 'Purpurea' mit zinnoberroten Blättern fühlt sich auf leicht feuchtem, schattigem Boden wohl, auch wenn die Blätter im Sommer bei trockenem Boden, empfindlich für Mehltau sind. Vorbeugend sollte man beim Pflanzen viel organisches Material beigeben und im Herbst und Frühjahr mulchen. *E. amygdaloides* var. *robbiae* trägt monatelang glänzende, dunkelgrüne Blätter und gelbgrüne Blüten an den Triebspitzen. Sie ist eines der ersten Wolfsmilchgewächse, die anfangen zu blühen schon bevor der Winter endet. Sie sät sich großzügig selber aus und man sollte sie im Auge behalten, aber sie ist eine entzückende Pflanze, die sich wie ein unablässiger Strom durch die anderen Pflanzen windet.

Die dunklen Blätter beider Euphorbien passen gut zu der gelbgrünen Hainsimse, *Luzula sylvatica* 'Aurea'. Die immergrüne Hainsimse ist eine Pflanze von unschätzbarem Wert. Ihre streifenförmigen Blätter gefallen das ganze Jahr über mit Farbklecksen, die wie ein Leuchtfeuer im Winter und zu Frühjahrsbeginn glühen. Die Pflanzen können trotz beinahe völligem Lichtentzug 70 cm hoch werden, solange ihre Wurzeln feucht bleiben. Packen

Oben links Elfenblumen sehen *en masse* am besten aus. Versuchen Sie, sie mit anderen Pflanzen wie gefleckte grüne Bänder zu verweben. Sogar im tiefsten Schatten werden sie noch gedeihen.
Oben mitte Man sollte in heißen Gegenden *Euphorbia dulcis* 'Chameleon' nicht in die volle Sonne pflanzen, da im Halbschatten ihre Blätter ein schöneres Karmesinrot entwickeln. Sie bilden einen hübschen Kontrast zu der gelbgrünen, immergrünen *Luzula sylvatica* 'Aurea'.
Oben rechts *Euphorbia amygdaloides* 'Purpurea' trägt die für ihre Familie so charakteristischen gelbgrünen Blüten das ganze Frühjahr hindurch. Ihre immergrünen, tief karmesinroten Blätter stellen einen Gewinn für den Rest des Jahres dar.

Sie einen großen Haufen von ihnen in die dunkelste Ecke und sie wird anfangen zu strahlen.

Immergrüne Elfenblumen (*Epimedium*), besonders die, die zum Jahresbeginn rot- oder bronzefarben gesprenkelt sind, bilden einen ausgezeichneten Bodendecker mit 30 cm Höhe und wirken viel zarter als andere Immergrüne. *Epimedium perralderanum* und ihre Hybride *E.* x *perralchicum* 'Frohnleiten' haben zierliche, gebogene Triebe mit grünen Blättern, deren Oberseite im Herbst rot gefleckt erscheint. Auch sie blühen früh mit kleinen Blüten wie eine Miniatur-Akelei. Sie sind wüchsig, nehmen aber nicht überhand. Es gibt auch einige wunderbare Elfenblumenarten, die im Frühjahr blühen und die sich zur Pflanzung in Gruppen gut eignen.

Das Flattergras, *Milium effusum* 'Aureum', ist eine kleinere Pflanze, die in leichtem Schatten einen gelbgrünen Teppich bildet (in tiefem Schatten wirkt sie verloren, wird fade dunkelgrün) und die mit Lungenkraut, Primeln und tiefrosa Alpenveilchen und blauen Leberblümchen eine beeindruckende Kombination bildet. Versuchen Sie auch eine Mischung mit den karmesinroten Blättern von *Euphorbia dulcis* 'Chameleon'. Beide Pflanzen treiben früh aus, wobei das Gras am schönsten leuchtet, wenn die ersten Blätter austreiben. Sie säen sich selbst aus und man muss eventuell die Blütenstände rechtzeitig entfernen, um sie im Zaum zu halten. Für das Flattergras ist starkes Zurückschneiden im zeitigen Frühjahr vorteilhaft, ansonsten sieht es am Ende des Sommers sehr unordentlich aus.

Frühe Blütenpracht im schattigen Garten

Einer der schönsten Anblicke gegen Winterende und zum Frühlingsbeginn ist ein Band aus verschiedenen Primelarten, das sich um den Stamm eines Laubbaumes legt: sie haben eine weiche, samtige Blütentextur, satte Fartöne und duften als Zugabe meist wunderbar. Leicht lassen sich aus ihnen schöne Muster bilden: Karmesinrote Streifen, die sich mit Purpur und Dunkelblau sowie mit lebendigen leuchtend orangefarbenen, rosa und goldenen Farbtupfen mischen. Zusammen mit gelbgrünem und silbernem Blattwerk sind sie ein atemberaubender Anblick schon bevor die meisten anderen Pflanzen beginnen auszutreiben.

Primeln von Barnhaven

Die Mitglieder der *Primula*-Familie unterscheiden sich durch die Anzahl der Blüten pro Stängel. Einige wie Kugelprimeln, Etagenprimeln oder Schlüsselblumen tragen viele Blüten an einem Stängel; die Primel hat eine stattliche Menge von Stängeln mit nur je einer Blüte. Etagenprimeln neigen dazu, größer und üppiger zu werden als z. B. die Kissenprimeln: Daher sollte man sie getrennt pflanzen, da die kleinen sonst unterdrückt werden. Schöne Zuchtformen mit lebendigen und leuchtenden Ausprägungen findet man beim Züchter Barnhaven: robuste, winterharte Pflanzen in einer Aufsehen erregenden Farbvielfalt. Die schönsten dunklen Farben und Strukturen werden in der Barnhaven-Cowichan-Reihe gezeigt: die Cowichan-Granat-Gruppe ist schwarzrot wie der Edelstein; die Cowichan-Amethyst-Gruppe bietet ein dunkles, rauchiges Rosa; die Cowichan-Venetianische-

Nächste Seite Im Frühjahr entsteht durch das Ineinanderweben von Rubinrot und indianischem Rot, Purpur und Grün im Halbschatten ein Teppich aus Farben und Strukturen. Primeln der Cowichan-Venetianische-Gruppe und die rote Land-Gruppe weisen einige der gesättigsten Töne unter den Barnhaven-Primeln auf und passen hervorragend zu dem großblütigen Stiefmütterchen 'Bluminsall'. Ein Flaum junger Fenchelblätter betont die behaarten Stiele, Blätter und Blüten der Küchenschelle, *Pulsatilla vulgaris,* und fügt der Mischung etwas Weiches hinzu.

Frühling

Gruppe und Land-Gruppe tiefe Rottöne. Die golden eingefassten Primelarten von Barnhaven sind ebenfalls wunderschön; jedes kastanienbraune Blütenblatt ist golden umrahmt und obwohl am wenigsten winterhart, sind sie schnell wachsende Pflanzen, die auch Schatten gut vertragen.

Gruppieren Sie mindestens fünf Pflanzen jeder kräftigen Farbe und lassen Sie die einzelnen Gruppen miteinander verschmelzen. Streuen Sie Flecken gelbgrüner Blätter dazwischen regelmäßig ein und geben Sie dem ganzen den gewissen Pep mit Primeln in Magenta, Ingwer, Orange und Knallrosa. Die Old-Rose-Victorian-Gruppe ist fuchsienrosa und die Flamingo-Gruppe ist von kräftigem Gold. Wie alle Züchtungen, neigen auch sie dazu in der Farbe zu variieren, da sie aus Samen gezogen werden.

Man kann diese Pflanzen leicht kultivieren. (Barnhaven, die jetzt ihren Sitz in Frankreich haben, verschicken Saatgut in die ganze Welt.) Im Spätwinter sät man in Samenschalen; die Samen benötigen Licht zum Keimen und werden mit einer dünnen, 5 mm dicken Schicht aus feinem Sand bedeckt, damit sie beim Gießen nicht ausgewaschen werden. Sie sollen im feuchten, kühlen Schatten stehen, aber nicht frieren. Nach zwei oder drei Wochen beginnen sie zu keimen und können, wenn sie zwei Paar echte Blätter zeigen, nach ein paar Wochen vereinzelt werden. Zur Frühlingsmitte werden sie ausgepflanzt und manche blühen schon im ersten Jahr.

Ultramarinblaues Lungenkraut

Die satten venezianischen Farben der Primeln bilden einen hübschen Kontrast zu den marokkoblauen Sorten des Lungenkrautes, *Pulmonaria angustifolia* subsp. *azurea*, *P. longifolia*, *P. saccharata* 'Boughton Blue' und *P.* 'Lewis Palmer'. Sie alle sind robuste, kräftige Pflanzen, die im Frühjahr zwei oder drei Monate blühen. Die himmelblaue *P. saccharata* 'Frühlingshimmel' sieht neben ingwer-, mahagoni- und orangefarbenen Primeln am besten aus. Das Lungenkraut ist eine leicht zu ziehende, robuste und ausdauernde Pflanze, die im Sommer sogar in tiefem Schatten gedeiht. Genauso wie bei den Primeln sollte man die Stöcke alle zwei oder drei Jahre teilen.

In geringerer Anzahl, doch mit sehr intensiven Blütenfarben, gibt es auch einige schattenverträgliche Zwiebelpflanzen, die im zeitigen Frühjahr blühen. Viele stellen einen idealen Partner für Primeln dar und bereichern die ohnehin intensive Farbskala. Es gibt leuchtend gefärbte Arten der Waldanemonen, des Blausterns, der Alpenveilchen und des Winterlings. Die Schaftdolde, *Hacquetia epipactis*, und das Leberblümchen sind Stauden und nicht Zwiebelpflanzen. Sie sind von ähnlicher Größe und eignen sich für einen gemeinsamen Standort.

Die kleinen Pflanzen gefallen am besten *en masse*: Mit Ausnahme des Alpenveilchens und der zwei teuren Stauden sollte man nicht weniger als 30 Exemplare der ausgewählten Sorten pflanzen, besser noch 50 oder 100, wenn genügend Platz vorhanden ist. Kombinieren Sie sie mit Blattpflanzen

Grosses Bild Die Kombination der karmesinrot blühenden Herzblume, *Dicentra* 'Bacchanal' mit dem leuchtend blauen Lerchensporn *Corydalis flexuosa* ist ein klassisches Beispiel für das harmonische Zusammenspiel von Form, Farbe und Blattwerk benachbarter Pflanzen.
Unten links Eine dunkle, samtige Primel wie diese, eine Barnhaven-Primel aus der Fuchsia-Viktorianische-Reihe, wirkt am besten in einer farbintensiven Beetanlage.
Unten rechts Die Hybriden von *Helleborus orientalis*, einer der ersten Blüher des zeitigen Frühjahrs, erscheinen in einem weiten Farbspektrum wie dieses unwiderstehliche Schwarz-Karmesinrot.

Pflanzen für schattige Standorte

immer desselben Typs. Krötenlilie und Germer, die später im Jahr blühen, geben für diese zeitigen Frühlingsblüher gute Partner ab: sie passen gut zusammen, und wenn die kleineren Pflanzen aufgehört haben zu blühen, entfalten sich die größeren über ihnen, um Lücken zu schließen.

Die Waldanemone, *Anemona blanda,* zeigt ein hübsches Blau und es gibt auch seltenere und leuchtendere Sorten wie *A.b.* 'Radar'. Das Leberblümchen, *Hepatica nobilis,* eine ausdauernde Verwandte der Anemone, hat Blüten in Lila, Rosa und Weiß und in leuchtendem Himmelblau, wobei letztere Art zu empfehlen ist. Sie passen gut zu den gelbgrünen „Blüten" der Schaftdolde, *Hacquetia epipactis.* Die kräftig gelben Zentren der Scheinblüten sind die echten Blüten und die gelbgrünen Blütenblätter sind in Wirklichkeit die lange bestehen bleibenden Deckblätter, die in Blütengröße und Form der Anemone ähneln. Diese zarten Pflanzen gedeihen am besten in humusreichem Boden, im lichten Schatten der Wälder. Um alle drei zu kultivieren, benötigt man einen neutralen Boden, da Waldanemonen und Schaftdolde einen neutralen bis sauren pH-Wert bevorzugen, während Leberblümchen am besten in neutralem bis basischen Boden wachsen.

Das Alpenveilchen, *Cyclamen coum,* eine der ersten Knollenpflanzen, die Ende des Winters und im zeitigen Frühjahr blühen, kann von Blass- bis zu Tiefrosa variieren. Man sollte daher die Pflanzen während der Blüte kaufen, um die kräftigsten Farben zu erhalten. In der Regel erscheinen magentafarbene Blüten an Pflanzen mit grünen, ungezeichneten Blättern. Leider sind die blassrosa oder weiß blühenden Sorten die mit den hübschen, silber marmorierten Blättern. Es ist teurer, aber sicherer, sie in Töpfen zu kaufen, da sie ein Austrocknen nicht vertragen.

Für das Alpenveilchen stellen der goldene Winterling, *Eranthis hyemalis,* und die später blühende *E.h.*-Cilicica-Gruppe ideale Nachbarn dar. Setzt man die zwei Arten nebeneinander, erhält man Blüten für mindestens sechs Wochen. Pflanzen Sie diese in Streifen durch leuchtend rosa Alpenveilchen oder neben karmesinroten Polyanthus. Tiefrote oder purpurrot blühende Nieswurz bilden einen verblüffenden Kontrast zu dem Gelb.

Primeln, Waldanemonen, Winterling und Alpenveilchen vermehren sich selbst und können überhand nehmen. Vor allem Primeln kreuzen sich leicht und schaffen einen Regenbogen von neuen Farben, wobei die Hybriden oft noch wüchsiger sind als die Elternpflanzen. Um die leuchtenden Farben nicht mit einer scheckigen Gesellschaft aus verwaschenem Rosa, Blau und Gelb zu verderben, sollte man die Samenstände vor der Samenreife entfernen.

Es gibt viele ausgezeichnete Nieswurzarten, die zu Beginn der Gartensaison blühen. Meine Favoriten sind die tief karmesinroten und fast schwarzen Hybriden von *Helleborus orientalis,* aber auch die apfelgrünen und gelben Sorten gefallen mir. Sie sind teuer – jede wird aus handbestäubten Samen gezogen –, aber sie vermehren sich selbst und eine Gruppe von drei Pflanzen, oder auch nur eine einzelne, wird an Größe zunehmen und erreicht in zwei oder drei Jahren einen Durchmesser von 40 cm, wenn sie nicht gestört wird.

Die meisten Nieswurzarten wachsen an einem Standort, der mindestens den halben Tag im Schatten liegt und über einen Boden reich an organischer Substanz verfügt. Nieswurz und vor allem die *orientalis*-Sorten sind bekannt für ihre Anfälligkeit gegen den Carla-Virus, der Blätter schwärzt und welken lässt. (Es handelt sich hierbei nicht um den pilzbedingten Sternrußtau, der so häufig bei Rosen auftritt.) Das Problem lässt sich vermeiden, indem man gut verrotteten Humus tief in den Boden einarbeitet.

Frühling

„Hausputz" im Garten

Allgemein sollte man für einen „aufgeräumten" Garten sorgen: die Pflanzen müssen unkrautfrei gehalten werden, abgestorbene Blätter sofort entfernt werden und in der Mitte des Winters dann das restliche Laub, um einer Infektion vorzubeugen. Die Blüten treiben dann vor den Blättern aus, werden aber bald von frischem, gesundem Laubwerk umgeben, das widerstandsfähiger ist als die Blätter des Vorjahres.

Wenn die früh blühenden, kleineren Pflanzen vergehen, rückt eine zweite Pflanzengeneration ins Blickfeld, die zwar weniger intensive, aber doch klaren und kräftigen Farben hervorbringt.

Die Blüten des Tränenden Herzen (*Dicentra formosa*), die ab Mitte des Frühlings erscheinen, sind zart und tropfenförmig, von einem satten, leuchtenden Karmesinrot und dunklen Rosa mit Blättern in einem schönen Kontrast dazu. Nehmen Sie die Hybridformen von *Dicentra formosa* mit ihren schönen, fein gefiederten Blättern. *D.* 'Bacchanal' ist mein Favorit. Es wird 45 cm hoch und hat die dunkelsten Blüten in einem vollen, satten Rotton. Etwas weniger farbintensiv ist *D.* 'Luxuriant'. Zusammen mit dem ähnlich gefärbten Blattwerk von *Helleborus* x *sternii*, bilden die kräftigen schildförmigen Blätter der Nieswurz einen hervorragenden Kontrast zu den zierlichen, farnartigen Blättern des Tränenden Herzens.

Das Tränernde Herz breitet sich schnell aus und ist durchaus fähig, kleinere Nachbarn wie Primeln und Schaftdolde innerhalb eines Jahres zu überwuchern. Es empfiehlt sich, sie mit genauso wüchsigen Pflanzen wie Marbel und *Euphorbia amygdaloides* zu umgeben. Das Tränende Herz entwickelt sich gut an kühlen, schattigen, waldähnlichen Standorten: in der Sonne wird seine Blühdauer verkürzt und das Laubwerk dürftig. Es ist in nährstoffreichen Böden gut kultivierbar, benötigt aber Wassergaben in verlängerten Trockenperioden.

Wollen Sie im Schatten ab Frühlingsmitte einen wirklich leuchtendpurpurnen Farbfleck erzeugen, dann ist die Mondviole, *Lunaria annua*, das Mittel der Wahl. *Lunaria annua* ist eine wüchsige Zweijährige, die sich an fast alle Bodenverhältnisse anpasst, sich leicht selbst aussät und die dunkelsten Ecken mit Farbe füllt. Die Sorte 'Munstead Purple' zeigt die sattesten rotpurpurnen Blüten und wird 60 cm hoch. Gegen Frühlingsende kann man sie direkt in ein Saatbeet säen und Anfang Herbst an Ort und Stelle verpflanzen. Später im Sommer folgen den Blüten die charakteristischen, münzenähnlichen, flachen Samenkapseln. Will man die Ausbreitung der Mondviole einschränken, sollte man sie vor dem Aussamen entfernen. Allerdings sind die Samenstände in Herbst und Winter sehr dekorativ. Der purpurrote Silberling stellt eine hervorragende Kombination mit der gelbgrünen *Smyrnium perfoliatum* dar, die zu dieser Jahreszeit die besten Farbtupfen im Schatten zeigt.

Falls man die Blau- und Rottöne des Tränernden Herzens mit strahlendem Blau kombinieren möchte und der Gartenboden einen sauren pH-Wert aufweist, sind die *Corydalis flexuosa*-Arten (Lerchensporn) die richtige Antwort. Sie tragen klare, blaue Blüten über zarten, graugrünen Blättern, die den Winter über sichtbar bleiben. *C.f.* 'Blue Panda' ist von Mitte Frühjahr bis zu den ersten Frösten mit Blüten bedeckt, wenn sie an einem kühlen Standort steht, der morgens sonnig und nachmittags schattig ist. *C.f.* 'China Blue' hat Blätter, die im Frühjahr kupferfarben überzogen sind. Diese Art kann in heißen Sommern eine Ruhezeit einlegen und erscheint wieder im Herbst, wenn die Temperaturen sinken.

Smyrnium perfoliatum

Primula Cowichan-Venetianische-Gruppe

Milium effusum 'Aureum'

Pulmonaria 'Lewis Palmer'

Frühlingspflanzen für den Schatten

1. *Helleborus foetidus* Wesker-Flisk-Gruppe x 5 zusammen mit *Smyrnium perfoliatum*
2. *Matteuccia struthiopteris* x 3
3. *Helleborus orientalis* Hybriden x 5
4. *Pulmonaria* 'Lewis Palmer' x 5
5. *Luzula sylvatica* 'Aurea' x 9
6. *Veratrum nigrum* x 5
7. *Helleborus orientalis* Hybriden x 3
8. *Dactylorhiza* x *grandis* x 5
9. *Tricrytis formosana* x 3
10. *Anemone blanda* 'Atrocaerulea' x 10
11. *Milium effusum* 'Aureum' x 15
12. *Dicentra* 'Bacchanal' x 5
13. *Helleborus* x *sternii* Ashwood-Reihe x 13
14. *Primula* Spice-Shades-Gruppe x 22
15. *Primula* Rote-Land-Gruppe x 20
16. *Primula* Cowichan-Venetianische-Gruppe x 9
17. *Milium effusum* 'Aureum' x 22
18. *Euphorbia amygdaloides* 'Purpurea' x 15
19. *Cyclamen coum* x 25
20. *Crataegus laciniata* x 1

1 Meter

Zum Winterende und zu Frühlingsanfang quillt dieses Beet, unter einem Weißdorn, *Crataegus laciniata*, gelegen, an Farben über. Um diese Jahreszeit, wenn seine flaumigen, silbrigen Blätter gerade beginnen auszutreiben, wirft der Baum wenig Schatten. Es handelt sich um eine der wenigen Weißdornarten, die gerade 6 m Höhe erreichen und deren Wurzeln nicht so tief reichen, um den kleineren Pflanzen Wasser und Nahrung zu rauben.

Gegen Winterende belebt sich dieses Beet, wenn sich ein Ring aus strahlend rosa *Cyclamen coum* (Alpenveilchen) und blaue Farbtupfer der früh blühenden *Anemone blanda* 'Atrocaerulea' um den Baum bilden. Diese Farbkomplexe werden durch immergrüne Blattpflanzen miteinander verwoben: goldgrüne Hainsimse, *Luzula sylvatica* 'Aurea', die karmesinrot gestielte Nieswurz, *Helle-*

borus foetidus Wesker-Flisk-Gruppe und die silberne *Helleborus* x *sternii* Ashwood-Reihe. *Euphorbia amygdaloides* 'Purpurea' mit karmesinroten Blättern ist ebenfalls ein hübsche immergrüne Blattpflanze und jetzt mit gelbgrünen Blüten am schönsten. Streifen mit Flattergras, *Milium effusum* 'Aureum', und der Gelbdolde, *Smyrnium perfoliatum*, die in gerader Linie durch das Beet gepflanzt wurden, bringen noch mehr von dieser leuchtenden Farbe ein.

Das Alpenveilchen und die Anemone überschneiden sich mit den ersten Primeln, dem Lungenkraut, und den zwei Gruppen der *Helleborus orientalis*-Hybriden. Sind diese verwelkt, beginnt die dunkel karmesinrote *Dicentra* 'Bacchanal' zu blühen bis zum Frühsommer, wenn die magentafarbene Orchidee *Dactylorhiza* x *grandis* ihre beste Zeit hat.

Wenn im späten Frühjahr das Flattergras nach der Blüte zurückgeschnitten wird, treibt es wieder aus, um einen leuchtenden Bodendecker für den Rest des Jahres zu bilden. Entfernen Sie die Samenstände von *Smyrnium perfoliatum*, damit sie die anderen Pflanzen nicht erdrücken kann.

Wenn die meisten der Frühlingsblüher abblühen, erscheinen ein paar Neuankömmlinge auf dem Schauplatz des Geschehens. Der leuchtend gelbgrüne Farn *Matteucia struthiopteris* entrollt sich gegen Ende des Frühjahrs und bildet den perfekten Hintergrund für die statuenhaften Blätter von *Veratrum nigrum*, dicht gefolgt von satt karmesinroten Blüten. Später, wenn von der *Veratrum* nur noch Samenstände stehen, beginnt die Japanische Krötenlilie, *Tricyrtis formosana*, zu blühen, die dem Garten ein exotisches und tropisches Flair verleiht bevor der Winter hereinbricht.

FRÜHSOMMER

Im Frühsommer entwickelt sich Ihr Garten zu einem nie versiegendem Quell des Überflusses, von dem Sie schon immer geträumt haben. Die Pflanzen drängen sich von den Beeten auf die Wege und Kletterpflanzen ranken sich an Wänden und Spalieren empor und vermitteln ein Gefühl der Abgeschiedenheit; die Sträucher sind mit jungem Blattwerk bedeckt und viele Blattpflanzen haben ihre endgültige Größe erreicht. Schnell vergrößert sich das Spektrum der Pflanzen mit aufregenden Farbkaskaden, ungewöhnlichen Strukturen und Düften.

An sonnigen Plätzen entspringen dem früh blühenden Zierlauch schimmernde Kugeln, entfalten sich die riesigen Blüten von Türkischem Mohn, Pfingstrose und kräftig gefärbter Nelkenwurz. Auch der winterharte Storchschnabel und die hübschen Ähren der Lupinen öffnen ihre Knospen. Jetzt zeigen sich die atemberaubenden Farben des Frühsommers, zu denen Bärtige Iris und Veilchen ihre satten Farbtöne und die samtige Struktur sowie Geißblatt und Flieder ihren Duft beisteuern. Die auffälligen Wuchsformen von Akanth, Kardone und Brustwurz schaffen zu den intensiven Blütenfarben einen wohltuenden Ausgleich.

Im Schatten treffen sich Akelei und Mondviole und sobald Tränendes Herz und Lerchensporn verblüht haben, nehmen Orchideen und Türkenbundlilien sowie die eindringlichen Formen von Notholirion und Fingerhut ihre Plätze ein. Sie heben sich schön gegen das Gelbgrün von *Smyrnium perfoliatum* (Gelbdolde) und das der Farne *Onoclea sensibilis* und *Matteuccia struthiopteris* und der ausladenden Blätter der Funkien, ab.

Wenn Sie einen Bereich mit nassem Boden neben einem Bach oder Teich besitzen, ist jetzt die Zeit gekommen, ihn mit kräftigen und brillanten Ideen voller Überschwang zum Leben zu erwecken. Zu Beginn des Jahres tut sich an diesen feuchten Standorten wenig, weder in voller Sonne noch im Schatten, aber zu Beginn des Sommers kommen Blattpflanzen in Rekordgröße hier zum Vorschein. Rhabarber, Schildblatt und Färber-Gunnera bilden für die Regenbogenfarben der Kandelaberprimeln, die goldenen und orangen Trollblumen, die blauen Prärielilien und die schwarzen und purpurroten *Iris sibirica* und *I. chrysographes* einen fast dschungelartigen Hintergrund.

Jetzt gibt es im Garten viel zu tun. Alle großen Pflanzen müssen während des Wachstums ständig abgestützt oder angebunden werden. Wein, Klematis und einjährige Kletterer wie Brunnenkresse und Zuckererbsen sollten hochgebunden werden, sobald sie Wände und Spaliere erreichen.

Einjährige Pflanzen können akklimatisiert und zum Auspflanzen vorbereitet werden, frostempfindliche Knollenpflanzen

Vorhergehende Seiten Sobald in diesem Beet die Frühlingsblumen verwelken, werden sie durch eine große Zahl zweijähriger Pflanzen ersetzt, die gleich zu blühen anfangen. Darunter finden sich der strahlende, orangefarbene Islandmohn, dunkelkarmesinrot und magenta getönte, süß duftende Williamsrosen, *Dianthus barbatus* 'Oeschberg' und die Nigrican-Gruppe, sowie blassblaue *Anchusa azurea* 'Opal' und die giftgrüne Kapern-Wolfsmilch, *Euphorbia lathyris* und *Cerinthe major* 'Purpurascens'.

und Stauden müssen gepflanzt werden, sobald die letzten Fröste vorbei sind. In der Zwischenzeit sollten Sie auf alle einjährigen Unkräuter ein Auge haben und sie herausziehen, bevor sie zu blühen anfangen.

Pflanzen für sonnige Standorte

Die sonnenliebenden Pflanzen des Frühsommers schenken uns prächtige Farben, Formen und Strukturen, aber vielen fehlt das wichtigste Element, das einen Garten zu einem Garten der Sinne macht: der Duft. Ich finde es lohnt sich, mindestens einen Flieder zu pflanzen, obwohl er für den Rest des Jahres unscheinbar ist, denn er füllt den Garten mit einem unglaublichen Duft. Zum Glück gibt es jetzt großblütige Hybriden mit leuchtenden Farben, sodass man nicht die blassen Typen nehmen muss. Ich mag *Syringa vulgaris* 'Charles Joly', 'Congo' und den spät blühenden 'Andenken an Ludwig Späth'; alle tragen ausladende Pyramiden mit purpurroten Blüten. Es ist besser, einen Flieder vor dem Kauf in Blüte zu sehen, denn zwischen der Farbe der Knospen und der Blüten kann ein erheblicher Unterschied bestehen. Ein Flieder lebt viele Jahre und man sollte versuchen, einen möglichst dunklen mit satter Farbe zu erwerben.

Da ein Flieder 4–5 m in der Höhe und im Durchmesser wird, sollte man die Sträucher in eine Ecke oder in den Hintergrund pflanzen. Er muß nicht geschnitten werden, außer Sie wollen seine Ausdehnung begrenzen, aber die verwelkten Blüten sollten entfernt werden. Dies ist besonders bei Jungpflanzen, die noch keine Samen bilden sollen, wichtig. Jetzt oder während der Winterruhe kann man totes Holz und unpassende Zweige ausschneiden. Flieder wächst in neutralen bis alkalischen Böden in voller Sonne. Vor dem Pflanzen sollte man viel Humus untergraben und im Herbst und Frühjahr gut mulchen.

Buddleja alternifolia, der ein paar Monate vor dem Schmetterlingsstrauch, *Buddleja davidii* (s. S. 114), zu blühen beginnt, ist eleganter als sein Verwandter und wird wegen seiner langen, schmalen, hängenden Rispen voller malvenfarbiger Blüten und seinem starken, süßen Duft geschätzt. Die Blüten erscheinen an den Zweigen des Vorjahres und sollten bald nach der Blüte abgeschnitten werden.

Blumenpracht an sonnigen Standorten

Gegen Frühlingsende wird eines meiner Beete von den Papageientulpen 'Orange Favourite' dominiert. Nach zwei oder drei Wochen gesellen sich die purpurroten Kugeln von *Allium hollandicum* 'Purple Sensation' hinzu. Wenn die Tulpen verblühen, nimmt der Türkische Mohn 'Harvest Moon' ihren Platz ein.

Die meisten der leuchtenden, großblütigen Zierlaucharten zeigen noch geschlossene Knospen außer *Allium hollandicum* 'Purple

Rechts Eine Kombination aus scharlachrotem *Papaver orientale* 'Türkenlouis' mit gezähnten Blütenblättern und dem glattrandigen rosa *P.o.* 'Mrs Perry'. Diese auffallenden Blumen beherrschen ein Beet ein bis zwei Wochen lang bevor sie verwelken. Wenn Sie jetzt alle Pflanzenteile ganz abschneiden, treibt in ein paar Monaten frisches, grünes Blattwerk aus.
Darunter oberste Reihe, von links nach rechts *Papaver orientale* 'Curlilocks'; *P.o.* 'Forncett Summer', *P.o.* 'Beauty of Livermere'
Darunter mittlere Reihe *P.o.* 'May Queen'; *P.o.* 'Patty's Plum'; *P.o.* 'Sultana'
Darunter unterste Reihe *P.o.* 'Türkenlouis'; eine unbenannte *orientale* Züchtung; eine Spielart von *P.o.* 'Mrs Perry'; Samenkapsel von *P.o.*

Sensation', der schon in voller Blüte steht. Diese Zwiebelpflanze eignet sich für eine Pflanzung in Streifen an beiden Wegseiten und bildet ein 1 m hohes oberes Stockwerk in Purpurrot, ähnlich einer Reihe Lavendel, aber intensiver gefärbt. Seine leuchtenden perlenähnlichen Samenkapseln sind sehr beeindruckend. Schneiden Sie die Pflanze zurück, wenn die Blätter braun und dürr werden.

Ein Garten voller Flamingos

Der ausdauernde Türkische Mohn, der von allen Mohnarten am üppigsten aussieht, ähnelt einem Schwarm tropischer Vögel; einen oder zwei Monate lang wirkt der Garten wie ein Vogelpark voller rosa, purpurroter, orangefarbener und scharlachroter Flamingos. Meiner Meinung nach sehen Mohn, wie auch Papageientulpen, am schönsten aus, wenn sie anfangen zu welken, mit ihren riesigen, gebogenen Blütenblättern, mit vom Regen fleckigen Blüten und samtenen Samenkapseln.

Es lohnt sich, das Aufsehen erregende, schnell flüchtige Bild des Türkischen Mohns dadurch zu betonen, indem man ihn in großen Gruppen, drei oder fünf Pflanzen derselben Farbe pflanzt und nicht einzeln oder zu zweit tupfenartig verteilt. Beim Zurückschneiden entstehen Lücken, die sich schnell mit bedingt winterharten Einjährigen oder frostempfindlichen Stauden, die man zwischen die Wurzeln des Mohns setzt, füllen lassen.

Wählen Sie Mohnarten mit intensiven Tönen und setzen Sie beim Pflanzen Gruppen unterschiedlicher Farben nebeneinander, damit ein möglichst kräftiger Kontrast entsteht. Kombinieren Sie das Orange von z. B. 'Harvest Moon' mit dem Tiefrosa von 'Kleine Tänzerin' oder 'Raspberry Queen'. Die Sorten *Papaver orientale* und *P.o.* 'Marcus Perry' tragen Blüten in tiefem Zinnoberrot; versuchen Sie diese zusammen mit einer Gruppe der rauchigen, purpurrosafarbenen 'Patty's Plum' oder 'Lilac Girl'. Zinnoberrot ist unverzichtbar. Wer stachliges Aussehen mag, pflanzt den hellroten 'Türkenlouis' oder, noch besser, den blutroten 'Beauty of Livermere' (manchmal auch 'Goliath' genannt).

Versuchen Sie Sorten mit unterschiedlichen Blütezeiten zu wählen, damit Sie die Pracht des Mohn so lange wie möglich genießen können. Die zeitigsten, wie z. B. 'Beauty of Livermere', beginnen zu Ende des Frühlings zu blühen, aber der scharlachrote 'Derwisch' kann sogar zwei Monate später noch Blüten tragen. Wenn Sie die Pflanzen direkt nach der Blüte zurückschneiden, blühen manche, wie der karminrosa *P.o.* 'Sultana' und die scharlachrote Zwergart 'Allegro' im Herbst vielleicht zum zweiten Mal.

Die wilden Vorfahren des Türkischen Mohns wachsen in den Bergsteppen von Armenien und des südlichen Kaukasus. Die Gartenzüchtungen benötigen warmen, lockeren Boden, damit sich ihre langen Pfahlwurzeln richtig entwickeln können. Auf kalten, schweren Böden können sie plötzlich kümmern und absterben. Vor dem Pflanzen graben Sie viel Kompost und Mist unter und mulchen im Frühjahr nach dem Austreiben der Blätter. Die meisten Arten ziehen Trockenheit Wind oder Regen vor. Manche sind robuster als andere: 'Beauty of Livermere' setzt auch bei nassen Wetterbedingungen Knospen an, aber in der Regel sind die Blüten des Türkischen Mohns empfindlich – wenn es in Strömen regnet oder stürmt, zerfallen sie sehr schnell. Man kann den Schaden begrenzen, indem man die Stängel anbindet, sobald sie im Frühjahr länger werden. Als Alternative könnte man ihnen ein Gerüst bauen, indem man Haselzweige oder Buchenäste 15–20 cm weit auseinander in den Boden steckt. Der junge Austrieb kann von den Zweigen gestützt werden und das Holz wird bald hinter einem pelzigen Schleier aus Stängeln und Blättern verschwinden.

Der Frühsommer ist auch die Zeit für Pfingstrosen. Am liebsten sind mir die einfachen, ungefüllten Blütenformen, wie die der Edel-(oder japanischen oder anemonenblütigen) Pfingstrosen; sie erscheinen klarer als die gerüschten, doppelt gefüllten Blüten. Die einfachen Blüten sind so wie ihr Name klingt: wie Butterblumen, aber zwanzig Mal so groß. Die Edel-Pfingstrosen besitzen in der Mitte kissenartige Miniatur-Blütenblätter, die oft einen Farbkontrast zu den äußeren Blütenblättern bilden. 'Scarlett O'Hara' ist eine der eindrucksvollsten ungefüllten Sorten mit ausladenden,

Pflanzenstützen

Die meisten Riesen im Garten – wie Königskerzen, Rittersporn, Kardone, die spät blühenden Sonnenblumen, Tabakpflanzen und Dahlien – profitieren von einer Pflanzenstütze bei Wind und Regen. Wenn die Pflanze 30–45 cm Höhe erreicht, wird es Zeit, sie zu stützen. Warten Sie nicht länger.

Die schweren Einzeltriebe sind zu stämmig, um von einem Korsett aus gewebten Weideästen oder einem Gerüst aus Erbsenreisig aufrecht gehalten zu werden; sie benötigen jeder eine eigene Stützhilfe in Form eines Bambusrohrs oder eines Stocks. Die Stangen müssen tief in die Erde gesteckt werden, sodass ein Drittel der Länge im Boden ist und der Rest der Stange der Hälfte der endgültigen Pflanzenhöhe entspricht. Am besten man versteckt die Stöcke hinter den Pflanzen, um sie so möglichst unsichtbar zu machen. Man kann den Bambus dunkel oder grün streichen oder man nimmt unauffälligere Hasel- und Kastanienstöcke. Schneiden Sie ein Stück Schnur von 40 cm Länge ab, legen zwei halbe Schläge um den Bambus, streifen sie darüber bis zu einem Drittel der Pflanzenhöhe und ziehen ihn fest an.

Der Vorteil dieses Doppelknotens ist, dass er am Bambus nicht hinunterrutscht, sondern fest an seinem Platz bleibt.

Dann das längere Ende der Schnur unter einem Blattpaar oder einer Knospenanlage in Form einer Acht um den Stängel schlingen und die Enden zusammenbinden. Setzen Sie den Knoten über den Blättern, verwickeln sie sich beim Wachsen. Der Achter stützt den Stängel, sitzt aber nicht zu fest, um ihn zu knicken, wenn er im Wind schaukelt. Nach ein paar Wochen benötigt man eventuell eine zusätzliche Stützhilfe und muss eine Schnur weiter oben um die Bambusspitze schlingen.

leuchtend roten Blüten; genauso gefällt mir die einfache 'Illini Warrior', die tief karmesinrote Blüten mit einer goldenen Mitte trägt. Es gibt eine neue ungefüllte Sorte, die es sich lohnt zu suchen – 'Fairy Princess', niedrig wachsend, mit hübschen, ungefüllten, scharlachroten Blüten und goldenen Staubgefäßen, die außerdem keine Stütze benötigt. *Paeonia lactiflora* 'Globe of Night' ist eine großblütige Edel-Pfingstrose. Sie hat leuchtend rosa Blüten mit cremig gelben Zentren und erreicht etwa 20 cm Durchmesser. 'Gay Paree' hat kleinere, magentafarbene Blüten, deren Zentren weiß überhaucht sind, passend zu der Farbe der Blütenblätter.

Pfingstrosen gefüllt oder ungefüllt

Es gibt ein paar hübsche gefüllte Arten; unter denen mir die magentafarbige *P.l.* 'Karl Rosenfield' gefällt, die große duftende Blüten an einem gedrungenen Busch trägt. Am besten ist es, vor dem Kauf die gefüllten Sorten in der Blüte zu sehen. Im allgemeinen halten die gefüllten Blütenstrukturen schlechten Wettereinflüssen besser stand als die ungefüllten Sorten. Liegt ein Garten exponiert, wählt man besser eine der gefüllten Sorten. Ungefüllte können sehr schnell verwelken.

Die riesigen Blüten der Baumpäonien sind ebenfalls kurzlebig, aber viele haben schöne, klar geschnittene Blätter, die ihren Platz im Garten rechtfertigen. Ich pflanze die gefüllte *P.* x *lemoinei* 'Chromatella' (Syn. 'Kinshi'), die nach Zitrone duftet und zusammengesetzte, mandarinefarbene Blütenblätter besitzt, sowie die halb gefüllte *P. suffruticosa* 'Kaow' (syn. 'King of Flowers') in Purpurrot mit karmesinroten Streifen. Ich mag auch die *P.s.* 'Shimmering Velvet'; alle Arten werden bis zu 2 m hoch.

Die krautigen und die Baum-Pfingstrosen sind leichter zu kultivieren als man denkt. Es dauert eine Weile bis sie Fuß fassen, aber nach zwei oder drei Jahren in gutem Boden und mit einer dicken, jährlichen Mulchschicht, erhält man beständige Pflanzen von ausreichender Größe. Die krautigen Pfingstrosen sind winterhart, aber die Baumpäonien benötigen Schutz vor kalten Winden. Frost kann den frischen Austrieb im Frühjahr braun färben und Sie sollten versuchen, einen geschützten Standort zu finden.

Die meisten Pfingstrosen weisen außer ihren prächtigen Blüten den Vorteil ihrer formschönen Blätter auf, die im Frühjahr karmesinrot überzogen sind. Viele tragen hübsche dreieckige Samenköpfe, die auch nach der Blüte gut aussehen und ihren Platz im Garten das ganze Jahr über verdienen.

Oben Die Baum-Pfingstrose 'Shimmering Velvet' hat wunderschöne Blüten und hübsches Laubwerk.
Rechts Die Pfingstrose 'Gay Paree' setzt magentafarbene Akzente.
Großes Bild auf folgenden Seiten Die Lupine 'The Page' und *Rosa* 'Tuscany Superb' setzen sich gegen die dunkel karmesinrote *Cotinus coggygria* 'Royal Purplex' ab. *Euphorbia characias* subsp. *wulfenii* betont die Vollkommenheit des Bildes.
Folgende Seiten ganz rechts von oben nach unten *Lupinus* 'Black Jacket'; *L.* 'Thundercloud'; *L.* 'My Castle'.

Als Kontrast zu den tassenförmigen Blüten der Pfingstrosen und des Mohns eignen sich die aufrechten, kräftigen Ähren der Lupinen. Lupinen werden etwa 1 m hoch und sind in vielen verschiedenen Farben erhältlich, sogar in rauchigem Purpur-, Rubin- und Karminrot. Vielleicht finden Sie ein paar goldgelbe und orange Hybriden, um Ihrer Farbzusammenstellung das gewisse Extra zu verleihen. Es gibt einige bis jetzt unbenannte, moderne Hybriden, die aber besser sind als die älteren Russel-Hybriden. Die Neuen haben so stark gefiederte, erbsenähnliche Blüten, dass der Stiel nahezu vollständig verdeckt wird. Es gibt viele Hybriden und die Farben können innerhalb derselben Linie stark variieren. Es ist ratsam, sie in blühendem Zustand zu kaufen, um drei oder fünf Exemplare derselben Farbe zu erhalten. Wenn Sie Pflanzen mit aufeinander folgenden Blühzeiten wählen – früh, mittel und spät –, können Sie sich von Frühlingsende bis Sommermitte an Lupinen erfeuen.

Lupinus polyphyllus, von der viele Gartenhybriden abstammen, wächst wild auf offenen Bergwiesen im westlichen Nordamerika. Daher gedeihen Lupinen am besten auf nährstoffarmen, gut durchlässigen Böden und sind ideal für sandigen Gartenboden. Stark nährstoffreichem Boden können Sie ein paar Hände voll grobkörnigem Sand vor dem Pflanzen zugeben. Zu viel Humus und Dünger verkürzt ihre ohnehin begrenzte Lebensdauer. Setzen Sie sie in Gruppen gleicher Farbe und binden Sie jede einzeln an. Wenn Sie die Blütenstände nach der ersten Blüte abschneiden, können Sie eine zweite Blüte erreichen. Die Lücke nach dem Rückschnitt wird mit früh blühenden Nachbarn, wie Salbei, *Salvia nemorosa*, *S.* x *sylvestris* oder *S. verticallata* gefüllt, die ihre schönsten Blüten zeigen, wenn die Lupinen welken.

Gefürchtete Lupinenblattlaus

Der am meisten gefürchtete Schädling ist die Lupinenblattlaus. Sie ist blaugrün, aber größer als die gewöhnliche grüne oder weiße Blattlaus und kann innerhalb kürzester Zeit großen Schaden anrichten. Bei den ersten Anzeichen eines Befalls sollten Sie sofort handeln. Ansonsten können alle Pflanzen innerhalb weniger Tage vernichtet werden. Da ich biologischen Gartenbau betreibe, schneide ich die befallenen Pflanzen bis zum Boden ab und verbrenne sie bevor sich der Schaden weiter ausbreiten kann. Falls Sie chemische Mittel benutzen, sprühen Sie die Pflanzen sofort mit einem systemischen Insektizid, um den Befall unter Kontrolle zu bringen.

Wenn Sie intensive Farben mögen, aber kleinere Pflanzen als üppigen Mohn und Pfingstrosen suchen, stellt die Nelkenwurz die perfekte Lösung dar. Ab Frühlingsbeginn schafft sie viele Monate lang lebendige Farbwogen aus sattem Zinnoberrot, Scharlachrot, Mandarine und Gelb. Die Nelkenwurzarten, die von *Geum chiloense* abstammen, gedeihen gut in voller Sonne in gewöhnlichem, fruchtbarem Boden, sind aber leider eher kurzlebig; andere Arten, wie *G. rivale* und *G. coccineum* und ihre Hybriden, wachsen am besten auf feuchten Böden im Halbschatten (s. S. 67) und sind kräftiger.

G. chiloense, die aus Chile stammt, ist eine kleine, kompakte Pflanze von 40–60 cm Höhe, kleiner als die meisten Hybriden, mit großen, ungefüllten, dunkel zinnoberroten Blüten. 'Fire Opal' ist eine ausgezeichnete Hybride, mit halb gefüllten Blüten in einer vergleichbaren Farbe an größeren (ca. 75 cm langen) purpurroten Trieben. Unter den scharlachroten Vertretern ist 'Mrs J. Bradshaw' unschlagbar; diese Sorte trägt große gefüllte Blüten, die wegen ihrer außergewöhnlich langen Blühdauer bemerkenswert

Oben Dieses lang blühende, einjährige Stiefmütterchen 'Giant Forerunner Tangerine' gefällt besonders in Verbindung mit dunklem Karmesinrot und Purpurrot oder mit leuchtendem Blau, Malve und Rosa.
Mitte Die fast schwarze Viola 'Roscastle Black' muss vor einen kräftigen Hintergrund gesetzt werden. Ihre Farbe verliert sich im Schatten, wird sie nicht durch Silber oder Gelbgrün betont.
Unten Dieses großblütige Stiefmütterchen 'Bluminsall' trägt Blütenblätter mit einer plüschartigen Textur, ähnlich denen einer Hohen Bartiris.

sind: mit den letzten Tulpen fangen sie an zu blühen und tragen Knospen, die sich im Spätsommer zusammen mit Bartfaden und Sonnenbraut öffnen. Eher Mandarine als Zinnoberrot sind G. 'Dolly North' und 'Prinses Juliana', während 'Lady Stratheden' ein sattes Goldgelb aufweist. Lange Blühzeiten erzielen Sie, indem Sie die Nelkenwurz gesund und kräftig erhalten und sie alle paar Jahre im Herbst oder Frühling teilen.

Ausdauernde winterharte Storchschnäbel sind mit die besten Quellen für strahlendes Purpurrot, Blau und Magenta, um einen Kontrast zu dem Orange und Gelb der Nelkenwurz zu bilden. Auch sie blühen vom Frühlingsende bis weit in den Sommer hinein. Außerdem sind sie widerstandsfähig, benötigen wenig Pflege und wachsen fast überall – in voller Sonne oder Halbschatten, auf leichten oder schweren Böden –, nur nicht auf einem Sumpfboden. Die besten Sorten sind zwei oder drei Monate lang ununterbrochen von großen, üppigen Blüten bedeckt und besitzen hübsche Blätter, die für das Gesamtbild über einen längeren Zeitraum hinweg eine wichtige Rolle spielen.

'Philippe Vapelle' ist eine hervorragende blauviolette Sorte mit Blüten, die zu den größten in diesem Farbspektrum gehören. Ihre filzig behaarten Blätter mit ihrem weichen Blattgewebe und der silbrig grünen Farbe, stellen eine echte Bereicherung dar, nachdem die Blüten verwelkt sind. Das Blattwerk ähnelt einem ihrer Eltern, *Geranium renardii*, die vom Kaukasus stammt, aber ihre Blüten sind beeindruckender. Trotzdem benötigt sie volle Sonne und durchlässigen Boden, um sich voll zu entwickeln. *G. himalayense* 'Gravetye' ist ebenfalls eine Schönheit mit riesigen, dunkelpurpurnen Blüten, nahe der Blütenmitte magenta überhaucht. Er hat eine kompakte, horstartige Wuchsform, etwa 30 cm hoch, und eignet sich hervorragend für den vorderen Bereich einer Blumenrabatte. Auch G. 'Brookside' ist großblütig, aber von leuchtendem Blau mit einem winzigen, weißen Fleck im Zentrum jeder Blüte, was das gesamte Erscheinungsbild aufhellt. Er hat attraktive Fiederblätter und blüht leicht.

Möchten Sie Ihr Farbspektrum um Magenta bereichern, können Sie keine bessere Wahl treffen als die wüchsige *G. psilostemum* und ihre Hybriden. Diese Art bildet einen riesigen Dom aus Blüten, der, sobald sie ausgewachsen ist, über 1m hoch aufragt. Sie blüht an einem geschützten Standort bis weit in den Herbst hinein – in meinem Garten in London oft bis Weihnachten. Eine ausgezeichnete neue Zuchtform stellt G. 'Patricia' dar, schnellwüchsig und kompakter (sie wird ca. 75 cm hoch) als ihre Eltern, eignet sich gut für kleinere Gärten. Auch G. 'Ann Folkard' ist hervorragend. Sie alle vermehren sich durch Ausläufer und profitieren von durchlässigem Boden in voller Sonne, wachsen aber auch im Halbschatten.

Kleinwüchsiger als Nelkenwurz und Storchschnabel sind die ausdauernden Veilchen. Das halb immergrüne *Viola cornuta*, eine Wildpflanze der Pyrenäen, blüht von Frühlingsende bis Sommermitte. Es hat eine etwas kürzere Blühperiode als die ausdauernden immergrünen Hybriden, wie das dunkelblaue *V.* 'Huntercombe Purple' oder das schwarzviolette 'Roscastle Black' – eine tolle Zusammenstellung mit scharlachroter und zinnoberroter Nelkenwurz.

Oben rechts Eine Gruppe der zinnoberroten *Geum* 'Mrs J. Bradshaw' verschmilzt mit *Viola cornuta*. Die Nelkenwurz blüht etwa zwei Monate lang und das Veilchen doppelt so lange.
Unten rechts Ein großer Farbtupfer der halb gefüllten, zinnoberroten und goldenen *Potentilla* 'William Rollison' (Fingerstrauch) sitzt neben *Tanacetum vulgare* 'Isla Gold' (Rainfarn). Das samtige, purpurrote Veilchen 'Roscastle Black' betont die Textur des Fingerstrauches und bildet einen dunklen, satten Farbkontrast.

Pflanzen des Frühsommers für sonnige Standorte

Allium hollandicum 'Purple Sensation'

Papaver orientale 'Harvest Moon'

Geranium 'Philippe Vapelle'

Euphorbia characias subsp. *wulfenii*

1 *Vitis coignetiae* x 1
2 *Viburnum opulus* 'Compactum' x 1; unterpflanzt mit *Asplenium scolopendrium*
3 *Clematis* 'Rouge Cardinal' x 1
4 *Rosa* 'Warm Welcome' x 1
5 *Stipa gigantea* x 3
6 *Lonicera periclymenum* 'Belgica' x 1
7 *Lonicera periclymenum* 'Serotina' x 1
8 *Euphorbia characias* subsp. *wulfenii* x 3
9 *Papaver orientale* 'Harvest Moon' x 5; gefolgt von *Tithonia rotundifolia* 'Torch'
10 *Lonicera periclymenum* 'Belgica' x 1
11 *Erysimum* 'Blood Red' mit *Narcissus* 'Suzy' und *Tulipa* 'Orange Favourite'; gefolgt von *Cleome hassleriana* 'Violet Queen'
12 *Lonicera periclymenum* 'Serotina' x 1
13 *Potentilla fructiosa* 'Sunset' x 3
14 *Lonicera periclymenum* 'Belgica' x 1
15 *Geranium* 'Philippe Vapelle' x 1 mit *Allium hollandicum* 'Purple Sensation'
16 *Alchemilla mollis* x 5
17 *Arundo donax* x 1
18 *Clematis* 'Jackmanii' x 1
19 *Campsis x tagliabuana* 'Madame Galen' x 1
20 *Euphorbia palustris* x 3
21 *Rosa* 'Warm Welcome' x 2

|— 1 Meter —|

Diese sonnige Ecke gefällt die meiste Zeit des Jahres durch ihre kräftige Mischung aus Orange, Purpur und Gelbgrün mit ein paar karmesinroten Farbtupfern. Im Frühjahr umschließt der dunkelrote Goldlack, *Erysimum* 'Blood Red', eine Gruppe goldener und orangefarbener *Narcissus* 'Suzy', gefolgt von der spät blühenden Papageientulpe 'Orange Favourite'. Alle drei duften stark, genau wie *Lonicera periclymenum* 'Belgica' (Geißblatt), das bis zur Sommermitte blüht, und dann durch *L.p.* 'Serotina' ersetzt wird. Sobald der Goldlack verblüht ist, füllen Sie diese Lücke mit *Cleome hassleriana* 'Violet Queen'.

Üppig blühende Gruppen von *Euphorbia palustris* und von buschigen, immergrünen *E. characias* subsp. *wulfenii* zeigen sich von ihre besten Seite, während ihr Blattwerk einen guten Hintergrund für die später blühenden Einjährigen bildet. *Geranium* 'Philippe Vapelle', das durch die Kugeln von *Allium hollandicum* 'Purple Sensation' durchsetzt ist, bildet ein zweites buntes Stockwerk aus purpurroten Wogen, die mit dem orangen Türkischen Mohn 'Harvest Moon' und *Potentilla fruticosa* 'Sunset' einen schönen Kontrast bilden. Die orangefarbene *Rosa* 'Warm Welcome', die fünf oder sechs Monate blüht, wächst an der Wand und am dunklen Stein in der Mitte. Dort wächst mit seinen schaumigen, gelbgrünen Blüten der Frauenmantel, *Alchemilla mollis*. Das im Frühsommer blühende Gras *Stipa gigantea* formt einen eleganten, erhabenen Hintergrund zu den leuchtenden Farben und ist das ganze Jahr zu sehen.

Pflanzen für sonnige Standorte

Schneiden Sie Frauenmantel und Türkischen Mohn nach der Blüte zurück. Später im Sommer blüht der Frauenmantel erneut und *Tithonia rotundifolia* 'Torch' kann den Mohn ersetzen.

Die Farben der Spinnenblume und der Tithonie werden von der Wand und durch die purpurrote *Clematis* 'Jackmanii' und die orange *Campsis* x *tagliabuana* 'Madame Galen' reflektiert. Es gibt auch eine karmesinrote Klematis 'Rouge Cardinal'.

Am Eingang wird der Gartenweg von dem Riesenschilf, *Arundo donax* überwölbt, das im Spätsommer seine volle Größe erreicht. *Viburnum opulus* 'Compactum', der in einer Mischung aus Scharlach- und Karmesinrot erscheint und von glänzenden, scharlachroten Beeren bedeckt wird, stellt ein ausgewogenes Gleichgewicht zu dem Schilf dar.

Veilchen wachsen schnell, und wenn sie 40—50 cm voneinander entfernt einen Weg entlang gepflanzt werden, wachsen sie innerhalb von zwei bis drei Monaten zusammen und bilden ein auffälliges, wogendes Band. Wählen Sie verschiedene Purpur-, Schwarz- und Malventöne, aber lassen Sie Platz für ein paar orangefarbene und zweifarbige, einjährige Veilchen, wie die zinnoberrote 'Paparadja' und die orange-amethystfarbige 'Jolly Joker', die ungefähr einen Monat später blüht. Setzt man sie zwischen früh blühende Blaukissen, kann man die Blaukissen zurückschneiden bevor die Veilchen anfangen zu blühen.

Dunkelblütige Veilchen mit ihrer weichen, plüschartigen Beschaffenheit mögen kein volles Sonnenlicht, gedeihen aber gut im Halbschatten. Sie benötigen fruchtbaren, humusreichen, feuchten Boden, der gut durchlässig sein muss. Leichte Böden sollte man mit organischem Material aufbessern. Nach dem Verblühen werden die Veilchen zurückgeschnitten, um sie kompakt zu halten und um eine zweite Blüte vor dem Winter anzuregen.

Spätfrühling und Frühsommer ist die beste Zeit für die Hohe Bartiris mit ihren großen Blüten in einem herrlichen Farbspektrum an etwa 90 cm hohen, aufrechten Stielen. Auch die schwertähnlichen Blätter, die zeitig im Frühling erscheinen, sind von Nutzen. Am meisten schätze ich sie aber wegen der üppigen, weichen Textur ihrer Blütenblätter. Die vollsten Farben scheinen die üppigsten Formen aufzuweisen, vor allem schwarze, purpurrote, rubinrote und ziegelrote Sorten, wie 'Night Owl', 'Sable' und 'Quechee'. Es gibt auch einige leuchtend gefärbte Sorten in Ingwer, Gold und Orange, wie 'Ola Kala' in strahlendem Gelb und 'Brindisi' in Orange, die sich lohnen.

Die wilden Vorfahren der Hohen Bartiris wachsen auf trockenem Grasland, steinigen Hängen und Felsvorsprüngen. Die heutigen Gartensorten benötigen einen sonnigen Standort, wo ihre Rhizome nicht vom Laub anderer Pflanzen beschattet werden und die Sonne den ganzen Wurzelstock erwärmen kann. Die Vorderseite einer Rabatte, an einem Weg gelegen, ergibt einen guten Standort. Sie sind ideale Pflanzen für durchlässige Kalk- oder Sandböden. Sie wachsen auch in schwereren Böden, leiden aber unter zu reichlicher Nährstoffzufuhr. Sie sollten keinen Humus oder Kompost zuführen, ansonsten erhalten Sie viele Blätter, aber keine Blüten.

Am besten wachsen die Iris, wenn sie frisch ausgegraben aus einem offenen Feld kommen: sie wurzeln schneller an als die in Töpfen gezogenen Exemplare. Ein guter Händler liefert Iris nur zur Hauptpflanzzeit am Ende des Sommers. Man muss sie sofort nach der Ankunft zu Hause einpflanzen, wobei man auf gute Drainage achten sollte. Kürzen Sie die Blätter auf die Hälfte ein und setzen Sie sie so ein, dass die Rhizome nicht tiefer als 1 cm unter der Erdoberfläche liegen.

Nach zwei oder drei Jahren neigt die Iris dazu so dicht zu wachsen, dass ihre Blätter zu viel Schatten auf die Stockmitte werfen. Diese kann dann absterben, sodass ein hohler Ring übrig bleibt. Dies kann man vermeiden, indem man sie ausgräbt, sobald sie zu

Oben Ich liebe die samtige Textur der Hohen Bartiris 'Quechee' in Verbindung mit den bronzefarbenen Blättern des Fenchels, *Foeniculum vulgare* 'Purpureum' im Hintergrund. Diese Irisart blüht zeitig zusammen mit der späten, gefüllten Tulpe 'Orange Princess' und den ersten Blumen der *Arctotis* 'Flame'.
Gegenüber oben Die Schwertform der Blätter und das satte Ziegelrot der Hohen Bartiris 'Ruby Contrast' harmonieren wunderbar mit den karmesinroten Tönen und den weichen Blättern des Wiesenkerbels *Anthriscus sylvestris* 'Ravenswing'.
Rechts *Iris* 'Sable'
Ganz rechts *Iris* 'Night Owl'
Gegenüber mittlere Reihe, von links nach rechts *Iris* 'Brindisi'; *Iris* 'Hell's Fire'; *Iris* 'Before the Storm'.
Gegenüber untere Reihe, von links nach rechts *Iris* 'Night Owl'; *Iris* 'Marshlander'; *Iris* 'Quechee'.

Frühsommer

dicht wächst; entfernen Sie alte und verbraucht aussehende Rhizome in der Mitte und pflanzen Sie den jungen Austrieb, der sich an der Außenseite gebildet hat, wieder ein.

Blattpflanzen für sonnige Standorte

Der Farbenreichtum der Blumen im Frühsommer sollte mit dem Blattgrün im Gleichgewicht stehen – dazu etwas Silber, um die Farbfülle aufzulockern, Gelbgrün, um die Farbintensität zu unterstreichen und dunkles Karmesin, um die Dramatik zu steigern.

Die silbrig blaue Wachsblume, *Cerinthe major* 'Purpurascens' bildet einen passenden Hintergrund zu den vollen und leuchtenden Farben und jedesmal, wenn ich sie sehe, gefällt sie mir von neuem. Ich mag ihre Blütenform mit den blauen Glocken und ich werde nie müde, dieses verwirrende Durcheinander von silbernen, blauen und purpurnen Blättern und Blüten zu betrachten. Sie ist einjährig, etwa 45 cm hoch und wird im Spätsommer oder zu Herbstanfang des vorhergehenden Jahres gesät. So kann man sicher sein, dass sie einen Monat früher blüht als im selben Jahr ausgesäte Pflanzen. In einem milden Frühjahr blüht die Wachsblume zusammen mit den Tulpen. Im vorhergehenden Jahr gesäte Pflanzen erreichen eine stattliche Größe.

Die silbergrauen Blätter des Meerkohls, *Crambe maritima,* und des Hornmohns, *Glaucium corniculatum,* leuchten um diese Jahreszeit am kräftigsten. Ich nehme *Crambe maritima* wegen seiner Blätter, nicht wegen seiner kohlähnlichen weißen Blüten. Er hat eingebuchtete, gedrehte, bis zu 75 cm lange Blätter, deren Stiele und Mittelrippen in sattem Purpurrot leuchten und im zeitigen Frühjahr austreiben. Er ist eine robuste Pflanze, die in ihrer ursprünglichen Heimat in exponierter, trockener und rauer Lage gut gedeiht. In unseren Gärten benötigt sie einen tiefgründigen, fruchtbaren und durchlässigen Boden. *Glaucium corniculatum,* der Rote Hornmohn, ist eine andere Küstenpflanze mit kleineren, aber ähnlich gekräuselten und gefärbten Blättern. Besonders gefallen mir die üppigen, zinnoberroten Blüten, die den Mohn zu Frühlingsbeginn bedecken und zu seinen silbernen Blättern und den purpurnen Stielen des Meerkohls passen.

Der Rainfarn, *Tanacetum vulgare* 'Isla Gold', ist eine gelbgrüne Pflanze von besonderem Wert; eine Staude, die im Frühjahr austreibt und das ganze Jahr über frisch aussieht. Ich knipse die Blütenspitzen aus – damit das Blattwerk bis in den Herbst hinein gut aussieht –, aber ich habe kein besonderes Interesse an den goldenen Knopfblüten. Diese zu entfernen, hilft außerdem die Pflanze daran zu hindern sich ungehemmt zu vermehren. Der Rainfarn gedeiht in voller Sonne in durchlässigem Boden, verträgt aber auch Feuchtigkeit und Bodenbedingungen jeglicher Art außer staunassem, schwerem Moor- oder Lehmboden. Ab 30 cm Höhe benötigt er eine Stütze oder er büßt seine Form ein und kippt im Spätsommer um. Stecken Sie ein paar Haselzweige in die Erde oder binden Sie die Pflanze an sorgfältig versteckte Bambusstangen an.

Die beliebte, aber kleinere Staude *Alchemilla mollis* (Großblättriger Frauenmantel) gefällt gut in großen, lebendigen Gruppen oder Reihen. Egal ob in Sonne oder Schatten, seine fächerförmigen, leuchtend grünen Blätter und gelbgrünen Blüten setzen im Frühsommer kräftige Farbakzente. Wenn Sie die Pflanzen ganz zurückschneiden, treiben sie schnell neu aus und blühen im Spätsommer und Frühherbst zum zweiten Mal.

Der Traubenholunder, *Sambucus racemosa* 'Sutherland Gold', trägt elegante Fiederblätter, die beim ersten Austrieb eine wunderschöne Mischung aus kupfer- und gelbgrünen Schattierungen zeigen und später als leuchtend frisches Grün bis in den Herbst halten. *S.r.* 'Plumosa Aurea' sieht ähnlich aus, wächst aber besser im Halbschatten. Diese beiden Laub abwerfenden Sträucher sind unproblematisch und werden etwa 2 m hoch, können aber gegen Winterende stark zurückgeschnitten werden.

Im Frühsommer gehören der Perückenstrauch (s. S. 148) und der Wiesenkerbel, *Anthriscus sylvestris* 'Ravenswing', zu den hübschesten Pflanzen mit karmesinroten Blättern. Der Wiesenkerbel ist eine kurzlebige Staude, trägt weiche, stark gefiederte Blätter und wird gegen Frühlingsende etwa 60 cm hoch. Im Frühsommer zeigt er winzige, weiße Blüten, während die karmesinroten Blätter und Stiele mehrere Monate lang einen zusätzlichen Vorteil bieten, wenn sie andere Pflanzen vorteilhaft kontrastieren. Lassen Sie ihn sich selbst aussäen und schneiden Sie ihn zur Sommermitte zurück, wenn die Blätter anfangen, unansehnlich auszusehen.

Bizarrer Akanth

Der Akanth mit seinen glänzenden, dunkelgrünen Blättern und den gezähnten Blatträndern ist eine der vielen Pflanzen mit einer deutlich ausgeprägten Blattform und einer klaren Silhouette, der um diese Jahreszeit in blütenvolle Beete Abwechslung bringt und dem Garten mehr Fülle verleiht. *Acanthus spinosus* mit seinen stark gezähnten Blatträndern ist am wichtigsten. Im Spätsommer und Herbst, wenn die Pflanzen blühen, lassen sie die Blätter hängen, bilden aber sogar dann eine hübsche formschöne Gruppe von 1–1,50 m Höhe. Der Akanth ist eine wüchsige, kräftige Pflanze, die sich an einem idealen Standort in offener, sonniger Lage und nährstoffreichem, schwerem Boden stark ausbreiten kann. *A. mollis,* der unter ähnlichen Bedingungen gedeiht, hat weniger stark gezähnte Blätter, wächst langsamer und ist weniger winterhart, aber leichter unter Kontrolle zu halten.

Um diese Jahreszeit stellt die filzig behaarte Eselsdistel, *Onopordum acanthium,* eine der Pflanzen mit den größten Blättern dar.

Hier sehen Sie viele meiner liebsten Blattpflanzen. Die gelbgrüne *Tanacetum vulgare* 'Isla Gold' sitzt an zentraler Stelle, dahinter die großen, duftigen Blüten von *Crambe cordifolia* und weiter vorne, am Rand der Rabatte die silbernen Blätter mit ihren gekräuselten Rändern von *C. maritima.* Direkt neben dem Weg befindet sich eine Reihe oranger *Euphorbia griffithii* 'Dixter' und *Euphorbia stricta.* Die malvenfarbene *Viola cornuta,* die dunkelviolette *V.* 'Roscastle Black', die zinnoberrote *Geum* 'Mrs J. Bradshaw' und *Papaver nudicaule* 'Red Sails' setzen den ganzen Sommer hindurch lebendige Farbtupfer.

Pflanzen für sonnige Standorte

Den ganzen Winter und Frühling über sieht man ihre bodenständigen Rosetten, aber im Frühsommer beginnen ihre monumentalen Blütenähren auszutreiben, die später im Jahr bis zu 2 m lang werden können. Sie können sie verwenden, um Abwechslung in den Garten zu bringen und um vorübergehend eine silberne Wand zu errichten. Sobald gegen Ende des Sommers die Blätter anfangen unansehnlich auszusehen, können Sie die ganze Pflanze ausgraben; um diese Zeit gibt es genügend andere riesige Pflanzen. Die zweijährige Eselsdistel fruchtet leicht und sät sich selbst aus. Verpflanzen Sie die Sämlinge im Herbst und graben Sie dabei tief, um so viel wie möglich von der langen Pfahlwurzel zu erhalten. Die Jungpflanzen tragen noch keine ihrer gefährlichen Stacheln, schmecken den Schnecken vorzüglich und müssen daher geschützt werden.

Oben links Die starke Wuchsform von *Acanthus spinosus* passt hervorragend zu den sanften Formen des bronzenen Fenchels, *Foeniculum vulgare* 'Purpureum', und den karmesinroten Blättern von *Anthriscus sylvestris* 'Ravenswing'.
Unten links *Cerinthe major* 'Purpurescens' bildet einen prächtigen Hintergrund aus Silber und Purpur für die leuchtenden Blüten von *Geum* 'Mrs J. Bradshaw' und *Anemone coronaria* 'Orchid'. Sie blühen noch, wenn sich etwa einen Monat später die orangefarbenen Lilien, *Lilium*, Afrikanische-Königin-Gruppe, öffnen.
Oben links *Akebia quinata* ist eine entzückende, tropisch anmutende Kletterpflanze, schnellwüchsig und robust.
Oben rechts Auch der Goldhopfen, *Humulus lupulus* 'Aureus', ist eine kräftige, wuchsfreudige Pflanze. Ein schöner Anblick im Kontrast zu den silbrigen Blättern der *Rosa glauca*, einer der gesündesten und hübschesten Strauchrosen.

Die Angelika ist ebenfalls eine hoch aufschießende Blattpflanze. Ihre großen Blätter sind überhängend und erreichen bis zu 90 cm Durchmesser. Die Stängel und Blätter von *Angelica archangelica* sind leuchtend grün. *A. gigas* hat etwas dunklere Blätter mit kontrastierenden, dunkel karmesinroten Stängeln. Beide sind schnellwüchsige, kurzlebige, mehrjährige Pflanzen, die nach der Blüte oft absterben. Die Blüten, die gut zu den Stängeln passen, erscheinen in der Regel im dritten oder vierten Jahr und sind ebenfalls sehr attraktiv. Sie formen große, schirmartige Dolden, die an gewaltigen, ca. 3 m hohen Stängeln sitzen. Gefolgt werden diese von riesigen, beeindruckenden Samenständen. Beide Arten benötigen feuchten, durchlässigen Boden und einen Standort in voller Sonne oder Halbschatten.

Kletterpflanzen für sonnige Standorte

Kletterpflanzen sind bei der Gestaltung eines üppigen und leuchtenden Gartens ein unverzichtbares Element. Sie nehmen senkrechten Flächen ihre Härte, schaffen vertikale Einrahmungen sowie lebendige Trennwände – und tragen dabei Farbe und Form bis über unsere Köpfe empor. Die Klematis erfüllt diese Aufgaben in perfekter Art und Weise – mit satten Farbtönen, wildem Wuchs und samtartigen Blüten.

Das Geißblatt entwickelt einen schweren, süßen Duft, den man nicht gerne missen möchte. Wein und Hopfen weben üppige, bunte Vorhänge aus schönen Blättern und Früchten.

Clematis alpina 'Ruby' gehört zu den farbreichsten, früh blühendsten Klematisarten. Gegen Frühlingsende ist sie mit unzähligen, dunkelroten, hängenden Blüten bedeckt, die sich von dem leuchtenden frischen Grün der Blätter abheben. Die Clematis alpina ist eine winterharte Pflanze, die in jedem durchlässigen Boden im Halbschatten oder bei beschattetem Wurzelbereich gedeiht. Mit einer Rankhilfe klettert sie Wände und Dächer empor und erreicht ausgewachsen eine Höhe von 2–3 m.

Noch vor Frühlingsende beginnen die Geißblattarten Lonicera x italica und L. caprifolium zu blühen. Wenn Sie zwei oder drei Pflanzen in 4–5 m Entfernung voneinander pflanzen, können Sie sich auf Ihrer Wanderung durch den Garten in Duftwolken bewegen.

Das Geißblatt blüht reicher, wenn seine Triebspitzen besonnt sind, die Wurzeln aber geschützt und kühl im Schatten liegen. Versuchen Sie, es auf die Schattenseite einer Abtrennung zu pflanzen und die Triebe in die Sonne zu leiten, indem Sie den jungen Trieben eine Rankhilfe zur Verfügung stellen und sie zwei- oder dreimal im Jahr anbinden, bis sie gut entwickelt sind. Das Geißblatt bevorzugt nährstoffreichen, fruchtbaren Boden und es ist ratsam, organisches Material in das Pflanzloch zu füllen, um auf nährstoffarmen, trockenen Böden die Wasserspeicherfähigkeit zu verbessern. Sobald die Pflanzen nach mehreren Jahren etabliert sind, können Sie sie zurückschneiden, um ihre Größe zu begrenzen und mehr Blüten auf niedrigerer Ebene zu erhalten. Der beste Zeitpunkt ist nach der Blüte, da das Geißblatt meistens am alten Holz blüht. L. japonica bildet eine Ausnahme und blüht am grünen Holz; es sollte deshalb im Frühjahr geschnitten werden.

Ich ziehe Wein an Wänden und Zäunen, um den Garten mit Blättern einzuhüllen. Zu meinen Lieblingen gehört der großblättrige Wein, Vitis coignetiae. Berühmt wegen seiner Herbstfärbung (s. S. 156), ist er ein wüchsiger Kletterer, der schnell bis zu 30 m Höhe erreicht.

Unglücklicherweise brauchen Klematis, Geißblatt und Wein mehrere Jahre bis sie sich entwickeln. Möchten Sie Ihre Umfriedungen schneller begrünen, ist der Hopfen die ideale Pflanze. Er ist eine krautige Staude, die im Winter bis zur Basis abstirbt, aber leicht eine 3 m hohe Wand innerhalb des ersten oder zweiten Jahres bedeckt. Der normalerweise grüne Humulus lupulus hat große, gekräuselte, weinähnliche Blätter und, falls es sich um eine weibliche Pflanze handelt, hübsche, pagodenartige Früchte. Probieren Sie auch den goldgrünen H.l. 'Aureus' in Gesellschaft einer wüchsigen Klematis wie C. 'Jackmanii', die sich nicht so leicht unterdrücken lässt, oder zusammen mit einer Rose. Mir gefällt Hopfen kombiniert mit Purpur- oder Karmesinrot und ich würde ihm eine Kletterpflanze wie Rosa 'Violette' oder R. 'Bleu Magenta' (siehe S. 102) zur Gesellschaft wählen.

Hopfen wächst am besten in fruchtbarem, aber durchlässigem Boden mit einer reichlichen Humusbeigabe. Er gedeiht gut in der Sonne oder im Halbschatten; die goldene Sorte zeigt in der Sonne eine schönere Färbung. Entfernen Sie im zeitigen Frühjahr die Triebe vom Vorjahr, bevor sie sich mit den Jungtrieben verwickeln.

Eine andere wilde Kletterpflanze ist *Akebia quinata*, die in milden Wintern teilweise immergrün ist und schon zeitig im Jahr neue Blätter hervorbringt. Nichts kann diese Pflanze aufhalten – sie überwuchert eine Wand in drei oder vier Jahren mit ihren eleganten, aus fünf Fiederblättern zusammengesetzten Blättern vollkommen. Die grauvioletten Blüten sind, sobald sie im Frühjahr erscheinen, klein und unscheinbar, verströmen aber einen veilchenähnlichen Duft. Pflanzen Sie die Akebie in feuchten, durchlässigen Boden, in die Sonne oder den Halbschatten. Ähnlich dem Wein, muss man sie nur schneiden, wenn ihr Wachstum kontrolliert werden soll – dann am besten nach der Blüte.

Pflanzen für den Schatten

Blattpflanzen für schattige Standorte

Zu Beginn des Sommers treiben viele krautige, ausdauernde Blattpflanzen mit kräftig gefärbten Blättern, wie Farne und Funkien, aus und vergrößern damit die Farbpalette des Frühlings. Zu meinen Lieblingen unter den Farnen, die einem Schattenbereich ein leichtes, luftiges Gefühl geben, gehört der Straußenfarn, *Matteucia struthiopteris*. Zur Frühlingsmitte beginnt er seine Blätter zu entrollen und erreicht im Sommer eine Höhe von ca. 90 cm. Der Neuaustrieb leuchtet in Gelbgrün und den ganzen Sommer erfreuen die Blätter mit einer frischen Grüntönung. Mir gefällt vor allem der Kontrast dieser Farbe zu Karmesinrot. *Matteuccia* wächst wild neben Bächen, in schattigen, waldigen Schluchten und Sie sollten Ihren Gartenboden mit viel organischem Material anreichern, um diese Bedingungen nachzuahmen. Der Perlfarn, *Onoclea sensibilis*, ist ein weiterer leuchtend grüner Farn, etwa halb so groß wie der Straußenfarn. Er benötigt ebenfalls einen feuchten Boden, hat aber einen Wurzelstock, der Ausläufer treibt, und Sie sollten ihn daher von empfindlichen Pflanzen fern halten. Weniger leuchtend grün, aber ebenfalls elegant und aufrecht im Wuchs, ist der männliche Wurmfarn *Dryopteris filixmas*. Die Fähigkeit, den dunkelsten Schatten und den trockensten Boden zu vertragen, stellt seinen größten Vorzug dar. In diesen Schattenbereichen kann er sich

Gegenüber Auf feuchtem und schattigem Boden bildet der Perlfarn, *Onoclea sensibilis*, gelbgrüne Farbkleckse. Hier wächst er zwischen der blaugrauen *Hosta sieboldiana* var. *elegans*, *Rodgersia elegans* und *Euphorbia palustris*.
Oben rechts Die schnellwüchsige, robuste *Hosta* 'August Moon' gedeiht am besten im Halbschatten.
Mitte rechts Die silberblaue *Hosta* 'Halycon', die kleiner ist als *H.* 'August Moon', wächst ebenfalls am besten im Schatten, verträgt aber auch volle Sonne.
Unten rechts *Paris polyphylla* sieht noch hübscher aus, sobald ihre seltsamen, insektenähnlichen Blüten den scharlachroten Samen weichen.

Frühsommer

wie ein schmaler, verschlungener Pfad durch eine Anpflanzung von Elfenblumen schlängeln. Dieser Farn ist mit 90–120 cm Höhe ziemlich groß, schafft aber mit seinen fein gezähnten Blättern einen hübschen Kontrast zu denen der Elfenblumen.

Polygonatum, das Salomonssiegel, liefert ein schönes Silbergrün. Diese krautige Staude beeindruckt durch ihre eleganten, gebogenen Triebe, die mit Blattpaaren und kleinen elfenbeinfarbenen Glockenblüten bedeckt sind, die im Spätfrühjahr von den Trieben herabhängen. *Polygonatum* x *hybridum* hat etwa 90 cm lange Triebe, *P. biflorum* (syn. *P. giganteum*) ist etwas größer.

Eine völlig andere Wuchsform zeigt *Paris polyphylla*, die Einbeere, eine ideale Pflanze für feuchten, fruchtbaren Boden in dunklen Schattenlagen. Wenn Sie die Pflanze Jahr für Jahr ungestört wachsen lassen, wird sie eine dunkle Ecke bald ganz bevölkern. Sie ist eine exotisch aussehende Pflanze, deren Blätter in einem Quirl an den Stängeln sitzen mit einer oben auf der Spitze ruhenden, komischen, spinnenähnlichen Blüte, gebildet aus grünen und gelben Blütenblättern, denen leuchtend rote, glänzende Samen folgen. Schützen Sie die Pflanze gegen Schnecken, die gerne die Rhizome und die jungen Blätter fressen.

Großblättrige Funkien

Die voll entfalteten Funkien, *Hosta*, stellen perfekte Blattpflanzen für den Sommer dar. Die blaugrünen Funkien bilden einerseits mit ihrer Blattform einen Kontrast zu Farnen, Wolfsmilch, Nieswurz und Marbel, andererseits fügen sie dem Blätterwald eine neue Farbe hinzu. Funkien variieren in Blattgröße und -form und bieten eine Farbauswahl in Graublau, leuchtendem Grün und Gelbgrün. Unter den blaugrauen Funkien finden sich Sorten mit spitzen, lanzettförmigen Blättern, wie *Hosta* 'Krossa Regal', oder Sorten mit vollen, rundlichen, herzförmigen Blättern, wie *H.* 'Halycon', *H. sieboldiana* var. *elegans* oder die rundblättrigen *H.* 'Love Pat'. Der Standort der meisten gelbgrünen Funkien, wie 'Piedmont Gold' mit ihren schmalen, herzförmigen Blättern, muss sorgfältig ausgesucht werden, da sich ihre leuchtende Färbung nur in voller Sonne oder im Halbschatten zeigt. Die grellgrüne, lanzettförmige 'Lemon Lime' und die rundere, zweifarbige 'Gold Standard' färben sich nur im Halbschatten. Wenn 'Gold Standard' austreibt, trägt sie ein strahlendes Gelbgrün, färbt sich erst golden, dann gelb. Obwohl ich die einfarbigen den bunten Funkien vorziehe, finde ich, dass die Mischung aus leuchtendem Grün und Gelbgrün bei 'Gold Standard' das gesamte Blatt aufhellt. Meiner Meinung nach sehen die zweifarbigen Weiß-auf-Grün-Töne, in einer größeren Gruppe gepflanzt, recht eigen aus.

Funkien gedeihen auf fruchtbarem Boden, im Schatten oder in feuchtem Boden – solange eine dieser Bedingungen erfüllt ist, gedeihen sie gut. Graben Sie bei der Pflanzung viel Kompost unter und mulchen Sie jährlich im Frühjahr, um die Wasserspeicherfähigkeit zu verbessern. Beim Austrieb scheinen die Pflanzen den Schnecken besonders gut zu schmecken und Sie sollten die Pflanzen ab Winterende schützen. Ein kleines Loch in einem

Ganz oben Die Akelei, wie diese spornlose *Aquilegia vulgaris* var. *stellata*, wird am Ende des Frühlings wegen ihrer leuchtenden Farben geschätzt.
Darüber Jeder der Aufsehen erregenden Stängel von *Notholirion bulbuliferum* trägt etwa zwanzig dieser wunderschönen, lila gefärbten Blüten.

spriessenden Blatt entwickelt sich zu einer großen Narbe, sobald das Blatt vollständig entrollt ist. Bei der Schneckenbekämpfung helfen am besten verschiedene Methoden – grobkörniger Sand um den Wurzelstock, biologische Mittel und Bierfallen.

Blumen für schattige Standorte

Gegen Frühlingsende fängt die Akelei, *Aquilegia*, an zu blühen. Es gibt viele unterschiedlich gefärbte Sorten in Blau, Purpurrot, Karmesinrot und Schwarz, sowie gelbe und rote, ein- und zweifarbige Sorten. Sie gedeihen gut in fruchtbarem Boden und im Halbschatten. Zu meinen Favoriten gehören die leuchtend gefärbten, einfachen Hybriden wie *Aquilegia vulgaris* var. *stellata*; aber auch die gefüllten Sorten wie 'Nora Barlow', 'Ruby Port' und 'Black Barlow', die sehr blühfreudig sind, gefallen mir gut. Sie gehören zu den kurzlebigen Stauden und sind im zweiten und dritten Jahr am blühfreudigsten; später müssen Sie sie wieder aussäen. Sie säen sich auch selbst aus, kreuzen sich gerne und sollten, wenn sich die Farben nicht mischen sollen, getrennt gepflanzt werden.

Einen kräftigen Kontrast zu dem luftigen Eindruck der Akelei, die ihre Blütenköpfe auf hohen, dünnen Stielen trägt, bildet das kurzstielige Knabenkraut, *Dactylorhiza*. Diese Schatten liebenden Orchideen sehen exotisch aus, aber der Schein trügt, denn sie sind überraschenderweise winterhart. Ihre Blütezeit beginnt im zeitigen Frühjahr und dauert mehrere Wochen an.

Dactylorhiza x *grandis* ist die leuchtendste und beeindruckendste Art. Jede ihrer vielen ca. 60 cm hohen Ähren trägt bis zu einhundert magentafarbene Blüten. *D. foliosa* hat eher rosa gefärbte Blüten, ist aber von ähnlich imponierendem Wuchs und Aussehen. *D. maculata* ist leicht im Handel erhältlich und weist neben ihren Blüten in großer Farbvielfalt – die tiefrosa Ähren sind blassrosa, weiß und malvenfarben durchsetzt – zusätzlich auch wunderschöne, gefleckte Blätter auf. Knabenkrautarten bevorzugen feuchten, aber gut durchlässigen, humusreichen Boden, wie Sie ihn unter Laubbäumen finden. Sie sind teuer, aber es lohnt sich ein paar Pflanzen zu erwerben, denn jede wird in ein paar Jahren zu einer schönen Gruppe heranwachsen. Nach vier oder fünf Jahren können sie im Frühjahr geteilt werden und nach und nach werden Sie einen magentafarbenen Streifen erhalten.

In der Zwischenzeit können Sie ein paar schneller wachsende Pflanzen anpflanzen, um die Zwischenräume zu füllen. Der Fingerhut, *Digitalis,* ist für diesen Zweck ideal. Viele Arten sind zweijährig und sehen, kaum ein Jahr nach der Aussaat, phantastisch aus. Zu den eigentümlichen, aber interessanten Fingerhutarten gehört *Digitalis ferruginea* mit kleinen, bienenähnlichen Blüten an über 1 m hohen Ähren und *D. davisiana*, der von ähnlicher Größe ist, aber dessen Blüten mehr beige und gelb sind. *D. ferruginea* ist eine robuste, zweijährige Staude, die man gegen Frühlingsende oder zu Sommeranfang in abgedeckte Töpfe sät und in einen unbeheizten Anzuchtkasten stellt. Im Herbst werden sie an ihren Standort ausgepflanzt. Diese Art ist leicht und günstig zu ziehen. *D. davisiana* gehört zu den ausdauernden Stauden, gedeiht aber gut unter ähnlichen Bedingungen – beide bevorzugen Standorte im Halbschatten. Sie wachsen in nahezu jedem humusreichen, fruchtbaren Boden, nur nicht in extrem nassen oder trockenen Lagen.

Um den Eindruck des Knabenkrauts zu verstärken, können Sie die Leuchtkraft seiner Blütenfarben mit gelbgrünen Blattpflanzen wie *Matteuccia struthiopteris* oder *Luzula sylvatica* 'Aurea' untermalen. Falls Ihr Garten sauren Boden hat, können Sie auch die scharlachrote oder orangefarbene *Lilium pumilum* (syn. *L. tenuifolium*) anpflanzen, die auch gut im Halbschatten wächst.

Oben Für turmhohe Blütenähren gibt es keine bessere Wahl als den Fingerhut. Lassen Sie ihn sich in markanten Reihen durch ein schattiges Areal schlängeln. Hier ist der schmalblättrige, bronzefarbene *Digitalis ferruginea* zu sehen.

Diese orangefarbenen Lilien passen gut zu *Notholirion bulbuliferum*, eine ebenfalls ungewöhnliche Zwiebelpflanze, die sich für schattige Stellen eignet. Während der Blüte sieht sie großartig aus. Sie wird bis zu 1 m hoch und trägt zwanzig oder mehr große, blaue Blüten an jedem Trieb, die ähnlich süß wie die der Amaryllis duften. *Notholirion* ist einfrüchtig: nach der Blüte stirbt die Pflanze ab, vermehrt sich aber durch viele Ableger, die in zwei oder drei Jahren blühen. Wenn Sie in drei aufeinander folgenden Jahren ein paar Zwiebeln stecken, erhalten Sie danach jedes Jahr Blüten. Sie gedeihen in geschützter Lage, unter Laubbäumen, auf durchlässigem, torfhaltigem Boden mit hohem Humusanteil. Beim Pflanzen sollte man etwas grobkörnigen Sand und viel gut verrottetes, organisches Material zufügen. Während längerer Kälteperioden

Frühsommer

benötigen sie einen Schutz vor dem Frost, z. B. eine Schicht aus Stroh als Mulch. Ebenfalls gut für schattige Standorte eignet sich die Türkenbundlilie.

Sie ist eine hohe, elegante Zwiebelpflanze, die, sobald sie gut angewachsen ist, zwanzig oder dreißig kleine, anmutige, karmesinrote Blüten an jedem ihrer bis zu 1 m hohen Stängeln trägt. Als Unterpflanzung eignet sich gut ein Teppich aus *Milium effusum* 'Aureum'. Die Form der Lilienblüten wird so sehr schön aus den weichen, gelbgrünen Grashorsten herausmodelliert. Da die *Lilium-martagon*-Arten ursprünglich in der Mongolei und Sibirien vorkommen, gehören sie zu den winterhärtesten Lilien.

Leider fehlt ihnen der für Lilien so charakteristische Duft; stattdessen riechen sie etwas modrig. Pflanzen Sie die Zwiebeln im Herbst an einen schattigen Standort – zwei- bis dreimal so tief, wie ihr Duchmesser misst. Der ideale Standort ist in lichtem, offenem Wald mit gut durchlässigem Boden, der reichlich organische Substanz und eine Schicht aus gut verrotteten Blättern aufweist. Lilien vertragen kalkhaltige Böden.

Eine andere Lilienart, die meiner Meinung nach gut wächst und im Schatten gedeiht, ist *Lilium pyrenaicum*. Sie blüht im Frühsommer mit goldenen – oder im Fall der *Lilium pyrenaicum* var. *rubrum* mit zinnoberroten, türkenbundartigen Blüten an etwa 60 cm langen Stängeln. Wie bei der Türkenbundlilie fehlt der süße Duft, aber sie ist genauso reizvoll.

Im Schatten stellt *Lilium nepalense* eine seltene, aber bezaubernde Bereicherung jeder Pflanzengemeinschaft dar. Ihre trompetenförmigen Blüten erscheinen schwach grün an der Außen-, und in kräftigem, dunklem Karmesinrot an der Innenseite. Sie benötigt einen kühlen, sauren Boden im Halbschatten und wächst gut in Töpfen mit Moorbeetpflanzenerde (viele meiner Lilien setze ich in Töpfe, damit ich sie während der Blüte an den besten Platz stellen kann).

Anpflanzungen für feuchte Böden in Sonne oder Schatten

Das „Dschungel-Konzept"

Ein feuchter Boden ist von unschätzbarem Wert, wenn Sie einen Garten voller üppiger, riesiger Blattpflanzen erschaffen wollen, der außerdem noch leuchtende Farben und betörende Düfte liefert. Die Feuchtigkeit liebenden, großblättrigen Pflanzen erzeugen eine eigene Atmosphäre, sie schaffen mit ihren Blätterskulpturen Areale, in denen man sich genauso wohl fühlt wie in den leuchtend gefärbten Blumenbeeten. Bambus und Rhabarber, Scheincalla, Schildblatt, Schmuckblatt und Färber-Gunnera bestimmen durch ihre besondere Größe den Aufbau des Gartens. Sobald sie aus der Erde sprießen, dominieren sie die gesamte

Pflanzen des Frühsommers

Die dunkel karmesinrote *Rosa* 'Souvenir du Docteur Jamain' bilden in diesem Schattenbeet das Zentrum. Ihre Blütenstruktur ist voll und ihr Duft so kräftig wie der jeder anderen Rose. Sie blüht im Sommer mehrere Monate lang mit so dunklen Blütenblättern, dass sie in der Sonne braun werden. Wird diese Rose nicht gut gepflegt, macht sie Probleme mit Rost und Schwarzfleckigkeit. Pflanzen Sie zwei auf jede Seite eines hölzernen Tipis, wickeln Sie die Jungtriebe um den Rahmen und binden Sie sie an. Auf diese Weise kann Luft durch die Pflanzen zirkulieren, was die Widerstandsfähigkeit der Rosen erhöht. Achten Sie auf ausreichende Nährstoff- und Wasserzufuhr.

Eine üppige Anpflanzung aus gelbgrünem Frauenmantel, *Alchemilla mollis*, umgibt die samtige Blütenpyramide und betont die Rosen. Der Frauenmantel, der sich sowohl im Schatten als auch in der Sonne wohl fühlt, blüht zeitig im Sommer und dann wieder später im Jahr zusammen mit den blassgrünen Blüten von *Hydrangea arborescens* 'Annabelle'. Eine hübsche Gruppe in einer ähnlich lebendigen Farbe, die den ganzen Sommer überdauert,

für schattige Standorte

1. *Hydrangea quercifolia* x 1
2. *Angelica gigas* x 2
3. *Rosa* 'Souvenir du Docteur Jamain' x 2
4. *Alchemilla mollis* x 4
5. *Hydrangea arborescens* 'Annabelle' x 1
6. *Digitalis ferruginea* x 8
7. *Veratrum nigrum* x 7
8. *Hosta* 'Gold Standard' x 2
9. *Lilium pyrenaicum* var. *rubrum* x 3
10. *Geranium himalayense* 'Gravetye' x 4
11. *Geum* 'Red Wings'
12. *Dactylorhiza* x *grandis* x 7
13. *Paris polyphylla* x 9
14. *Veratrum nigrum* x 3
15. *Chasmanthium latifolium* x 5

1 Meter

Lilium pyrenaicum var. *rubrum*

Hosta 'Gold Standard'

Geranium himalayense 'Gravetye'

Rosa 'Souvenir du Docteur Jamain'

stellt die großblättrige Funkie, *Hosta* 'Gold Standard' dar.

Ein paar kontrastreiche Farbtupfen in Orange und Purpurrot erzeugt eine Gruppe der Nelkenwurz, *Geum* 'Red Wings', mit ihren zinnoberroten Blüten, sowie drei Exemplare der *Lilium pyrenaicum* var. *rubrum* in ähnlichen Farbtönen, die über den Funkien und den Storchschnäbeln schweben, und ein purpurroter Farbkomplex der schattenverträglichen, winterharten *Geranium himalayense* 'Gravetye'.

Die magentablütige *Dactylorhiza* x *grandis* ist teuer, daher gibt es hier nur eine kleine Gruppe, aber sie wird sich langsam zu einem imposanten Anblick vergrößern. Sie wächst zusammen mit der eigentümlichen, schattenliebenden *Paris polyphylla*. Sie trägt grüne Blüten und später leuchtend scharlachrote Früchte. Diese passen zu Nelkenwurz und Lilien und zeichnen einen orangefarbenen Strich durch den Vordergrund des Beetes.

Hinter der Rose findet man eine große Gruppe von *Angelica gigas*. Die Angelika mit ihrer typischen Blattform ragt gut sichtbar im Beet auf und steht in einer Höhe mit dem Tipi und der üppig beblätterten *Hydrangea quercifolia* auf der anderen Seite. Die Triebe und Spätsommerblüten der Angelika zeigen das gleiche satte Karmesinrot wie die Rose. Diese Farbe wird von den turmhohen Blütenähren und Samenständen von *Veratrum nigrum*, einer Schatten liebenden Pflanze, aufgegriffen. Ihre seltsam gefalteten Blätter treiben im Frühjahr aus und sie zeigt herrliche, fast schwarze, federartige Blüten im Spätsommer. Die Blütenähren des Germer, *Veratrum*, erreichen eine ähnliche Höhe wie die der kupferfarben blühenden *Digitalis ferruginea*. Beide sind unersetzlich bei der Gestaltung von vertikalen Elementen.

Später im Jahr fängt das Gras *Chasmanthium latifolium* an zu blühen. Großflächig angepflanzt ist es ein wunderschöner Anblick – eine duftige Wolke kupferfarbener Blüten, jede einer flachen Münze ähnelnd. Sie heben sich von den formschönen Blättern von *Hydrangea quercifolia* ab, die im Herbst eine schimmernde Mischung aus bronzefarbenen und purpurroten Tönen annehmen.

Links *Primula aurantiaca* ist eine schnell wüchsige Pflanze, die einen feuchten Standort im Garten völlig überwachsen kann. Eine Anpflanzung dieser gold-mandarinefarbigen Art sieht in Gesellschaft mit *Primula* 'Inverewe' umwerfend aus.

Rechts Üppiges, kräftiges Blattgrün bildet auf feuchten Böden einen idealen Dschungel-Hintergrund für die eher kurzlebigen Blumen, die vom Frühling bis zum Sommerende kommen und gehen. Hier sieht man die blaugrüne *Hosta* 'Hadspen Blue', die riesigen, runden Blätter von *Darmera peltata*, und drei verschiedene Schmuckblattarten – die bronze getönte *Rodgersia pinnata*, *R.p.* 'Elegans' mit dunkel karmesin gefärbten Blättern und rosa Blüten, und die leuchtend grüne *R. aesculifolia* – vor den blühenden Ähren des *Rheum palmatum*.

Fläche und behalten ihre beeindruckende Präsenz während der gesamten Gartensaison bei. Daher müssen sie mit großer Sorgfalt platziert werden.

Ebenholzschwarzer Bambus

Bambus ist eine wichtige Bereicherung für einen Garten mit feuchtem Boden. Stehen seine Wurzeln in der Nähe des Wassers, gedeiht er vorzüglich und wächst hier üppig und groß. *Phyllostachys nigra*, der Schwarzrohrbambus, ist eine immergrüne Art, eine Schönheit für das ganze Jahr. Pflanzen Sie ihn zu beiden Seiten eines Gartentores und er wird einen eleganten Vorhang bilden: Wenn Sie beim Eintreten die glänzenden, ebenholzschwarzen Rohre auf die Seite schieben, rascheln sie schön, wenn sie sich hinter Ihnen wieder schließen.

Obwohl diese Bambusart langsam wächst, formt sie im Laufe der Zeit Gruppen mit bis zu 2–3 m Durchmesser. Auch wenn Sie nur eine Pflanze an jeder Seite des Gartentores setzen, sollten Sie dazwischen etwa 4 m Abstand einhalten, da Ihnen die ausgewachsene Pflanze sonst den Weg versperren würde. Gegen Frühlingsende sprießen junge, grüne Triebe aus dem Boden, die sich, wenn sie älter werden, schwarz färben. Reichliche Dünger- und Wassergaben gewährleisten ein kräftiges, hübsch anzusehendes frisches Grün. Dabei wächst die Pflanze aber zu schnell und die Bambusrohre haben keine Zeit sich schwarz zu verfärben. In Japan versucht man, zwischen guter Blattbildung und erwachsenen schwarzen Trieben ein Gleichgewicht zu halten, indem man die Spitzen bei einer Höhe von etwa 2 m abschneidet und die Halme an der Basis ausdünnt. Die Wachstumsgeschwindigkeit sinkt, das Bambusrohr kann sich schwarz färben und die verbleibenden Halme werden buschiger. Düngen Sie Bambus einmal im Monat mit einem organischen Langzeitdünger und lassen Sie ihn nie austrocknen, da er nicht nur welken wird, sondern abstirbt.

Fargesia nitida ist eine andere elegante Bambusart, besonders für kleine Gärten geeignet, aber nicht immergrün. Er trägt dünne, dunkelpurpurne Halme mit langen, schmalen Blättern, die ein luftiges, leichtes Gefühl vermitteln. Er breitet sich langsam zu einem ca. 2,50 m hohen und 2 m breiten Horst aus.

Anpflanzungen für feuchte Böden in Sonne oder Schatten

Phyllostachys nigra und *Fargesia nitida* sind teuer, aber lohnen wegen ihrer eleganten und kompakten Wuchsform. Beide eignen sich ideal für einen Garteneingang oder eine grüne Wand innerhalb des Gartens; Sie können Bambus in den Hintergrund einer verborgenen Sitzecke pflanzen oder eine richtige Miniatur-Bambushöhle schaffen.

Vor dem Kauf sollten Sie sich über die Wachstumsbedingungen des Bambus informieren. Es gibt viele hübsche, aber sich stark ausbreitende Arten von *Sasa* und *Pleioblastus* und den riesigen Madake, *Phyllostachys bambusoides*. Zuerst sehen sie einfach wie irgendeine Topfpflanze aus, aber nach dem Auspflanzen an einer hübschen, feuchten Stelle, breiten sie sich aus wie Unkraut und verdrängen jede andere kleinere Pflanze. Wenn Sie eine dieser wild wuchernden Arten auswählen, pflanzen Sie sie in einen Topf, den Sie unter der Erdoberfläche verbergen.

Karmesinroter Rhabarber

Den totalen Kontrast zu der Wuchsform des Bambus bildet der Rhabarber, *Rheum*, eine der ersten krautigen Blattpflanzen, die im Frühjahr austreiben. Sie treiben mit riesigen, phallusartigen Knospen in strahlendem Karmesinrot aus, welche sich schnell zu runden Blattflächen entrollen, manche mit gezahnten Rändern. In einem kleinen Garten können Sie den dunkelgrün und karmesinroten *Rheum* 'Ace of Hearts' anpflanzen. Seine Blätter haben einen glattem Rand, die ein etwa 1 m hohes Blätterdach bei ca. 75 cm Durchmesser bilden. Wenn Sie mehr Platz haben, wählen Sie den beeindruckenden *R.p. palmatum* 'Bowles Crimson' oder *R.p.* 'Atrosanguineum'.

Falls möglich, pflanzen Sie Rhabarber direkt neben den Gartenweg. Er wächst so über den Beetrand und die aufregenden Blattsilhouetten werden Sie beeindrucken, wenn Sie darauf zugehen. Sie können den kräftig gelbgrünen Farn, *Onoclea sensibilis,* als Unterpflanzung wählen, der das Karmesinrot auf der Blattunterseite des Rhabarbers betont. Eine schöne Gruppe des zinnoberroten Islandmohns wie *Papaver nudicaule* 'Matador' oder 'Red Sails', gemischt mit der samtblütigen, magentafarbenen *Primula pulverulenta*, direkt neben den Farn gepflanzt, ergibt eine prächtige Kombination mit besonderem Schmiss.

Rhabarber ist leicht zu kultivieren; er gedeiht gut in tiefgründigem, feuchtem, humusreichem Boden in voller Sonne oder Halbschatten. Er kann eher trockene Bedingungen vertragen als andere Pflanzen für diese Standorte, wenn man ihn im Frühling mit einer 5 cm dicken Schicht aus Kompost umgibt.

Auch das Schmuckblatt, *Rodgersia*, gehört zu den für feuchte Uferzonen geeigneten Blattpflanzen. Es bildet einen hübschen Unterwuchs zu größeren Pflanzen, kann aber auch einzeln stehen. *Rodgersia aesculifolia* hat leuchtend grüne Blätter von anmutiger Form, wie eine Miniaturausgabe der Roßkastanie. Pflanzen Sie es zusammen mit den etwas kleineren *R. podophylla* oder *R. pinnata* und schaffen Sie ein formenreiches Meer aus Grün. Kombiniert mit dem karmesinroten *R. pinnata* 'Elegans' wird die Farbe der Blattunterseiten der Rhabarberpflanzen reflektiert.

Die Ligularia hat eine ebenfalls beeindruckende Wuchsform und ist für feuchte Böden geeignet. *L. przewalskii* hat tief eingeschnittene, mittelgrüne Blätter und bildet bei 2 m Wuchshöhe einen üppigen Horst mit einer interessanten, ausgeprägten Form. Auch *L. dentata* 'Desdemona' gefällt mir mit ihren runden, bronzepurpurnen Blättern, die den *Rheum*-Arten ähnlich, an der Blattunterseite tiefrot gefärbt sind. Sie zeichnen sich mit ihren dunkel orangefarbenen Blüten an hohen Ähren, die in der Mitte des Sommers erscheinen, gut ab. Eine andere hübsche Art ist die etwas größere *L.* 'The Rocket'. Ihre gelben, dem Jakobskreuzkraut ähnlichen Blüten gefallen mir nicht besonders, aber ihre tiefschwarzen Blütenstiele und herzförmigen Blätter mit dem unregelmäßig gezähnten Rand sehen in einer großen Gruppe gut aus. Gegen Frühlingsende und Sommeranfang bilden sie einen prächtigen Hintergrund zu den vielen spitzblättrigen *Iris sibirica*, und später im Sommer zu Taglilien und Glockenblumen.

Ligularias sind pflegeleichte, wüchsige Pflanzen und gedeihen gut in mäßig fruchtbarem, tiefgründigem, vorwiegend feuchtem Boden. *L. dentata* 'Desdemona' wächst am besten in voller Sonne mit etwas Schatten über Mittag. *L.* 'The Rocket' kommt auch mit mehr Schatten zurecht, trägt dann aber weniger Blüten.

Eine andere Pflanze mit gewaltigen Blattmassen, die gut 1 m hoch aufragt, ist *Darmera peltata,* eine Staude mit großen, tellerförmigen Blättern. Am besten sieht sie in einer großen Anpflanzung aus, *en masse*, über einen Bach oder Teich hängend, wo sie einem hohen Blätterdach aus gezähnten Seerosenblättern ähnelt. Beim Austrieb im Frühling trägt sie ein glänzendes, frisches Grün, färbt sich aber im Herbst leuchtend rot.

Möchten Sie etwas mehr Abwechslung sowohl in der Blattgestalt als auch in der Größe und der Farbwahl, können Sie schwertförmige oder spitze Blätter hinzufügen. *Iris pseudacorus* 'Variegata' hat aufrechte, breite, streifenförmige Blätter in Grün mit gelben Streifen und die Segge, *Carex elata* 'Aurea' formt Büschel voller lebendig gelbgrüner, spitzer Blätter. Die Iris oder die Segge, in üppigen Gruppen reihenweise angepflanzt, unterbricht die Vorherrschaft der runden Blätter. Beide Arten haben ihre Wurzeln gerne im Nassen und eignen sich daher für sumpfiges Gelände. Sie wachsen gut in der Sonne oder im Halbschatten.

Lysichiton americanus, die Gelbe Scheincalla, die einem Lattich ähnelt, nur etwa zwanzig Mal größer, wächst mit ihren Wurzeln gerne im oder nahe dem Wasser und Sie könnten sie wie ein lebendiges Ufer an einem Bach oder Teich anlegen. Die großen, modrig riechenden, butterblumengelben Blüten öffnen sich als erste auf feuchtem Grund. Nach der Blüte folgen ihnen leuchtend grüne, fleischige Blätter. Nehmen Sie lieber diese gelbe Art als die weiß blühende *L. camtschatcensis*, wenn Sie Platz haben.

Gunnera, eine Pflanze für Uferzonen mit großen Blättern, benötigt zu ihrem Gedeihen immer feuchten Boden. Pflanzen Sie sie am besten direkt neben das Wasser. In einem großen Garten nehmen Sie die beeindruckendste Art von allen, *Gunnera manicata*, die bis zu 2 m hoch und 3–4 m breit wird. Zu den kleineren Arten gehörend, bildet *G. tinctoria* dichtere Horste voller herzförmiger Blätter. Gunnera ist etwas frostempfindlich und muß in fast allen Lagen gegen kalte und austrocknende Winde geschützt werden und benötigt eine trockene Mulchschicht, um durch den Winter zu kommen.

Blumen für feuchte Areale in Sonne und Halbschatten

Nachdem die meisten großen Pflanzen ihren Platz gefunden haben, kommt jetzt die Zeit der leuchtenden Farbwolken: Blüten, sowohl in satten, dunklen Tönen, aber auch in strahlendem Orange, Gelb und Rosa, Laubwerk in Gelbgrün, Karmesinrot und auch Silber.

Im Frühsommer fängt *Iris sibirica*, mit sattblauen und purpurnen Tönen, an zu blühen. Eine der blühfreudigsten Arten ist die amethystfarbige 'Ruffled Velvet'. Sobald sie im Frühjahr austreibt, bildet sie große, hübsche, den Binsen ähnliche Gruppen, und bei Sommeranfang ist sie voller Knospen aus samtigen Blüten, die eher rund und voll erscheinen als spitz und aufrecht, wie die der Sibirischen Schwertlilie, *Iris sibirica*. Versuchen Sie 'Shirley Pope' und 'Ottawa' mit ähnlichen Farbtönen zu bekommen. 'Teal Velvet' ist mitternachtsblau, während 'Steve' volle blaue Hängeblätter (obere Petale) trägt, die sich klar von den himmelblauen Domblättern (untere Petale) absetzen. Um die Farbpalette zu erweitern, wählen Sie die bordeauxrote 'Showdown' und 'Lady Vanessa' oder die fast schwarze *Iris chrysographes*, 'Black Knight'.

Bilden Sie ein fortlaufendes Band aus *Iris sibirica*, mit mindestens drei Pflanzen jeder Farbe, das sich von der einen Wegseite zur anderen windet.

Iris sibirica sind pflegeleichte, winterharte Stauden für Feuchtzonen in voller Sonne oder Halbschatten, aber nicht für dunklen Schatten. Sie wachsen in allen Böden, außer sehr sauren. Aber am besten gedeihen sie in humusreichen Lehmböden, wo ihre Wurzeln nicht austrocknen können, obwohl sie einmal eingewöhnt,

Oben Die weiche Struktur der samtigen Blüten von *Iris chrysographes* hamoniert mit dem bronzefarbenen Fenchel, *Foeniculum vulgare* 'Purpureum'.
Gegenüber Eine Feuchtzone ist ein geeigneter Platz für einen Dschungel aus formreichen Pflanzen. Hier, im Frühsommer, hat *Gunnera manicata* noch nicht ihre volle Größe erreicht, imponiert aber dennoch in Gesellschaft der ausladenden Blätter von *Lysichiton americanus* und den glänzenden, tellerförmigen Blättern von *Darmera peltata*.
Nächste Seiten Ein rauschendes Fest leuchtender Frühsommerfarben in einer Feuchtzone mit himmelblauem Scheinmohn, rosa Kandelaberprimeln, dunkelblauen *Iris sibirica* und gelb blühendem *Rhododendron luteum*. Der Rhododendron füllt seine Gartenecke mit süßem, schwerem Duft.

auch Trockenheit vertragen können. Bringen Sie einmal im Jahr im Frühjahr Mulch und Kompost aus. So erhalten sie die nötigen Nährstoffe und die Wasserspeicherfähigkeit des Bodens wird verbessert. Schneiden Sie im Herbst die Blätter ab, sobald sie absterben, ansonsten freuen sich die Schnecken.

Iris sibirica ist eine wuchsfreudige Pflanze, aber nach drei oder vier Jahren kann sich in der Mitte eines Stockes ein Hohlraum entwickeln. Graben Sie die Pflanzen nach der Blüte aus und teilen Sie sie in vier bis fünf Rhizome. Werfen Sie schwächere Triebe weg und pflanzen Sie gesunde, kräftige Wurzelstöcke, etwa 20–30 cm voneinander entfernt, 3–5 cm unter der Erdoberfläche wieder ein.

Die Prärielilie, *Camassia*, blüht blau im Frühling. Wählen Sie lieber Arten wie *Camassia quamash* 'Orion' oder *C. cusickii*

Frühsommer

'Zwanenburg' in sattem Blau als die blassen, verwaschenen oder jeansfarbenen Sorten. Die Prärielilien wachsen auf feuchten Böden sowohl in der Sonne als auch im Schatten wachsen. Sie stammen ursprünglich von den feuchten Grasflächen der nordamerikanischen Prärie, wo der Boden nie austrocknet. Setzen Sie sie neben eine kontrastreiche orangefarbene Gruppe. Versuchen Sie auch Kandelaberprimeln wie *P. aurantiaca*, oder Islandmohn mit zinnoberroten Blüten wie *P. nudicaule* 'Red Sails' oder 'Matador'.

Falls Sie einen der seltenen Gärten mit feuchtem, saurem Boden und kühler, feuchter Luft besitzen, sollten Sie Ihr blaues Farbspektrum um das strahlende Himmelblau des Scheinmohns (auch Himalaya Mohn), bereichern. Es sind phänomenale Pflanzen, deren Kultivierung aber nur wenigen gelingt. Mit am einfachsten sind *Meconopsis grandis* und *M. betonicifolia*. Die Blüten zeigen ihr charakteristisches Blau und die Knospen von *M. grandis* sind purpur-rauchgrau. Großflächig angepflanzt sind diese Arten mit ihren Blütenanlagen in verschiedenen Stadien ein atemberaubender Anblick.

Diese Mohnarten wachsen in der feuchten, aber kalten Luft des Himalaya und werden vor kalten und austrocknenden Winden durch Felsen oder die steilen Ufer eines Bachs geschützt. Sie müssen in Ihrem Garten diese Bedingungen imitieren, um mit ihnen Erfolg zu haben. Die Pflanzen sind sehr nährstoffhungrig, daher sollten Sie vor der Pflanzung Ihren Boden mit einigen Schubkarrenladungen Kompost oder verrottetem Mist aufbessern, und nach der Blüte eine dicke Lage Kompost oder Laub ausbringen. Alle Arten sind monokarp, d. h. sie sterben nach der Blüte ab.

Lange blühende Kandelaberprimeln

Für Feuchtzonen und leuchtende Farbkombinationen sind Kandelaberprimeln ideal – vor allem in Magenta, Fuchsie, Mandarine und Gold. Sie haben eine lange Blühperiode von Frühlingsende bis zur Mitte des Sommers. Sie sind wüchsige, unproblematische Pflanzen für neutrale bis saure Böden, die eine schattige Lage bevorzugen. Sie vertragen auch volle Sonne, solange der Boden nicht austrocknet.

Wenn Sie magentafarbene Pflanzen suchen, wählen Sie *Primula pulverulenta* mit ihren silbernen, filzig behaarten Stielen und ihren nach außen gerichteten Blütengesichtern, die übereinander in Büscheln an den Stängeln sitzen, oder *P. beesiana* in einem lebendigen Rosa. Es gibt viele satt rosa blühende Hybriden der *P. japonica* wie 'Miller's Crimson' oder die Redfield-Reihe, die aber weniger farbintensiv sind und weiße und rosa Typen enthalten. *P. secundiflora* hat größere, stärker gefärbte, magentafarbene Blüten, gehört aber, streng genommen, nicht zu den Kandelaberprimeln, da ihre röhrenförmigen Blüten wie samtige Glocken von der Stängelspitze herabhängen.

Suchen Sie mandarinefarbige Pflanzen, wählen Sie die kleine *P. aurantiaca*, die dunkelgrüne Blätter mit netten rotvioletten Stielen und Mittelnerven trägt, oder die orangefarbene *P. cockburniana*, die weniger dichte Blütenstände aufweist. *P. bulleyana* ist in voller Blüte mandarinefarben; die Knospen sind orange-karmesinrot verwaschen. Viele Wochen lang zeigt sich eine reizende Kombination von Blüten, die von Mandarine zu Gold verblassen, vermischt mit anderen, die sich noch öffnen. Es gibt ein paar hervorragende Hybriden, wie 'Inverewe' und 'Red Hugh' mit dunkleren Blüten – eher Zinnoberrot als Mandarine, die größer sind und wüchsiger als andere Arten.

Trollius, die Trollblume, ist eine weitere, gut geeignete Pflanze für schwere, fruchtbare Böden, die nie austrocknen. Pflanzen Sie die wuchsfreudigen

Links Eine kräftige Pflanzung von *Meconopsis grande* und *Primula* 'Inverewe' fungiert als Abgrenzung zu den gelbgrünen Grasbüscheln von *Carex elata* 'Aurea' und dem dunkleren Grün der Färber-Gunnera sowie den pelzig behaarten Knospen von *Papaver orientale* und dem dunklen Karmesinrot von *Lysimachia ciliata* 'Firecracker'.
Oben links Eine Gruppe von *Meconopsis grandis* wächst durch einen großen Perückenstrauch mit karmesinroten Blättern und *Berberis temolaica*. Die Berberitze reflektiert die Farbe der voll aufgeblühten Mohnblüten und der Perückenstrauch unterstreicht die purpurnen Knospen des Mohns.
Oben rechts *Iris chrysographes* mit *Hosta* 'Hadspen Blue'.
Darüber rechts *Iris sibirica*

T. x *cultorum*-Hybriden, die zu Frühlingsmitte blühen. *T.* x *c.* 'Earliest of All' trägt schalenförmige, gelbe Blüten, die wie eine riesige Butterblume aussehen. *T.* x *c.* 'Goldquelle' hat ein ähnliches Erscheinungsbild, blüht aber etwa einen Monat später und *T. chinensis* 'Golden Queen' einen Monat danach. Kräftigere Farben zeigen die orangegelben Hybriden wie *T.* x *cultorum* 'Feuertroll' und 'Orange Princess'. Ähnlich den Primeln sieht auch die Trollblume am besten *en masse* aus. Daher sollten Sie mindestens drei, besser fünf oder sieben Pflanzen zusammensetzen, um einen schönen Farbkomplex zu erhalten.

Die Feuchtigkeit und Schatten liebende Nelkenwurz, *G. rivale* und *G. coccineum* und ihre Hybriden bieten ebenfalls eine große Bereicherung an Farben. Die großzügig blühende *G. rivale*-Züchtung 'Leonard's Variety' hat hängende, glockenförmige Blüten in rosigem Kupfer mit einem Hauch Orange. Die Blüten von 'Georgenburg' sind goldgelb. Mit größeren Blüten und beeindruckender ist *G.* 'Werner Arends', die auch gerne an feuchten, schattigen Plätzen wächst. Sie pflanzen sie am besten in großen Mengen. Von Frühjahrsende bis zum Sommerende hat sie reizende, große, ungefüllte, zinnoberrote Blüten mit einem vorstehenden Büschel aus goldenen Staubgefäßen. Diese Art bildet einen leuchtenden, bodendeckenden Teppich im Schatten eines riesigen Rhabarbers oder Bambus. Neben den strahlend gelbgrünen Farn *Onoclea sensibilis* gepflanzt, erhalten Sie eine gut aussehende Kombination für die nächsten drei oder vier Monate. 'Red Wings' und andere Hybriden von *G. coccineum* eignen sich ebenfalls hervorragend, um einem feuchtem Platz im Halbschatten einen besonderen Schick zu verleihen.

Leuchtende Blattpflanzen für Feuchtzonen in Sonne und Halbschatten

Prächtig gefärbtes Laubwerk spielt auf feuchten Standorten eine andere Rolle als das der kräftigen, dschungelartigen Blattpflanzen. Es dient dazu – genau wie in trockeneren Gärten –, an Stellen, wo kurzlebige Blumen kommen und gehen, einen mehr beständigen Hintergrund mit kräftigen Farbtönen zu bilden und die Leuchtkraft der Blumenfarben zu verstärken, zu unterstreichen und abzugrenzen. Immer wieder sind es sattes Karmesinrot, Gelbgrün und Silber, die aus allen anderen leuchtenden Farben das meiste herausholen.

Karmesinrote Blätter bilden eine prächtige Kombination mit goldenen oder orangefarbenen Blumen. Der Felberich, *Lysimachia ciliata* 'Firecracker', mit seinen spitzen, schildförmigen Blättern ist phänomenal in Gesellschaft mit der *Primula secundiflora* in sattem Magenta oder der orangefarbenen *Primula* 'Inverewe' und einer leuchtend blauen oder purpurroten *Iris sibirica*.

Gelbgrün ist eine hervorragende Farbe als Kontrast zu der Leuchtkraft der Primeln und Trollblumen und es hebt außerdem das dunkle Purpurrot, die Blautöne und das Schwarz der Irisarten hervor. *Luzula sylvatica* 'Aurea' (s. S. 28) und das goldene, kriechende Pfennigkraut, *Lysimachia nummularia* 'Aurea', sind unschätzbare Pflanzen beim Gestalten ganzer Bänder in dieser herausragenden Farbe. Sie sollten eine der beiden als eine untere Etage neben leuchtend gefärbten Blumen direkt am Wegrand abwechselnd auf beiden Wegseiten pflanzen.

Oben Eine knackige Kombination für feuchte Stellen neben einem Bach oder Teich: orangefarbener Islandmohn, *Papaver nudicaule* 'Red Sails', und die magentafarbene *Primula pulverulenta* heben sich von den gelbgrünen Blättern von *Onoclea sensibilis* ab.
Links Die korallenrote *Primula* 'Rowallane Rose'.

Auch die pflaumenfarbenen Blätter der *Heuchera micrantha* var. *diversifolia* 'Palace purple' schaffen ganze Teppiche leuchtender Farben. Heuchera gedeiht in fruchtbarem, feuchtem, aber gut durchlässigem Boden, in der Sonne oder im Halbschatten. Sind ihre Wurzeln das ganze Jahr über in feuchtem Boden, vertragen sie sogar tiefsten Schatten und bilden einen nützlichen Bodendecker. In geschützter Lage sind sie immergrün und bilden einen blattreichen Kontrast zu den ersten Frühlingsblühern. Der verholzende Wurzelstock neigt dazu, die Pflanze nach zwei oder drei Jahren nach oben und aus der Erde zu drücken. Sie sollten daher jährlich mulchen und die ganze Gruppe regelmäßig ausgraben und neu einpflanzen, damit die Krone gerade über die Erdoberfläche ragt.

Funkien, die im feuchten Boden gerne wachsen, treiben zu Sommeranfang aus, halten die ganze Saison über und bieten ein Spektrum an wunderschön geformten Blättern – groß und rund, glatt oder geädert, klein oder spitz – in Blaugrau, Grün und leuchtendem Gelbgrün. Die meisten gedeihen gut in der Sonne und im Schatten (s. S. 56).

Die große, buschige, krautige *Euphorbia palustris*, einer meiner Lieblinge für sonnige, gut durchlässige Rabatten (s. S. 26–27), wächst auf feuchten Böden noch besser. Wenn die Primeln anfangen zu blühen, ist die Wolfsmilch mit gelbgrünen Blüten bedeckt, beendet ihre Blüte aber früher. Sie können daher ein paar der anderen Feuchtigkeit liebenden und später blühenden Wolfsmilchgewächse dazwischen setzen (s. S. 104).

Silberne Farbtöne zeigt die Wiesenraute, *Thalictrum flavum* subsp. *Glaucum*. Die Blätter treiben zeitig im Frühjahr aus und zarte, filigrane, 1 m hohe Laubkuppeln. Im Sommer schweben schwefelgelbe Blüten mit einem kräftigen, süßen Duft wie eine Wolke über den Blättern. Alle Arten der Wiesenraute wachsen auf feuchten, humusreichen Böden im Halbschatten und obwohl *T. flavum* subsp. *glaucum* einen trockeneren Boden und mehr Sonne verträgt als die meisten anderen Arten, kann sie der Echte Mehltau befallen, wenn der Boden über längere Zeit austrocknet.

Oben Die fleischigen, magentafarbenen Blütenähren der Orchidee *Dachtylorhiza* x *grandis* heben sich in Form und Farbe von den zarteren goldenen und gelben Wirteln der *Primula bulleyana* ab. Diese hübsche Orchidee gedeiht in der Sonne oder im Schatten, solange ihre Wurzeln nicht austrocknen.
Rechts Ich mag das samtige Blütengewebe und das weiche, filzige Aussehen der Knospen und Stiele der *Primula secundifolia*.

Pflanzen für feuchten Boden

Dieser Garten wird von einem Rhabarber und einem Bambus, die seitlich am Gartenweg wachsen, dominiert. Im Hochsommer bilden die höchsten Blätter des *Rheum palmatum* 'Atrosanguineum' ein Dach über den Weg. Läuft man auf ihn zu, fallen sofort die gezähnten Blattränder und die dunkel karmesinroten Blattunterseiten auf. Der formschöne Bambus, *Phyllostachys nigra*, hält mit dem Rhabarber das Gleichgewicht. Zu Beginn des Sommers färben sich seine Halme langsam von grün in glänzendes Schwarz.

Im restlichen Garten formen großzügige Anpflanzungen weiterer riesiger Blattpflanzen einen dschungelartigen Hintergrund. Entlang des Teichufers wachsen *Darmera peltata*, mit Blättern, die sich im Herbst scharlachrot färben, *Hosta* 'Sum and Substance', und *Lysichiton americanus*, deren gelbe Blütenscheiden zu den ersten Blüten gehören, die im Frühjahr erscheinen. Ihre runden Formen leuchten durch die aufrechten, schwertförmigen Blätter von *Iris pseudocorus* 'Variegatus' und *Iris laevigata*.

Weiter vom Wasser entfernt unterstreichen Funkien das Schema der Teichanlage und sind mit grazilen Farnen kombiniert. Das flaumige, aufrechte Gras *Calamagrostis brachytricha*, das gegen Ende des Sommers blüht, bringt eine andere Wuchsform, und *Stipa arundinacea*, im Uferbereich gepflanzt, wechselt seine Farbe während des Sommers und gefällt auch im Winter.

Zu Beginn des Sommers bilden die Kandelaberprimeln bonbonfarbene Blütenteppiche, die sich schön von den glänzenden Farnwedeln abheben. Wenn die Primeln verblühen, nehmen die Farne ihren Platz ein und im Mittelpunkt der Farbpalette steht eine große Wolke intensiv orange und gelb gefärbter *Cosmos sulphureus* 'Bright Lights', die gegen Sommerende am schönsten aussehen. Die orangefarbenen Nelkenwurz, die als Flecken den Gartenweg säumen, bringen über Monate Farbe ohne Ende.

Die Gruppen von *Iris sibirica* 'Ruffled Velvet' schaffen eine satte Farbnuance und hinterlassen, nachdem sie verblüht sind, elegante, glänzend grüne Samenkapseln und Blätter, die einen üppigen Hintergrund für die nachfolgenden, leuchtend rosa Weidericharten schaffen. Die immergrüne Taglilie, *Hemerocallis* 'American Revolution' übernimmt von den Iris das Kommando über die tiefen Farbtöne.

Ein buschiger Haselstrauch wirft etwas Schatten und beherbergt das früh blühende Geißblatt, *Lonicera italica*.

70

1. *Iris sibirica* 'Ruffled Velvet' x 10
2. *Hosta* 'August Moon' x 3
3. *Stipa arundinacea* x 2
4. *Geum coccineum* x 6
5. *Iris sibirica* 'Ruffled Velvet' x 3
6. *Lythrum virgatum* 'The Rocket' x 7
7. *Stipa arundinacea* x 3
8. *Euphorbia longifolia* x 5
9. *Lysichiton americanus* x 3
10. *Phyllostachys nigra* x 1
11. *Iris pseudocorus* 'Variegatus' x 3
12. *Hosta* 'Sum and Substance' x 2
13. *Darmera peltata* x 2
14. *Iris laevigata* x 3
15. *Lythrum virgatum* 'The Rocket' x 9
16. *Calamagrostis brachytricha* x 3
17. *Geum coccineum* x 5
18. *Hemerocallis* 'American Revolution' x 5
19. *Iris pseodocorus* 'Variegatus' x 3
20. *Hosta* 'Sum and Substance' x 1
21. *Lysimachia nummularia* 'Aurea' x 7
22. *Osmunda regalis* 'Purpurascens' x 7
23. *Primula bulleyana* x 5
24. *Primula pulverulenta* x 7
25. *Cosmos sulphureus* 'Bright Lights' x 7
26. *Stipa arundinacea* x 2
27. *Onoclea sensibilis* x 3
28. *Primula* 'Inverewe' x 5
29. *Matteuccia struthiopteris* x 3
30. Buschige Strauchhasel mit *Lonicera italica* x 1
31. *Matteuccia struthiopteris* x 2
32. *Rheum palmatum* 'Atrosanguineum' x 3
33. *Lysimachia nummularia* 'Aurea' x 7

Primula bulleyana

Matteuccia struthiopteris

Iris sibirica 'Ruffled Velvet'

HOCHSOMMER

Hochsommer

Im Hochsommer können Sie das erste Mal die üppige, glanzvolle Fülle Ihres farbprächtigen Gartens wahrnehmen. Wohin Sie auch schauen, der Garten scheint förmlich überzuquellen – ob in voller Sonne oder in Schattenregionen, auf feuchten oder trockenen Standorten. Die Auswahl an Pflanzen mit prächtigen Farben, Strukturen und Düften ist nahezu unendlich. Die warmen Sommerabende mit ihren aromatischen Duftwolken zur Zeit der Dämmerung, gehören mit zu meinen liebsten Zeiten im Garten – trotz des enormen Überschwanges liegt die Erwartung weiterer Ereignisse in der Luft.

In sonniger Lage haben die Rosen ihre Hauptblühphase – es gibt Bartnelken 'Sweet William' und Gartenwicken, duftende Lilien und Geißblatt, außerdem Unmengen von Rittersporn, Glockenblumen, Zierlauch, Steppenkerzen, Fingerkraut und Klematis, die sich zu den gerade blühenden Veilchen, winterharten Stochschnäbel und Nelkenwurz gesellen. Üblicherweise sind diese in harmonischen Pastellfarben, wie Weiß, Creme, Blassrosa und -blau zu sehen, aber es ist genauso einfach, etwas Spannenderes und Lebhafteres zu erschaffen. Benutzen Sie ein sattes Karmesinrot und Dunkelrot als Grundfarben und bereichern Sie diese Farben um Tupfen aus Mandarine, Zinnoberrot, Magenta, Gold, sattem Blau und Purpur. Das Ganze wird durch gelbgrünes und silbernes Laubwerk hervorgehoben, wobei dazwischen große, anmutige Gräser und formenreiche Stauden, wie *Ferula communis, Crambe cordifolia* und *Selenum wallichianum* eingestreut werden.

Für den Schatten gibt es eine geringere Auswahl an farbkräftigen, neuen Pflanzen, die Sie der frühsommerlichen Farbpalette zufügen könnten, aber an heißen Sommertagen ist ein kühler, ruhiger Schattenbereich sehr angenehm. Die Funkien sind voll entwickelt und bilden Blattteppiche in verschiedenen Grüntönen. Der Germer treibt seine mächtigen Blütenähren aus und Rosen, so dunkel wie Wein, gesellen sich zu den Nelkenwurz und Veilchen des Frühsommers. Die meisten Rosen gedeihen am besten auf einem offenen, sonnigen Standort, nur die samtigen Blüten der Hybride Perpetual 'Souvenir du Docteur Jamain' weisen ein so sattes Karmesinrot auf, dass sie in direktem Sonnenlicht ausdörren.

Auf feuchtem Boden haben die riesigen Blattpflanzen eine geheime Welt geschaffen und können mit raschelnden Gräsern und den üppigen Blättern des Wasserdosts, *Eupatorium,* und des Federmohns, *Macleaya,* kombiniert werden. Um strahlende Farben zu erhalten, können Sie Taglilien in dunklem Karmesin-, Purpur- und Rubinrot, oder aber Taglilien in leuchtendem Orange, Gold und Korallenrosa mit dem reinen Rosa und Magenta des Weiderich, *Lythrum,* der Lichtnelke, *Lychnis,* und des Trichterschwertels, *Dierama,* und mit dem Blau und Purpurrot der Glockenblumen, *Campanula,* gruppieren.

Mit dem Fortschreiten des Sommers nimmt die Gartenarbeit mit den enormen Wachstumsraten der Pflanzen zu. Kletterpflanzen strecken Triebe und Ranken aus und müssen abgesichert werden; große Pflanzen müssen an ihren Stützen angebunden werden. Manche der winterharten und zweijährigen Pflanzen werden nach der Blüte zurückgeschnitten und abgeräumt. Rosen und nährstoffhungrige Pflanzen wie *Phlox,* sollten Sie einen flüssigen Volldünger geben, um ihre Widerstandsfähigkeit gegen Krankheiten zu erhöhen, und während Trockenperioden ist es besser, die Pflanzen regelmäßig reichlich zu wässern, als sie nur jeden Tag etwas zu besprenkeln.

Sonnige Standorte

Rosen

Rosen stellen den Mittelpunkt in meinem Garten dar, um den sich alles dreht. Keine andere Pflanze kann ihren herrlichen, dunklen Rottönen das Wasser reichen – die besten Grundtöne, auf denen Sie Lebendigkeit und Brillanz im Garten aufbauen können; es gibt sie auch in auffallenden Rosatönen und leuchtendem Orange. Als ob das noch nicht genug wäre, duften viele Pflanzen so, dass Sie Ihre Nase geradezu in den Blüten vergraben möchten. Eine wundervolle Sitzgelegenheit ergibt sich zwischen den Rosen und den Bartnelken, 'Sweet William', und den Lilien. Dazwischen pflanzen Sie Geißblatt, Gartenwicken und Sternjasmin, *Trachelospermum jasminoides,* in die Nähe, an Mauern, Zäune oder Tipis. In einer geschützten Ecke des Gartens bildet ihr Duft eine bezaubernde Mischung.

Im Allgemeinen sind Rosen robuste, winterharte Pflanzen, die in nahezu jedem humusreichen Gartenboden gedeihen. Die meisten bevorzugen einen offenen, sonnigen Standort mit feuchtem, durchlässigem Lehmboden. Damit sie aber ihr Bestes leisten können, benötigen sie viel Pflege (s. S. 78). Sie müssen zurückgeschnitten werden und in eine runde Form gebracht werden, die auch außerhalb der Blütezeit gut aussieht. Regelmäßiges Gießen, Düngen und Entfernen der verwelkten Blüten trägt zu einem guten Gedeihen bei. Während der Wachstumsperiode können sie durch Rosenrost, Mehltau und Blattläuse Schaden nehmen. In der Stadt scheinen sich Krankheiten am leichtesten von Garten zu Garten auszubreiten. Sie müssen sich

Vorhergehende Seiten In dieser Anpflanzung finden sich alle meine Lieblingsfarben: ziegelrote *Helenium* 'Moerheim Beauty', mandarinefarbene Stiefmütterchen, *Viola* 'Paparadja', malvenfarbener *Allium giganteum,* königsblauer *Delphinium* 'Faust' und der rauch-purpurrote *Penstemon* 'Raven' und *Allium sphaerocephalon,* vor einen Hintergrund gelbgrüner *Euphorbia schillingii* und silberner *Artemisia ludoviciana*.
Gegenüber Ich habe drei junge Pflanzen der Gallica-Rose *Rosa* 'Charles de Mills' an Bögen aus Haselzweigen gezogen. Wenn die Triebe länger werden, lasse ich sie über die Spitze wachsen, um einen flaches Dach zu schaffen. Der Mohn liefert noch mehr sattes Rot und die Bartnelken 'Sweet William' – die magentafarbene 'Oeschberg' und die dunkelkarmesinrote Nigrescens-Gruppe – liefern Duft und Farbe.

entscheiden, ob Sie Krankheiten biologisch kontrollieren wollen, oder, wie allgemein üblich, mindestens einmal im Monat mit einem Fungizid und Insektizid spritzen wollen. Es gibt aber auch einen Kompromiss: geben Sie den Rosen optimale Wachstumsbedingungen und spritzen Sie, wenn nötig, mit einem selektiven Insektizid, das Blattläuse vernichtet, aber Marienkäfer, Bienen und Netzflügler schont. Ich toleriere es, dass in manchen Jahren, in denen es viele Pilzkrankheiten gibt, meine Rosen ein bißchen zerrupft aussehen – zum Glück erscheinen die Pflanzen im Folgejahr nicht geschwächt.

Bei Rosen vertrete ich dieselbe Meinung wie bei anderen Pflanzen: sie wirken besser in einer Gruppe derselben Farbe und duften intensiver als verstreut in einzeln stehenden Büschen. Bei allen, außer den größten Rosenarten, pflanze ich drei Pflanzen einer Sorte in einem Dreieck, in etwa 75 cm Abstand voneinander. Ich ziehe sie über Bögen aus Haselzweigen, damit sich die Triebe und Blätter in der Mitte der Pflanze nicht zusammendrängen und um alle Pflanzenteile dem Licht auszusetzen, was das Holz reifen lässt und die Blütenbildung anregt.

Unter den satten Rot-, Magenta- und Purpurtönen stellt die fast schwarze 'Louis XIV' eine der dunkelsten Rosensorten dar. Sie bildet einen kompakten Busch mit ca. 60 cm Höhe, der, ungewöhnlich unter den Chinarosen, einen starken Duft verströmt. Als Nachteil ist ihre mangelnde Wuchsfreudigkeit, die sie für Rosenrost anfällig macht, zu verzeichnen. *Rosa* 'Nuits de Young' ist eine Moosrose mit dunkelkarmesinroten Blüten, deren Knospen und Stiele dunkelrot moosartig überzogen sind. (Stieldrüsen). An einem sonnigen, geschützen Standort bringt sie die mit am intensivsten gefärbten Blüten hervor, ist aber krankheitsanfälliger als andere Rosen. Sie bildet einen drahtigen, lichten Busch, etwa 1,20 m hoch und wird am besten in einer Gruppe aus drei Pflanzen gepflanzt Sie blüht aber nur einmal in der Mitte des Sommers. Die fast schwarze Zuchtform Perpetual 'Eclair' blüht länger, etwa zwei oder drei Monate lang.

Duftende Gallica-Rosen

Die weinrote Rose 'Tuscany Superb' gehört zu meinen zwei oder drei besten Rosen, obwohl sie im Sommer nur einmal blüht. Sie duftet besonders stark und besitzt die schönste, samtige Struktur, die ich von irgendeiner Rose kenne. Wie ein gepolstertes viktorianisches Sofa, werden ihre strahlend goldenen Staubbeutel von plüschartigen, karmesinroten Blütenblättern umgeben. Sie hat ein kräftiges, üppiges Blattwerk und stellt eine hübsche Solitärpflanze dar, ca. 1,20 m groß, zeigt aber eine bessere Wirkung in Gruppen von drei Pflanzen. *Rosa* 'Violacea' (syn. 'La Belle Sultane') ist eine weitere hübsche, seltene Gallica-Rose mit einem ähnlich satten Rotton. Sie hat eine Blüte wie eine einfache Heckenrose, jedes Blütenblatt leuchtend magentafarben, wie mit einem karmesinroten und purpurnen Puder betupft. 'Alain Blanchard', auch eine Gallica-Rose, ist genauso empfehlenswert: sie stellt eine Mischung aus denselben Farben dar, aber mit grö-

ßeren, gefüllten Blüten. Sie bilden beide große, kräftige Büsche von etwa 1,50 m Höhe.

Die Moosrose 'William Lobb' hat stark duftende, tief purpurne Blüten. Sie ist eine ebenfalls krankheitsresistente, große, wuchsfreudige Pflanze, bis ca. 2,50 m hoch, die Sie auch als Solitärpflanze setzen und deren 2–3 m lange Triebe Sie um einen zylindrischen Rahmen aus Haselzweigen ziehen können. Am besten ist es, sie wie eine Kletterpflanze an einer Wand oder an einem Zaun oder über einen Bogen zu ziehen.

'Charles de Mills' ist eine andere meiner Lieblingsrosen. Ihre kräftige Färbung wechselt während einer Blüte und auch von einer Blüte zur nächsten, aber jede Variante dieses „Lippenstift-Rots der 50er Jahre" ist unwiderstehlich. Sie hat flache, mit 50 oder mehr Blütenblättern dicht bepackte Blüten und sieht aus wie eine Handvoll zerknitterter Samt. Als Gallica-Rose verströmt sie einen süßen, schweren Wohlgeruch. Wie die anderen Gallica-Rosen blüht sie nur einmal im Jahr, sieht aber, wenn Sie die verwelkten Blüten immer entfernen, in der Mitte des Sommers für einen Monat lang hübsch aus. Da sie recht klein ist, pflanzen Sie sie am besten in einer Gruppe von drei Stück.

Es gibt einige intensiv gefärbte, moderne Züchtungen, die vortrefflich duften und über mehrere Monate hinweg voll und großzügig blühen. Leider fordert die Anstrengung dieser langen Blühperiode wohl ihren Preis, denn viele von ihnen scheinen krankheitsanfälliger zu sein. Nur 'The Prince' und vor allem 'L. D. Braithwaite' stellen Ausnahmen dar mit guter Krankheitsresistenz und reichlichem Blühen.

Stellen Sie sich vor, nicht nur die kultivierten klassischen Rosen in sattem Rot zu besitzen, sondern auch eine oder zwei Rosen mit einem richtigen messingfarbenen Glanz – in leuchtendem Rot, schimmerndem Rosa oder schreiendem Orange, um sie mit dunkleren Farben zu kombinieren. 'Cocktail' ist eine einfache Strauchrose, deren Blütenblätter in den äußeren zwei Dritteln ein frisches Blutrot um eine blaßgelbe Mitte zeigen, wobei sich das Rot mit zunehmendem Alter verstärkt. Mir gefällt die Mischung strahlender Farben mit einer einfachen Blüte – in der Art einer langstieligen Rose, wie ein Kind sie zeichnen würde. Sie hat eine aufrechte, hohe Wuchsform, etwa 1,80 m groß, und gefällt am besten als Solitärpflanze oder um einen zylindrischen Rahmen gewunden wie 'William Lobb'. Sie entwickelt keinen so starken Duft wie einige der historischen Rosen, blüht aber unentwegt den Sommer hindurch bis in den Herbst hinein, und ist außerdem kräftig und gesund.

'Joseph's Coat', auch eine Strauchrose, hat Blüten, die eine feinere Spielart von 'Cocktail' darstellen. Wenn die Blüten welken, färben sie sich zu einer wunderschönen Mischung aus Blassgelb, strahlendem Rosa und Aprikose. Man hält sie oft für eine Kletterrose wegen ihrer wilden, aufrechten Wuchsform, sie sieht aber am besten als Solitärstrauch oder Säulenrose aus.

An der alten Chinarose, *Rosa* x *odorata* 'Mutabilis', gefällt mir ihre wechselhafte Natur. 'Mutabilis' bezieht sich hier auf die Farb-

Oben links Von allen die dunkelste Rose: Chinarose 'Louis XIV'.
Oben rechts 'De Rescht': Lange blühend und krankheitsresistent.
Zweite Reihe links Die Zwergkletterrose 'Warm Welcome'.
Zweite Reihe rechts Die samtige Gallica-Rose 'Tuscany Superb'.
Dritte Reihe links Üppige Fülle: Gallica-Rose 'Charles de Mills'.
Dritte Reihe Mitte Die lange blühende *Rosa gallica* var. *officinalis*.
Dritte Reihe rechts Die Buschrose 'Cocktail'.
Untere Reihe links Die wuchsfreudige Rugosa-Rose 'Hansa', deren hübsche Hagebutten sich ab dem Spätsommer mit den Blüten mischen.
Untere Reihe Mitte Die fast schwarze Moosrose 'Nuits de Young'.
Untere Reihe rechts Sie wird sehr groß: Gallica-Rose 'Alain Blanchard'.

Hochsommer

folgen, die Sie in jeder Blüte während ihrer Entwicklung finden können. Sie trägt einfache Blüten, deren Blütenblätter wild in alle Richtungen stehen. Mir gefällt ihr zerzaustes Aussehen – die Blüten ähneln Schmetterlingen, die auf den Stängeln landen. *Rosa* x *odorata* 'Mutabilis' hat dunkle Blätter und karmesinrot überhauchte Jungtriebe. Von all meinen Rosen ist sie die krankheitsresistenteste und blüht vom Sommeranfang bis in den Winter hinein. Sie wird ca. 1,80 m groß und sieht an einem Gerüst oder an einer Wand gezogen sehr gut aus.

Einen Rosaton, der in der Dunkelheit leuchtet, finden Sie in der großblütigen Rose 'Madame Isaac Pereire'. Sie ist so berühmt wie die stark duftenden Bourbonrosen und blüht nahezu den ganzen Sommer hindurch. Sie bildet einen kräftigen Busch, ca. 2 m hoch, und kann ebenfalls wie eine Kletterrose gezogen werden. Ich habe ein Paar an den Garteneingang gepflanzt, wo der Duft durch das Tor weht und mich beim Kommen oder Gehen einhüllt. Die Gallica-Rose *Rosa gallica* var. *officinalis* und zwei der Portland-Rosen, 'De Rescht' und 'Portlandica', sind leuchtend rosa und haben eine lange Blühsaison. Die beiden ersteren sind ungefüllt, die letzte ist gefüllt. Alle drei bilden nützliche kleine Sträucher von ca. 90 cm Höhe.

Die Auswahl der orangefarbenen Rosen ist mit am schwierigsten. Zu ihrer besten Zeit sehen sie atemberaubend schön aus, können aber auch häßlich sein, wenn Sie die falschen Sorten auswählen. Nehmen Sie kleinblütige Sorten in Orange-Zinnoberrot, oder Zinnoberrot mit Karmesinrot oder in verwaschenem Tiefrosa. Sie gefallen mir besser, als die großblütigen Teehybriden mit ihren dicht gedrängten, konventionellen Blüten in Aprikose,

Kupfer-Orange und Pfirsich. Ich finde, dass die Zwergkletterrose 'Warm Welcome' das schönste Orange aufweist. Sie trägt einfache, zinnoberrote Blüten, die gut duften, und dunkelgrün gefärbte Blätter, die mit etwas Karmesinrot verwaschen sind. Sie ist sehr krankheitsresistent und blüht bis zum ersten Frost. Sie wird groß, etwa 2,50 m, und Sie können sie an einem Gerüst oder an einer Wand hochziehen. Die Floribunda-Rose 'Playboy' hat Blüten mit einer satt orangefarbenen Basis – die Ränder jedes Blütenblattes gehen von Orange zu Tiefrosa über. Sie hat einfache Blüten, größer als 'Warm Welcome' und dichter an den Stängelspitzen sitzend mit einem lieblichen Duft, der an Äpfel erinnert. Sie ist krankheitsresistent und wird etwa 1,20 m groß.

Die Grundtöne: Dunkelrot und Magenta

Bartnelken 'Sweet William', Mohn und Gartenwicken liefern Ihnen noch mehr satte Rottöne, wenn Sie die richtigen Pflanzen wählen. Die einfarbige, dunkelkarmesinrote Bartnelke, *Dianthus barbatus* Nigrescens-Gruppe, die zu den Blüten passende Blätter trägt, hat von allen 'Sweet William' die schönste Farbe und den kräftigsten kleeähnlichen Duft. 'Dunett's Dark Crimson' ist ähnlich getönt, aber nicht so dunkel. Pflanzen Sie eine der beiden neben eine große magentafarbene Gruppe von *Gladiolus communis* subsp. *byzantinus*, die zur selben Zeit blühen. Die leuchtenden, etwa 80 cm hohen Ähren dieser früh blühenden Gladiole sind mit ihren dunkelkarmesinroten Blüten wunderschön. Die magenta-

Rosenpflege

Pflanzung
Um die besten Rosen zu erhalten, bestellen Sie direkt vom Züchter per Post. Die Pflanzen werden während des Winters oder zu Frühlingsbeginn, frisch ausgegraben mit bloßen Wurzeln, geliefert,. Lagern Sie sie bis zur Pflanzzeit in einem Eimer mit feuchter Erde. Pflanzen Sie nicht während Frost herrscht: die frisch gepflanzten Wurzeln können absterben, falls sie Frost ausgesetzt sind. Vor der Pflanzung wird der trockene Wurzelballen in einen Eimer mit Wasser getaucht, damit er sich vollsaugen kann. Am besten lockern Sie den Boden schon einige Monate vor der Pflanzung tiefgründig und mengen dabei ein paar Schubkarrenladungen voll Mist unter.

Graben Sie ein ausreichend tiefes Loch von etwa 50 cm Durchmesser, sodass die Veredelungsstelle mit einer 4–5 cm dicken Erdschicht bedeckt werden kann. Die Ver-

edelungsstelle ist der Punkt, an dem die Rose auf einen Wurzelstock veredelt wurde. Während Sie die Erde um die Wurzeln auffüllen, mischen Sie zusätzlich organisches Material unter. Schneiden Sie dann die Rose bis auf 15 cm über der Erdoberfläche zurück und lassen mindestens eine nach außen weisende Knospe pro Trieb stehen.

Schnitt
Bei den veredelten Sorten sollten Sie die Wurzelschosser entfernen und alle abgestorbenen, kranken oder schwachen Triebe ausschneiden.

Ausdauernd blühende Rosen werden am besten gegen Winterende zurückgeschnitten. Für die meisten Arten ist es am besten, etwa ein Drittel der älteren Triebe am Wurzelstock abzuschneiden und die überlangen Triebe um ein Drittel ihrer Länge einzukürzen. Die Rugosa-Rosen und 'Portlandica' können stärker geschnitten werden – ihre überlangen Triebe werden etwa um

zwei Drittel gekürzt. Chinarosen sollten dagegen nur leicht geschnitten werden bis sie eine stabile Form erreicht haben.

Die Rosen, die zu einem früheren Zeitpunkt und nur einmal am alten Holz blühen, schneide ich nach der Blüte im Sommer. Sie haben dann mehr Zeit, neue Triebe zu bilden, die im darauffolgenden Jahr blühen. Diese Arten werden auf ähnliche Art und Weise geschnitten wie die Mehrheit der ausdauernd blühenden Rosen. Ausnahmen stellen *R. gallica* var. *officinalis* und 'Charles de Mills' dar, die beide stärker zurückgeschnitten werden.

Pflege im Sommer
Die Rosen sehen am besten aus, wenn ihre Blüten nach der Blüte, nach schweren Regenfällen, oder wenn sich die Knospen braun verfärben und nicht öffnen, regelmäßig entfernt werden. Am besten schneidet oder bricht man sie direkt unterhalb der Blüte oder der Hagebutte ab.

farbenen Blüten von *D. b.* 'Oeschberg' sind ziemlich groß für eine 'Sweet William' und werden von einem großen, fleischigen Blütenstand getragen, der einen überraschenden Kontrast zu den strahlend grünen Blättern bildet. Mir gefällt auch die purpurrauchgraue 'Homeland', die an der Spitze jedes Stängels viele kleine Blüten trägt, jede mit einem weißen Auge in der Mitte. Sie ähnelt einer Aurikel.

'Sweet Williams' sind robuste, pflegeleichte Pflanzen, die aber heiße, feuchte Sommer nicht vertragen. Normalerweise werden sie als Zweijährige gezogen und beginnen Anfang des Sommers mit der Blüte, wenn sie im vorhergehenden Jahr zu Beginn des Sommers gesät wurden. Sie sind kurzlebige Stauden, aber obwohl man ihnen nachsagt, dass sie nach einem Jahr weniger reich

Oben   Die zweijährigen karmesinroten Brompton-Levkojen wachsen zusammen mit der ausdauernden *Dianthus* 'Laced Monarch' und füllen ihre sonnige Ecke mit Duft. Hier sind sie in Gesellschaft der kleinblütigen *Viola tricolor* und *Cerinthe major* 'Purpurascens' zu sehen.
Oben rechts   Die blau blühende *Lupinus* 'The Governor' und die karminrote *L.* 'The Chatelaine' stehen hinter einem farbkräftigen Horst von *Dianthus barbatus* 'Dunnett's Dark Crimson'.
Rechts oben   Die dunkelkarmesinrote *Scabiosa atropurpurea* 'Ace of Spades'.
Rechts unten   Die Knospen von *Allium sphaerocephalon* heben sich von den gelbgrünen Blüten der selbst aussäenden *Euphorbia stricta* ab.

Links Eine Anpflanzung dunkelroter Blüten schart sich um den *Papaver somniferum*, dahinter zeigen sich ein paar Blüten des Bartfadens. Davor *Geranium* 'Ann Folkard', deren leuchtend grüne Blätter einen scharfen Kontrast zu dem silbrigen Blattwerk des Schlafmohns bilden.
Oben und Unten Sechs verschiedene selbst aussäende Blütenformen des *Papaver somniferum*. Die Schlafmohnsorten kreuzen sich untereinander; wenn Sie mit zwei oder drei Sorten beginnen, erhalten Sie eine leuchtende Farbmischung. Bei der zottigen scharlachrot-weißen Blüte handelt es sich um eine Züchtung namens 'Danebrog'.
Gegenüber oben Die zweifarbige, intensiv duftende Gartenwicke 'Matucana' wächst zusammen mit *Rosa* 'Ulrich Brünner Fils'.
Gegenüber unten Die dunkle 'Black Knight' und die rubinrote 'Gipsy Queen'.

blühen, behalte ich meine Pflanzen ein weiteres Jahr, schneide sie nach der Blüte ganz zurück und stelle fest, dass sie beim zweiten Mal sogar besser blühen.

Falls in Ihrer Region 'Sweet William' schwer zu ziehen ist, versuchen Sie es mit der ausdauernden *Knautia macedonia* oder *Scabiosa* 'Chile Black' oder der winterharten *Scabiosa atropurpurea* 'Ace of Spades' wegen ihrer satten karmesinroten, aber nicht duftenden Blüten. Die Knautie ist eine winterharte, wuchernde Pflanze, die bis zu 75 cm hoch wird und die sporadisch, fünf bis sechs Monate lang, vom Frühlingsende bis zum Herbst blüht. *Scabiosa atropurpurea* 'Ace of Spades' bringt Monat für Monat bis in den Winter hinein ohne Unterbrechung plüschige, samtige Blüten an etwa 75 cm hohen, aufrechten Stängeln. *Scabiosa* 'Chile Black' hat dunklere Blüten, ist aber schwieriger zu ziehen. Sie braucht einen offenen, sonnigen Standort mit guter Drainage; sie neigt dazu, nach ein oder zwei Jahren zu verkümmern, wenn sie im Schatten größerer Pflanzen steht.

Die Vexiernelke, *Lychnis coronaria*, wäre ein idealer Ersatz für Sweet William 'Oeschberg'. Im Sommer trägt sie mehrere Monate lang eine Wolke kleiner Blüten in leuchtendem Magenta über den weichen, silbernen Stängeln. Sie gedeiht gut auf trockenen Böden in voller Sonne und verträgt sengende Hitze. Sie sät sich selbst aus und, einmal eingeführt, wird sie immer wieder auftauchen.

Vergängliche Schönheiten

Der Schlafmohn, *Papaver somniferum,* blüht ebenfalls in Karmesinrot und Purpur. Es gibt viele Sorten, manche mit einfachen, ungefüllten Blüten, andere mit großen, auffällig gerüschten, pomponartigen oder den Pfingstrosen ähnlichen Blüten. Mag ihr Blütenaufbau auch sehr kompliziert sein, Mohnblüten sind vergängliche, ätherische Erscheinungen mit entzückenden Blütenblättern, die nach einem oder zwei Tagen abfallen. Jeder Stiel trägt mehrere Blüten, die nacheinander blühen, und von denen jede eine volle, runde Samenkapsel trägt, die über Monate gut aussieht. Der Schlafmohn gehört zu den größten einjährigen Mohnarten mit bis zu 1,20 m Höhe und Stängeln mit leuchtenden, silberblauen Blättern. Säen Sie ihn im Spätsommer im Garten direkt an Ort und Stelle, um im folgenden Jahr eine frühe Blüte zu erhalten. Wenn Sie den Samen in drei oder vier Reihen in etwa 30 cm Abstand voneinander ausbringen, erhalten Sie einen schönen karmesinroten Flecken, der zwei bis drei Monate blüht, und sich jedes Jahr selbst aussät.

Man kann nicht über Duftwolken und üppige Farben im Sommergarten reden, ohne an die Gartenwicken zu denken. Viele Züchtungen der winterharten *Lathyrus odoratus*, der Wohlriechenden Wicke, vereinen beide Vorzüge in einer Pflanze, aber Sie müssen sie selbst ausfindig machen.

Um mit den Gartenwicken den bestmöglichen Eindruck zu schaffen, sollten Sie ihr Farbspektrum begrenzen. Als Einzelpflanzen sehen die zweifarbigen Züchtungen am besten aus. Sie haben

genug zu bieten und müssen nicht mit einer anderen Farbe gemischt werden. 'Matucana' und 'Cupani', meine Lieblinge unter den zweifarbigen Sorten, haben tief purpurfarbene Flügel und ein rot gefärbtes Schiffchen und erfreuen außerdem mit dem kräftigsten, süßen Geruch aller Wicken, die ich besitze. Ein Tipi, das mit diesen Wicken zusammen mit dunkelroten oder leuchtend rosa Rosen überwachsen ist, ergibt einen phänomenalen Anblick. Wenn Sie einfarbige Sorten bevorzugen, mischen Sie drei Farben, aber wählen Sie eine Farbe, die die zwei anderen dominiert. Eine fast schwarze Sorte wie 'Black Diamond' oder 'Black Knight' wirkt noch besser in Gesellschaft einiger rubinroter Pflanzen wie 'Gipsy Queen' und lachs-orangefarbener Sorten wie 'Henry Eckford'. (Diese drei erhält man in der Regel nur von einem spezialisierten Züchter: s. S. 162).

Es lohnt sich, die verwelkten Blüten der Gartenwicken regelmäßig zu entfernen, denn sie verblühen schneller, sobald sie anfangen, Samen zu bilden. Obwohl sie Sonne benötigen – Süditalien ist einer der Herkunftsorte ihrer wilden Vorfahren –, vertragen sie heiße, schwüle Wetterbedingungen nicht. Unter diesen Bedingungen verkürzt sich leider ihre Blühdauer. Man sollte Gartenwicken so ähnlich wie bedingt winterharte Blumen behandeln, sie aber nicht wie diese in Saatschalen, sondern etwa 5 cm tief in Töpfe von 9 cm Durchmesser säen, zwei Samen pro Topf. Liegt in Ihrem Garten in der Mitte des Frühlings noch Schnee, säen Sie sie in tiefere Töpfe. Gartenwicken benötigen wie die meisten Leguminosen viel Platz für ihre langen Wurzeln und entwickeln sich besser, wenn ihre Wurzeln möglichst wenig gestört werden. Halten Sie die Temperatur bei 5 °C, um die Keimung anzuregen und um die Wurzelausbildung, anstelle des Stängelwachstums zu fördern. Pflanzen Sie sie, sobald sich der Boden erwärmt, im Abstand von ca. 5–7 cm von ihren Rankhilfen aus und schützen Sie die Pflanzen vor Schnecken. Wählen Sie die zwei kräftigsten Triebe und entfernen Sie die übrigen. Knipsen Sie alle neuen Seitentriebe aus, die sich zwischen Blatt und Haupttrieb bilden, da sie den Haupttrieben Kraft nehmen. Binden Sie die Haupttriebe einmal pro Woche an die Stützen an, bis die Pflanzen voll ausgewachsen sind. Unter optimalen Bedingungen erreichen sie etwa 2–3 m Höhe.

Kontrastfarben zu den Rottönen

Außer orangefarbenen und rosa Rosen benötigen Sie auch grelle Farben, um den matten Glanz der tiefroten Grundtöne zum Leuchten zu bringen. Wählen Sie Mandarin und Zinnoberrot, strahlendes Gelb und Gold, leuchtendes Blau und Purpur und pflanzen Sie alle vor ein klärendes Gelbgrün oder Silber.

Es gibt ein paar ausgezeichnete früh blühende Lilien in Gold und Mandarine und die meisten haben einen köstlichen Duft. Mit zu den ersten gehört *Lilium monadelphum* (syn. *L. szovitsianum*). Sie trägt Unmengen der großen, goldenen Türkenbundblüten an ca. 1 m hohen Stängeln. Als eine im Kaukasus wild wachsende

Oben *Lilium regale* 'Album', die am Abend und frühmorgens duftet, ist an meiner Haustür mit *Cerinthe major* 'Purpurascens' zusammen gepflanzt, sodass ich durch wahre Duftwolken gehe, sobald ich das Haus betrete.
Rechts oben *Lilium* 'Fire King' wächst durch *Euphorbia oblongata*.
Rechts unten Die später blühende *Lilium* Golden-Splendor-Gruppe.

Blume benötigt sie sehr durchlässigen Boden und kann kurzlebig sein. Die Lilie ist ein guter Partner für *Rosa* 'Tuscany Superb' und wiederholt das Gold im Zentrum jeder Rosenblüte.

Eigentlich ist die Farbe Weiß aus diesem Buch verbannt und es muß zwingende Gründe geben, um eine Ausnahme zu machen. Das ist der Fall bei den Königslilien. Sie sind mehr als nur akzeptabel mit ihren kühnen Trompetenformen, ihrem Satinschimmer und dem himmlischem Duft. Die Chinesische Art *Lilium regale* ist noch schöner – sie ist tief karmesinrot an der Außenseite, nur die Mitte ist weiß. *L. r.* 'Album', obwohl rein weiß, hat einen goldenen Kelch und vorstehende Staubgefäße und bildet eine hübsche Kombination mit einer Rose, die ähnlich goldene Blütenzentren besitzt. Beide werden etwa 1–1,50 m hoch.

Die Lilien der Gruppe I, oft fälschlicherweise als Asiatische Lilien bezeichnet, sind auch in Orange, Scharlach und Gold erhältlich. Der gute Ruf dieser Lilien wurde durch die Züchtungen ruiniert, die man in Zellophan verpackt in Supermärkten sieht. Sie neigen dazu, von den bezaubernden Sorten der Orientalischen Hybriden (Gruppe VII) und der Königslilien in den Schatten gestellt zu werden. Aber das ist kein Grund enttäuscht zu sein: sie stellen ausgezeichnete Gartenpflanzen dar, sind so leicht zu ziehen wie Tulpen und gedeihen in allen Böden, außer in staunassen.

Eine der auffallendsten Sorten ist die zinnoberrote 'Apeldoorn', die zwölf oder mehr Blüten an jedem Stiel trägt. Etwas früher blüht die ähnlich gefärbte 'Fire King'. 'Red Carpet' zeigt ein eher venezianisches Rot, während die sattgelbe 'Connecticut King' eine der wuchsfreudigsten Sorten ist und am großzügigsten blüht.

Diese Lilien gedeihen alle in voller Sonne oder Halbschatten. Pflanzen Sie sie im Herbst in einer Tiefe, die zwei- bis dreimal der Höhe der Zwiebel entspricht, und in ähnlichem Abstand voneinander. Auf einem guten, sandhaltigen Beet kann man eine höchstmögliche Blütenzahl erzielen. Lilien mögen nährstoffreichen, durchlässigen Boden mit einem hohen Anteil an organischem Material. In milden Gegenden stellt das scharlachrote Lilienhähnchen, *Lilioceris lilii*, die Hauptplage dar: Achten Sie, wenn die ersten Lilienblätter austreiben, auf die Käfer und bekämpfen Sie sie, ansonsten fressen sie große Löcher erst in die Blätter und später in die Blüten.

Geht es um Gold- oder Orangetöne, sind die mit Blüten reich verzierten Ähren der Steppenkerzen, *Eremurus*, unschlagbar. Diese beeindruckenden Stauden, auch unter dem Namen Lilienschweif bekannt, sind anfangs, in jedem Jahr erneut, nur schwer zum Blühen zu bringen. Sie sind die Anstrengung aber wert: ihre beeindruckenden 1–1,50 m hohen Kerzen sind dicht mit Blüten bepackt. Wählen Sie die sattgoldene *Eremurus stenophyllus* (*E. bungii*) oder eine orangefarbene Züchtung wie die Ruiter-Hybride *E. x isabellinus* 'Cleopatra'. Pflanzen Sie die Steppenkerzen hinter einem Dach roter Rosen, um die etwas dürren Blätter zu verstecken.

Steppenkerzen sind in trockenem Grasland und den Halbwüsten West- und Zentralasiens beheimatet, benötigen viel Wärme im

Obere Reihe, von links nach rechts
Potentilla 'William Rollison'; *Potentilla* 'Sunset'.
Zweite Reihe, von links nach rechts
Der Kalifornische Mohn, *Eschscholzia californica* 'Orange King'; *Papaver nudicaule* mit *Euphorbia oblongata*.
Dritte Reihe, von rechts nach links
Papaver ruprifragrum und *Cynoglossum amabile*; *Eschscholzia* 'Dali'.
Unterste Reihe, von links nach rechts
Papaver nudicaule 'Red Sails' mit *Tanacetum vulgare* 'Isla Gold'; *Eschscholzia* 'Inferno'.
Gegenüber Die Ähren von *Eremus* 'Cleopatra' harmonieren mit *Delphinium* 'Faust'. Mehr Blautöne bringe ich mit *Anchusa azurea* 'Loddon Royalist' und *Campanula glomerata* 'Superba', dazu einige gelbgrüne *Euphorbia sikkimensis*.

Sommer und sollten an einem sonnigen Standort ohne Beschattung durch Bäume oder Sträucher stehen. Andererseits benötigen sie kalte Winter, um die Blütenbildung zu induzieren. Die Wurzeln strecken sich aus wie die Arme eines Tintenfisches, 30–40 cm vom zentralen Auge entfernt, und Sie sollten ein Loch graben, das weit genug ist, um alle Wurzeln aufzunehmen, ohne sie einzuzwängen. Geben Sie etwas groben Sand in die Mitte des Loches und legen Sie den Wurzelstock darauf. So kann die Wurzel in einem nassen Winter vor Fäulnis geschützt werden. Bedecken Sie das Ganze mit Erde, die in einem Verhältnis von 1:1 mit grobem Sand vermischt ist, und pflanzen Sie das zentrale Auge 5–7 cm unter die Erdoberfläche. Die Blütenähren müssen einzeln gestützt werden: setzen Sie die Bambusrohre während der Pflanzung an ihren Platz, ansonsten riskieren Sie, später die Wurzeln zu beschädigen.

Während der Sommermonate liefern Ihnen auch Nelkenwurz und Fingerstrauch leuchtendes Rot, Orange und Gold. Die Hybriden von *Geum chiloense* blühen noch und die später blühenden Fingersträucher – der kompakte, buschige *Potentilla fruticosa*, und die krautigen ausdauernden Züchtungen – haben jetzt ihre beste Zeit und blühen den ganzen Sommer über. *Potentilla fruticosa* bildet viele intensive Farbtöne einschließlich der mandarinefarbenen 'Hopleys Orange' und 'Sunset', aber meine Favoriten sind 'Red Ace' und 'Red Robin', deren Blüten scharlachrot sind, wenn sie sich öffnen und später zu Zinnoberrot verblassen. Zu den krautigen Fingersträuchern – die mit etwa 45 cm halb so groß werden wie die buschigen Arten – gehört *P. atrosanguinea* 'Gibson's Scarlet', eine reizende Zuchtform mit einfachen, roten Blüten. Aber am besten gefällt mir der halb gefüllte 'William Rollison', dessen große Blüten ein auffallendes Zinnoberrot mit gelben Farbtupfen zeigen. Mit samtigen Blütenblättern ist die tief karmesinrote 'Etna' unschlagbar. Diese Blumen heben sich deutlich von den silbergrauen Blättern ab und sind daher ideale Pflanzen für einen repräsentativen Standort. Beide Fingerkrautarten sind pflegeleicht und bevorzugen gut durchlässigen Boden in voller Sonne. Die Sträucher blühen weniger, behalten im Halb-

Oben links Der karamellfarbene *Erysimum wheeleri* blüht fast den ganzen Sommer hindurch. Ich pflanze ihn zusammen mit *Cerinthe major* 'Purpurascens', um eine rauchgraue Farbkomposition zu erhalten.
Oben rechts *Calendula* 'Indian Prince' gehört wegen ihrer karmesinrot untermalten Blüten und Knospen zu meinen liebsten einjährigen Pflanzen. Hier in Gesellschaft von einjährigem Borretsch.
Gegenüber Mein Nutzgarten im Sommer, wo ich Gemüse und Obst mit Schnittblumen mische. Das purpurrot gestrichene Tipi stützt die Gartenwicken 'Black Knight' und 'Gipsy Queen', während an seiner Basis *Calendula* 'Indian Prince' und sattrote *Nicotiana alata* kräftige Farbtupfen beisteuern. Stangenbohnen und Gartenwicken wachsen an dem orangen Tipi empor. Eine Reihe der großen kaktusblütigen Zinnien fängt gerade an zu blühen.

schatten aber eher ihre Farbintensität; sie gedeihen auf mäßig fruchtbarem Boden und müssen zu Frühlingsanfang bis auf das alte Holz zurückgeschnitten werden.

Goldener Mohn

Es gibt ein paar hervorragende winterharte und zweijährige Pflanzen, die um diese Jahreszeit farbkräftige, leuchtende Teppiche aus Gold und Orange bilden. Die verschiedenen Mohnarten sind eine hervorragende Quelle für diese Farben und eignen sich ideal für großzügige Gruppenpflanzungen, indem sie Verbindungen zu anderen Pflanzen herstellen und Lücken füllen. Der Kalifornische Mohn, *Eschscholzia californica*, ist eine bedingt winterharte zweijährige Pflanze und erreicht um diese Zeit ihren Höhepunkt – vorausgesetzt sie wurde gegen Ende des vorhergehenden Sommers gesät. Sie ist etwa 30 cm hoch und ihre silbernen Blätter sind den ganzen Winter hindurch hübsch anzusehen. 'Orange King' bildet einen reizenden Kontrast zu Dunkelrot und Magenta; der dunkle, zinnoberrote 'Inferno' eignet sich gut für eine Mischung mit Rosa. Säen Sie direkt an Ort und Stelle aus oder in strengen Wintern unter Glas. Haben sie einmal Fuß gefasst, säen sie sich selbst aus und blühen zu Frühlingsende.

Der zweijährige Islandmohn, *Papaver nudicaule*, der trotz seiner robusten Natur sehr zierlich aussieht, darf in keinem Garten fehlen. Am beeindruckendsten ist der großblütige, zinnoberrote 'Red Sails', der papierähnliche Blüten mit etwa 10 cm Durch-

Hochsommer

Vorhergehende Seiten Hier pflanzte ich die Rose 'Portlandica' in leuchtendem Rosa zusammen mit der kräftig duftenden *Dianthus* 'Laced Monarch', der Zwerglilie 'Orange Pixie' und dem tiefroten *Nicotiana alata*. Um der Leuchtkraft und Pracht der Farben die Waage zu halten, erstreckt sich zur Linken ein kräftiger Streifen der karmesinrot blättrigen *Lobelia* 'Queen Victoria', und zur rechten die selbst aussäende gelbgrüne *Euphorbia amygdaloides* var. *robbiae*.

Oben links Die *Delphinium* Black-Knight-Gruppe trägt Blüten, die mit das dunkelste Blau aufweisen.
Oben rechts Die blaue Sorte des Salbei, *Salvia viridis*, blüht länger als irgendeine andere winterharte Pflanze in meinem Garten: vom Frühlingsende bis zu den Herbstfrösten.
Rechts Eine Mischung von *Delphinium elatum*-Hybriden, die aus Samen gezogen wurden, sind hier mit *Euphorbia griffithii* und rauchgrau-purpurroten Lupinen kombiniert.
Ganz rechts Eine Berberitze mit karmesinroten Blättern und die silbrig grünen Blätter von *Papaver somniferum* und *Alchemilla mollis* bilden zusammen mit dem gelbgrünen *Tanacetum parthenium* 'Aureum' einen abwechslungsreichen, buntblättrigen Hintergrund für die Blüten des winterharten *Geranium* 'Johnson's Blue'.

messer an bis zu 45 cm langen Stängeln trägt. Er wächst in nahezu allen Böden gut – ob feucht oder trocken, alkalisch oder sauer – und blüht vom Frühjahrsende bis zum Sommerende.

Ich mag auch die halb gefüllten mandarinefarbenen Blüten des *Papaver ruprifragum*. Dieser pflegeleichte Zweijährige blüht monatelang und sät sich selbst aus wie der Kambrische Scheinmohn, *Meconopsis cambrica*.

Erysimum wheeleri ist eine weitere zweijährige Pflanze, für die ich immer Platz habe. Dieser nicht duftende Goldlack fängt zu blühen an, wenn die anderen Goldlackarten abblühen und blüht den ganzen Sommer über. Seine Blüten sind von einem satten, bräunlichen Orange, das gut zu Karmesinrot und Magenta passt. Vermehren Sie ihn so wie den anderen Goldlack oder säen Sie ihn unter Glas wie eine bedingt winterharte Pflanze.

Ringelblumen, *Calendula*, eignen sich besonders als Lückenfüller im Sommer. Sie entwickeln sich schnell und blühen schon zehn oder zwölf Wochen nach der Aussaat. Wenn regelmäßig die welken Blüten entfernt werden, blühen sie mehrere Monate. *Calendula officinalis* 'Indian Prince' ist eine der prächtigsten Sorten. Jedes ihrer orangen Blütenblätter ist karmesinrot unterlegt und in der Knospe oder Welke bilden die Blüten eine eindrucksvolle Mischung aus zwei Farben. Auch wenn Ringelblumen keine besonderen Ansprüche an den Boden stellen, mögen sie es nicht zu heiß und trocken; bei steigenden Temperaturen können sie von Mehltau befallen werden.

Vielleicht möchten Sie kräftige Purpurmalven- und Blautöne als Kontrast zu den lauten Klängen der orangefarbenen und goldenen Tupfen zufügen, die sich zu den klassischen Rot- und Magentatönen gesellen? Das gibt dem Gesamtbild in Ihren sonnigen Rabatten etwas mehr Tiefe und Fülle. Die winterharten Storchschnäbel wie 'Philippe Vapelle' und 'Brookside' (s. S. 45) blühen zwar bis zur Sommermitte, aber jetzt hat der größere Zierlauch seine Zeit. Der Zierlauch hat den großen Vorteil, dass er wenig Platz beansprucht. Seine beeindruckenden, mit Stern-

chen übersäten Blütenstände sitzen an der Spitze der dünnen Blütenstängel. Die meisten Blätter, die im Frühling erscheinen, sterben zur Zeit der Blüte ab und können abgeschnitten werden.

Allium schubertii blüht zeitig. Er trägt mit die größten Blütenstände, die eine Kugel von etwa 30 cm Durchmesser bilden. Der Sternkugellauch, *A. cristophii*, blüht ebenfalls zeitig, sieht ähnlich aus, aber seine Blütenstände sind weniger dicht. Beide werden bis zu 45 cm hoch und zeigen im Sommer ihre eindrucksvollen Samenkapseln. Zu meinen Favoriten gehören die dichter bepackten, malvenfarbenen Kugeln von *A. giganteum,* die in der Mitte des Sommers erscheinen. Ich pflanze sie in einem 2 m langen Streifen entlang des Hauptweges. Sie sehen schon in der Knospe sehr hübsch aus, aber noch besser in voller Blüte: mit ca. 1,50 m Höhe schweben sie wie ein Miniatur-Feuerwerk über allen anderen Pflanzen. *A. sphaerocephalon* mit satten karmesinpurpurroten Blüten, die wie Trommelstöcke aussehen, wird etwa 60 cm hoch, ist kleinblütiger und treibt später aus als die anderen Zierlaucharten. Anders als die großblütigen Hybriden sät dieser sich selbst aus. Es gefällt mir, wenn er zwischen anderen Pflanzen hie und da auftaucht, zusammen mit der zweijährigen *Euphorbia stricta*, deren Stängel sich gegen Ende des Sommers tiefrot färben und die Farben des Zierlauchs wiederholen.

Zierlauch ist leicht zu kultivieren. Er ist im warmen, trockenen Bergland der Nördlichen Hemisphäre heimisch und gedeiht auf gut durchlässigen Böden, die im Sommer zum Austrocknen neigen.

Leuchtend blauer Rittersporn

Zierlauch bringt viel Purpurrot, aber um das satte venezianische Blau, Marineblau, Indigoblau und andere leuchtende Blautöne zu erhalten, benötigen Sie andere Pflanzen. Es gibt viele schöne Blautöne unter den Hybriden von *Delphinium elatum*. Sie sind die am meisten verbreiteten und zuverlässigsten Rittersportarten für den Garten. Man sollte mindestens drei Pflanzen einer Sorte anpflanzen, einschließlich einer dunkelblauen und einer leuchtend blauen Sorte. Die King-Arthur-Gruppe, 'Nimrod', 'Nobility' und die Black-Knight-Gruppe haben alle ein sattes Indigoblau; 'Fenella', 'Blue Tit' und 'Blue Nile' tragen kräftig leuchtende Blautöne.

Haben die *elatum*-Hybriden einmal Fuß gefasst, treiben sie mehr als 2 m lange Blütenähren. Diese müssen sorgfältig gestützt werden, entweder mit Bambusrohren oder Hasel- und Birkenzweigen. Wenn Sie die Blüten zurückschneiden, sobald sie im Spätsommer welken, sollten Sie Anfang Herbst eine zweite Blüte erhalten. Ich besitze eine große Gruppe der tiefblauen 'Faust'-Hybriden: die erste Blüte fällt mit *Eremurus* 'Cleopatra' zusammen, die zweite

Hochsommer

mit einer großen Gruppe der zinnoberroten *Crocosmia* 'Lucifer'.

Rittersporn ist auf den meisten Bodenarten in voller Sonne sehr wuchsfreudig, gedeiht aber besser, wenn er vor Wind geschützt wird. Um die spektakulären Blütenähren zu erhalten, dünnen Sie die Jungtriebe aus, wenn sie 8–10 cm lang sind, und belassen an Jungpflanzen drei, an älteren Pflanzen fünf oder sieben Triebe. Schneiden Sie die Triebe direkt über dem Wurzelstock ab und verwenden Sie sie als Stecklinge, aus denen Sie neue Pflanzen ziehen können. (Stecken Sie die Triebe einfach in grobsandige Erde und halten Sie sie feucht und warm. Innerhalb eines Monats sollten sich neue Wurzeln bilden.) Die Pflanzen verweilen in Winterruhe und treiben sehr zeitig im nächsten Jahr aus. Sie werden gerne von Schnecken gefressen – auch im Boden und beim ersten Austrieb –, daher ist es wichtig, die Schnecken zu bekämpfen, auch wenn keine Blätter zu sehen sind.

In sengend heißen Sommern gedeihen *Delphinium elatum*-Hybriden nicht besonders gut und Sie können stattdessen den winterharten *Consolida* ausprobieren, obwohl dieser in der Regel mit nur etwa 90 cm Höhe halb so groß wie *Delphinium* wird. Der Rittersporn hat zwei verschiedene Blütenformen: die aufrechten Ähren der *Consolida-ajacis*-Exquisite-Serie, die den *elatum*-Hybriden ähneln, sind dicht mit Blüten an einem zentralen Stängel bedeckt, oder der eher luftige *C. regalis*, dessen Einzelblüten an längeren Stängeln sitzen, die sich zu einem tiefblauen Schleier entfalten. *C. regalis* leuchtet in sattem Blau und eignet sich hervorragend zum Mischen mit Karmesinrot und Tiefrot. Die Exquisite-Serie besteht aus vielen verschiedenen Farben – aber versuchen Sie das Blau zu finden. Die Farbmischungen enthalten Weiß, Creme und Blassblau. Beide Consolidaarten sind bedingt winterhart, leicht anzupflanzen und gedeihen am besten, wenn sie Mitte Frühling gesät werden. Sie können sie unter Glas vorkultivieren, oder direkt ins Freiland säen, aber auf jeden Fall sollten Sie die Samen vor der Aussaat eine Woche lang in den Gefrierschank legen, um den Keimungsprozess zu unterstützen.

Eine winterharte Pflanze, die mit verschwenderisch leuchtendem Saphirblau vier bis fünf Monate lang erfreut, ist die blaue Spielart von *Salvia viridis*, die bis zu 45 cm hoch wird. Säen Sie sie im Spätsommer direkt ins Freiland oder unter Glas, vereinzeln Sie drei Wochen später.

Auch Glockenblumen besitzen ein hübsches Blau. *Campanula latifolia* 'Brantwood' trägt prächtige, königsblaue Blütenähren, die nahezu 90 cm hoch werden,

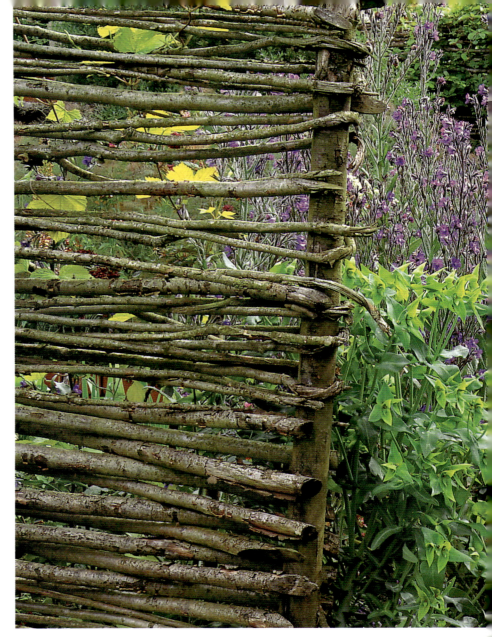

Oben und rechts Wenn Sie Giganten wie die blaue Ochsenzunge *Anchusa azurea* 'Loddon Royalist' und die tief karmesinrote Stockrose *Alcea rosea* 'Nigra' entlang eines Gartenweges oder neben den Eingang pflanzen, betonen Sie ihren hohen Wuchs und verbergen, was dahinter liegt. Die geflochtenen Abtrennungen aus Haselzweigen dienen als Windschutz, bis die aus Weißdorn und Liguster zusammengesetzten Hecken höher gewachsen sind.
Links Die intensiv violetten Blütenstände der *Campanula glomerata* 'Superba' sprießen durch einen Horst des winterharten *Geranium sanguineum*.

aber nicht gestützt werden müssen. Pflanzen Sie eine größere Anzahl in Gruppen und Sie haben die gleiche Wirkung wie Rittersporn. Halb so hoch ist *C. glomerata* 'Superba', die früher blüht und regelmäßig geteilt werden muß, mit großen, satt purpurroten Blütenständen. *C. lactiflora* 'Prichard's Variety' wird etwa 90 cm hoch und trägt ein hübsches Purpurblau. Sie alle sind ausdauernd, gedeihen gut in der Sonne oder im Halbschatten und benötigen fruchtbaren, feuchten, aber gut durchlässigen Boden; werden die ersten Blüten nach dem Abblühen geschnitten, können sie gegen Ende des Sommers eine zweite Blüte hervorbringen.

Mir gefällt außerdem das himmelblaue Chinesische Vergissmeinnicht, *Cynoglossum amabile,* eine zweijährige Pflanze, die ca. 45 cm hoch wird und im ersten Jahr wenige Blüten trägt. Sie brauchen die Blüten nicht zu entfernen, denn die Pflanze ist für ihre zweite Blühsaison im nächsten Jahr kräftig genug.

Beeindruckende Ochsenzunge

Zu den größten blau blühenden Pflanzen gehört die Ochsenzunge, *Anchusa azurea* (syn. *A. italica*), mit ca. 1,20 m hohen, behaarten Stängeln und dem Vergissmeinnicht ähnlichen Blüten. Es gibt die leuchtend blaue Sorte 'Feltham Pride', die dunklere 'Loddon Royalist' oder 'Morning Glory' und die hellere 'Opal'. Obwohl sie eine kurzlebige Staude ist, zieht man die Ochsenzunge am besten als Zweijährige, sät sie gegen Frühlingsende unter Glas aus, damit sie im darauffolgenden Jahr blüht.

Pflanzen mit Riesenblüten wie Ochsenzunge, Königskerze und Stockrose spielen eine bedeutende Rolle, indem sie dem Garten ein fülliges Aussehen verleihen: sie schaffen das Gefühl einer versteckten Oase. Sie können sie quer durch Ihre Beete verteilen, Buchten und Nischen mit ihnen bilden, oder, was am interessantesten aussieht, sie entlang eines Gartenweges aufreihen, um einen Durchgang aus Blütenähren zu gestalten.

Oben Die riesigen Kugeln von *Allium giganteum* ragen um diese Jahreszeit weit über die anderen blühenden Pflanzen hinaus, hier *Lilium* 'Fireking' und *Penstemon* 'Raven'. *Euphorbia stricta* und *E. schillingii* bringen eine besondere gelbgrüne Note, während *Artemisia ludoviciana* und *Onopordum acanthium* silberne, kontrastreiche Streifen zeichnen.
Unten Die Kapernwolfsmilch, *Euphorbia lathyri* ist eine interessante Blattpflanze, fängt im Sommer an zu blühen und sieht auch weiterhin hübsch aus, wenn Sie den Leittrieb ausknipsen, damit sich die Pflanze stärker verzweigt.

Königskerzen haben ausgedehnte, wollige Blattrosetten, die in der Mitte des Sommers fast einen Meter Durchmesser erreichen und gewaltige silberne Blütenähren austreiben, die bis zu 2 m hoch werden und über mehrere Monate gut aussehen. Unter den Stauden gefällt mir die im Zentrum karmesinrot gefärbte, großblütige, goldene Sorte *Verbascum* 'Cotswold Queen' und die im Zentren purpurrot gefärbte Sorte *V. nigrum*. Es gibt auch einige gute zweijährige Arten mit dicken, filzig behaarten Blättern (s. S. 21–22), die leicht aus Samen gezogen werden können, einschließlich *V. olympicum,* die Kandelaberkönigskerze. Sie hat verzweigte, flaumige Blütenstängel, die in der Mitte des Sommers mit blassgelben Blüten bedeckt sind.

Blattpflanzen für sonnige Standorte

Eine ausreichende Anzahl von Blattpflanzen zur Gestaltung eines beständigen und farbenfrohen Hintergrundes und auch wegen ihres Formenreichtums ist entscheidend für das Gelingen eines farbintensiven Gartens. Das Durcheinander aus Blütenfarben könnte im Hochsommer erdrückend wirken, gäbe es nicht beruhigendes Blattwerk in dämpfendem Silbergrau und unauffälligem Burgunderrot sowie Unmengen großer, grüner Blätter.

Um diese Jahreszeit gibt es viele silberblättrige Pflanzen unterschiedlicher Größen – von Polsterstauden bis zu kleinen Bäumen –, um die Üppigkeit von Karmesinrot und Orange zu neutralisieren. Die Weidenblättrige Birne, *Pyrus salicifolia* 'Pendula', kann klein gehalten werden, um in die meisten Gärten zu passen. Schmale Blätter, die denen der Olivenbäume ähneln, bekleiden ihre hängenden Trauerzweige und bilden eine dichte silberne Kuppel – ein reizender Hintergrund zu den intensiven Orange- und Rosatönen. Wenn sie gegen Winterende oder Anfang Frühling geschnitten wird, kann man die gewünschte Größe und Form erhalten. Selten wird sie höher als 4–5 m.

In einem kleineren Maßstab ist die Edeldistel, *Eryngium*, ein Beispiel für eine imposante Wuchsform und liefert eine gute Quelle für Silbertöne. Viele Sorten haben stahlblaue, kräftige, stachlige Blüten. Die zweijährige *Eryngium giganteum*, 'Miss Wilmott's Ghost' mit dolchförmigen Blüten, wird bis zu 90 cm hoch und ist eine der ersten, die anfängt zu blühen; sie behält ihre stattliche Erscheinung bei, sogar im Spätsommer, wenn sie sich braun verfärbt und altert. Sie sät sich überall selbst aus. Noch hübscher ist die Staude *E.* x *zabelii* 'Donard Variety'. Sie kombiniert stachlige Blüten mit zarten Rüschen um jede der eiförmigen Auswölbungen, die das Blütenzentrum bilden.

Unter den silbernen Gräsern gibt es einige, die besonders wertvoll sind, da sie immergrün sind. Der Blaustrahlhafer, *Helictrotrichon sempervirens*, formt dichte, ca. 1,20 m hohe, leuchtend silberblaue Horste, die das ganze Jahr über gut aussehen, wenn man sie im Frühjahr säubert und alle braun verfärbten Blätter entfernt. Das Rispengras, *Poa labillardierei*, ist ein etwas kleineres, aber ebenfalls immergrünes Gras mit schmaleren Blättern. Noch kleiner und ausgesprochen nützlich für Randbepflanzungen ist die Haargerste, *Elymus*, aber man sollte bei der Auswahl vorsichtig sein, da es viele Sorten gibt, die sich durch Ausläufer verbreiten. *Elymus hispidus* ist eine gutmütige Sorte, die sich langsam zu etwa 75 cm großen, blaugrauen Horsten entwickelt. Wollen Sie lieber ein kleinwüchsigeres Gras, dann wählen Sie *E. magellanicus*, das nur etwa 15 cm hoch wird und ein ähnlich intensives Blaugrau aufweist.

All diese Gräser gedeihen in offener, sonniger Lage, in gut durchlässigem, humusreichem Boden. Wenn Sie in Ihrem Garten schweren Boden haben, fügen Sie vor dem Pflanzen etwas grobkörnigen Sand hinzu. Im Schatten neigt *Helictrotrichon sempervirens* dazu, in nassen Sommern von Rost befallen zu werden, der nur schwer wieder auszumerzen ist.

Inzwischen haben die silbrigen Pflanzen mit wollig behaarten Blättern wie Ballota, Stachys und Salvia (s. S. 21 u. 27) zur Sommermitte ihr schönstes Aussehen erreicht – mit frischen, neuen Blättern bedeckt, als ob sie im Spätfrühling geschnitten worden wären. Die grauen, filigranen Beifußarten, wie *Artemisia* 'Powis Castle', *A. absinthium* 'Lambrook Silver' und *A. ludoviciana* 'Valerie Finnis', sind jetzt am blassesten (s. S. 129).

Die silbernen Edeldisteln, *Eryngium*, gehören zu den elegantesten Pflanzen mit auffälliger Wuchsform.
Oben Die silbernen Blüten von *Eryngium alpinum*.
Zweite von oben *Eryngium* x *zabelii* 'Donard Variety'.
Dritte von oben *Eryngium giganteum* mit *Hackonechloa macra* 'Aureola'.
Unten *Eryngium giganteum* mit *E. dulcis* 'Chameleon' und zwei Sorten des Heiligenkrauts, *Santolina chamaecyparissus* 'Lemon Queen' und *S. pinnata* subsp. *neapolitana*.

Immer wieder Wolfsmilch

Es gibt ein paar sommerblühende Wolfsmilcharten, die ich wegen ihrer gelbgrünen Farbe nicht missen möchte. Ich pflanze große Mengen der zweijährigen Kapernwolfsmilch, *Euphorbia lathyris,* an, die etwa 90 cm hoch wird. Ihre seltsamen, gelbgrünen kapuzenförmigen Blüten bilden einen guten Kontrast zu ihren dunklen, graugrünen Blättern.

Die ausdauernde Steppenwolfsmilch, *Euphorbia seguieriana,* die 30–45 cm hoch wird, hat silberne Blätter mit leuchtenden gelbgrünen Blüten, die in der Mitte des Sommers mit den Rosen zusammen anfangen zu blühen und auch drei Monate später noch hübsch anzusehen sind. Sie ist auf gut wasserdurchlässigen Berghängen Westeuropas heimisch, daher sollten Sie ihr einen sonnigen Standort geben und beim Pflanzen eine Handvoll grobkörnigen Sand zugeben, besonders auf schweren Böden. Ähnlich ist *E. nicaeensis,* hat aber leuchtend rote Stängel und fleischigere Blätter. Sie wird etwas größer und blüht nicht ganz so lange. Viel größer mit bis zu 90 cm Höhe sind die ausdauernden *E. donii, E. sikkimensis* und *E. schillingii.* Alle gedeihen gut in der Sonne oder im Schatten, aber am besten in feuchtem Boden, daher sollten Sie viel organisches Material untergraben, um sie vor dem Austrocknen zu schützen (s. S.104).

Das einjährige, rundblättrige Hasenohr, *Bupleurum rotundifolium,* und der Dill, *Anethum graveolens,* sind meine Lieblingspflanzen, um mit ihnen leuchtende Farbkomplexe zu durchflechten. Einzeln gepflanzt wirken sie zu leicht und luftig, aber mit 60 cm Höhe bilden sie eine perfekte gelbgrüne obere Etage, die sich über die Bartnelken 'Sweet William' und orangefarbenen Mohn erhebt. Wenn Sie das Hasenohr im Spätsommer direkt ins Freiland säen, blüht es im darauffolgenden Sommer. Auch der Dill wird am besten an Ort und Stelle gesät, da er eine Störung seiner Wurzeln nicht verträgt. Er kann aber auch unter Glas gesät werden, wenn er früh versetzt wird. Er ist nicht ausreichend winterhart, um durch einen nassen Winter zu kommen. Sie sollten ihn aussäen, sobald sich der Boden in der Mitte des Frühjahrs erwärmt und alle paar Monate Folgesaaten durchführen, damit Sie den ganzen Sommer hindurch bis in den Herbst hinein Pflanzen haben. Das Hasenohr und der Dill kommen beide wild im Mittelmeerraum vor, keimen und gedeihen am besten in der Sonne auf besonders gut durchlässigen Böden. Sie sollten vor der Aussaat ein paar Spaten voll groben Sand einrechen. Beide sind selbst aussäend und sehr fruchtbar – überall im Garten tauchen sie auf, wobei sie leuchtende Reihen bilden, von einem Beet zum nächsten.

Es gibt auch einige ausgezeichnete, gelbgrüne Gräser, die sich ideal für die Umrandung einer Rabatte eignen und das Laub größerer Pflanzen mit unansehnlichen, bodenständigen Blättern verstecken. Das langsam wachsende Gras *Hakonechloa macra* bildet allmählich einen prächtigen, ca. 35 cm großen Horst und weist als weiteren Vorteil im Herbst einen orangefarbenen Schimmer auf. *H. m.* 'Aureola' zeigt in jedem Blatt einen gelben Streifen.

Pflanzen Sie sie in feuchten Boden an einen sonnigen Standort oder in den Halbschatten und fügen Sie , falls Ihr Garten sandigen oder kalkhaltigen Boden hat, bei der Pflanzung etwas organisches Material zu. Der Atlasschwingel, *Festuca mairei,* hat zartere Blätter, ist aber von ähnlich büscheligem Wuchs. Diese immergrüne Pflanze wird bis zu 90 cm groß und sieht sowohl einzeln als auch in Gruppen gepflanzt, hübsch aus. Pflanzen Sie in gut durchlässige, gewöhnliche Gartenerde in die Sonne und schneiden Sie vorsichtig im Frühjahr zurück.

Möchten Sie einen kühnen Baldachin in Gelbgrün, pflanzen Sie den Gewöhnlichen Trompetenbaum, *Catalpa bignonioides* 'Aurea', und schneiden ihn dann in Buschform. Die Blätter erscheinen spät, aber in der Mitte des Sommers ist er mit frischen, tellergroßen Blättern bedeckt. Schneiden Sie im zeitigen Frühjahr den ganzen Baum auf eine Form mit bodenständigen Ästen zurück.

Mit das dunkelste Laubwerk des Sommers besitzt die purpurrot gefärbte Sorte 'Guincho Purple' des Schwarzen Holunders, *Sambucus nigra,* dessen dunkelgrüne Blätter fast zu einem Schwarz ausreifen. Seine gefiederten, formschönen Blätter stellen vom Zeitpunkt ihres Erscheinens bis zum Laubfall im Herbst, wenn sie sich leuchtend rot färben, einen zusätzlichen Gewinn dar. Dieser winterharte Strauch wird bis zu 4 m hoch und bringt die schönsten Blätter hervor, wenn man, wie bei seinen goldblättrigen Verwandten, die Triebe im Winter kurz über dem Boden abschneidet.

Wenn die beste Zeit des Kerbels (s. S. 50) vorüber ist und er geschnitten werden muß, hat die Gartenmelde, *Atriplex hortensis* var. *rubra,* ihre Zeit. Diese schnell wachsende einjährige Pflanze produziert den ganzen Sommer lang große, weiche, karmesinrote Blätter. An bis zu 1,20 m hohen Stängeln sitzen Ähren mit kleinen, dunkelkarmesinroten Blüten. Sie ist nicht unbedingt winterhart, lohnt aber einen Versuch.

Auch die schönsten Farbmuster benötigen Grünpflanzen, die ausgleichend wirken und das Auge beruhigen; je kräftiger die Blütenfarben sind, umso üppiger muß das Laubwerk sein. Die Auswahl ist groß: großblättrige Pflanzen des Frühlings und des Sommers erreichen jetzt ihren Höhepunkt und lassen den Garten üppig und abgeschlossen erscheinen; zu Sommermitte gibt es aber auch andere Pflanzen mit einem viel leichter wirkenden Habitus, von denen viele mit einer eigentümlichen Erhabenheit ihre Blüten und Samenstände in die Höhe treiben.

Der Riesenfenchel, *Ferula communis,* besitzt gewaltige, immergrüne Wedel aus fedrigen Blättern. Sobald er nach drei bis vier Jahren ausgewachsen ist, erreicht er seinen Höhepunkt und treibt bis zu 3 m hohe gelbgrüne Blütenstände aus. Hier erreicht er seinen Wendepunkt: nach der Samenbildung stirbt die Pflanze oft ab. Beginnen Sie von neuem mit einem der winzigen, selbst ausgesäten Nachkömmlinge im nächsten Frühjahr.

Der Meerkohl, *Crambe cordifolia,* ist mit fast 3 m Höhe eine weitere großartige Pflanze. Er trägt riesenhafte Blätter und eine bauschige Wolke kleiner, weißer Blüten. Ich pflanze ihn an mehreren Stellen in meinen Garten wegen seiner kleinen, grünen

Oben links Die weinroten Blätter von *Atriplex hortensis* var. *rubra* geben grünem Blattwerk mehr Raumwirkung und Farbsättigung und bilden einen besonders starken Kontrast zu den Säulen von *Helianthus salicifolius*.

Oben Mitte Der Rhabarber gibt vom Beginn des Frühjahrs eine ausgezeichnete Blattpflanze ab.

Oben rechts Eine beeindruckende Kombination: die Kardone, *Cynara cardunculus*, zusammen mit dem Rhabarber, *Rheum palmatum*.

Rechts Das Blumenrohr, *Canna musifolia*, durchdringt mit seinen imposanten Blattformen die gekräuselten und marmorierten Blätter der zweijährigen Mariendistel, *Silybum marianum*, die im vorhergehenden Jahr an Ort und Stelle ausgesät wurde. Rechts formt der frostempfindliche Strauch 'Der Stolz von Madeira', *Echium candicans*, riesige Blätterhorste. Später im Sommer taucht ein mit leuchtend blauen Blüten bedeckter Stamm auf und ragt bis zu 3 m hoch auf. Vor Frostbeginn muß das Blumenrohr ausgegraben werden und *Echium* braucht einen Winterschutz.

Hochsommer

Samenkapseln, die den Blüten folgen. Nach Regen oder an einem feuchten, taureichen Morgen ist das Netzwerk aus Stängeln und Samenkapseln mit durchsichtigen Wassertropfen bedeckt und verwandelt die Pflanze in eine glitzernde, durchsichtige Skulptur. Meerkohl gedeiht in tiefgründigem, fruchtbarem, gut durchlässigem Boden in voller Sonne. Der große Blütenstand kann den Wind wie ein Segel einfangen und daher sollte er an einen windgeschützten Platz gepflanzt und gut angebunden werden.

Bezaubernde Lichtfänger

Das Riesenfedergras, *Stipa gigantea*, besitzt ebenfalls eine elegante Wuchsform. Stipa bildet unter den Gräsern eine Ausnahme, da es im Frühsommer einige Monate vor den meisten anderen Gräsern blüht. Dramatisch anmutend und wunderschön, verdient es viel Platz und wirkt dort am besten, wo sich seine bis zu 2,50 m hohen Halme ungehindert in die Luft strecken können und von anderen Pflanzen nicht eingezwängt werden. Versuchen Sie, einige Pflanzen an den Beetrand zu setzen, damit sie sich über dem Gartenweg entfalten können: die immergrünen, etwa 45 cm langen Blätter und die von der Mitte des Sommers bis zum Winter erscheinende beeindruckende Wolke aus goldenen Samenkapseln rechtfertigen eine solch hervorragende Lage. Das Federgras wächst ursprünglich auf den steinigen Hängen der Pyrenäen und benötigt daher gute Drainage. Es gedeiht nicht besonders gut im Schatten anderer Pflanzen. Außerdem muß es vor strengen Winden geschützt werden oder es besteht die Gefahr, dass die Blütenähren abbrechen. Pflanzen Sie es im Frühjahr; denn es verträgt keine Störung und nach einer Herbstpflanzung überlebt es eventuell den Winter nicht.

Das immergrüne Silberährengras, *Stipa calamagrostis,* hat bläulich grüne Blätter und blüht unaufhörlich von Sommeranfang bis Herbst mit langen, gebogenen Halmen, an deren Spitzen leichte, fedrige Blütenstände sitzen, die das Licht einfangen. Wie *S. gigantea* benötigt es ausreichend Platz, gute Drainage und volle Sonne.

Die Blätter der Silge, *Selinum wallichianum* (syn. *S. tenuifolium*), wirken weniger fedrig als die des Fenchels oder der Gräser, haben aber trotzdem eine luftiges, graziöses Aussehen und vermitteln ein formschönes Bild. Im Frühling und fast während des ganzen Sommers bildet sie mittelgrüne, blattreiche Horste von etwa 1,50 m Höhe, die einer kräftigen Form des Wiesenkerbels ähneln. Die Silge verträgt unterschiedliche Bodenverhältnisse, gedeiht aber am besten in mäßig feuchtem, fruchtbarem Boden in voller Sonne oder im Halbschatten.

Die kräftig marmorierten Blätter der Mariendistel, *Silybum marianum,* bilden breite, bodenständige Rosetten mit bis zu 1 m Durchmesser aus gelappten, fleischigen Blättern, die mit zahlreichen Stacheln bedeckt sind. Ich pflanze sie wegen ihrer Blätter und nicht wegen der purpurnen Distelblüten an und schneide daher die Blütenstände nach ihrem Erscheinen in der Knospe ab, um die Blätter länger zu erhalten. Die Mariendistel ist zweijährig; man sät sie im Frühsommer direkt ins Freiland oder unter Glas aus und verpflanzt sie Anfang Herbst. Einmal ausgewachsen, wird sie sich leicht selbst aussäen. Beim Verpflanzen sollte man tief graben, da sie lange Pfahlwurzeln besitzt.

Als Kombination mit der Mariendistel eignet sich am besten die weißstielige Sorte des Mangolds. Einzelne Blätter werden bis zu 75 cm hoch und er ist größer und sieht kräftiger aus als rotstieliger Mangold. Er bleibt vier bis fünf Monate lang attraktiv, bevor er anfängt nachzulassen.

Kletterpflanzen für sonnige Standorte

Auch auf Klettergerüsten und Wänden bringt das Vorrücken des Sommers üppige Blätter, Blüten und Düfte im Überfluss. Das wilde Wachstum von Wein und Alpenweinrebe muß eventuell sogar gezügelt werden, damit weniger wüchsige Pflanzen nicht unterdrückt werden. Das unverschämt duftende Geißblatt und der Sternjasmin beginnen in der Mitte des Sommers zu blühen, ebenso wie viele Sorten von Rosen und Klematis, deren weiche Blütengesichter den satten Farben sinnliche Strukturen verleihen.

Das Waldgeißblatt, *Lonicera periclymenum* 'Belgica', ist ein Sommerblüher. Seine Blütenblätter sind an der Außenseite tiefrosa und innen cremigweiß. Es gibt eine kräftiger gefärbte, ausgesprochen wuchernde Sorte, 'Belgica Select', mit rubinroten und karminroten Knospen, die sich zu roten und gelben Blüten öffnen. Eins der am stärksten duftenden Geißblätter, *L. p.* 'Belgica', verströmt seinen Duft am Abend und Sie sollten versuchen, es unter ein Schlafzimmerfenster zu pflanzen. *L. p.* 'Serotina' folgt 'Belgica' mit ähnlich gefärbten Blüten von der Mitte des Sommers bis in den Herbst. Beide können in der Sonne bis zu 7 m hoch klettern, wollen ihre Wurzeln aber im Schatten haben.

Die immergrüne Kletterwinde *Trachelospermum jasminoides*, der Sternjasmin, ist ebenfalls ein Muß, trotz ihrer rein weißen Blüten. Sie verbreitet einen entzückenden, jasminähnlichen Duft; abends und frühmorgens duftet sie am stärksten. Sie ist nicht ganz winterhart und muß vielleicht mit einem Netz geschützt werden, um den Winter zu überstehen. In sengender Hitze sollte sie etwas beschattet werden. 'Madison' ist eine robustere Sorte.

Unter den im Sommer blühenden Sorten der Klematis gehört 'Niobe' mit ihren riesigen einfachen Blüten in sattem Rubinrot zu meinen Favoriten. Sie blüht üppig und bildet in voller Blüte eine 2–3 m lange, samtige Girlande. Auch 'Etoile Violette' ist herrlich. Sie blüht länger als irgendeine andere Klematis in meinem Garten und hüllt die Weidenblättrige Birne ein. Um ein lebendiges Leuchten auch an Senkrechten zu schaffen, nehmen Sie kräftige Farbstreifen. Versuchen Sie abwechselnde Streifen von 'Niobe' und der purpurroten 'The President' oder 'Jackmanii', die durch einen gelbgrünen Hopfen unterbrochen werden. Lassen Sie auch Platz für später blühende Klematisarten (s. S. 134).

Alle Klematis gedeihen gut in fruchtbarem, humusreichem, gut durchlässigem Boden, in der Sonne oder im Halbschatten. Die Wurzeln und der Wurzelstock müssen aber im Schatten bleiben. Wenn Sie Kletterpflanzen an eine Wand setzen, denken Sie daran, dass die Wand wie ein Schwamm wirkt und in der unmittelbaren Umgebung jede Feuchtigkeit aufsaugt, und Sie sollten daher mindestens 30–40 cm Abstand zwischen dem Wurzelballen und den Ziegeln oder Steinen lassen. Mit Klematis muß man Geduld haben;

Links oben Der Duft von *Trachelospermum jasminoides* und der Trompetenlilie, Golden-Splendour-Gruppe, bildet an dem Balkon vor meinem Büro eine berauschende Mischung.
Links Mitte Wird die spät blühende Klematis 'Rouge Cardinal' angepflanzt um das Geißblatt *Lonicera periclemenum* 'Serotina' zu durchwachsen, entsteht ein wunderschöner Schleier aus Duft und Formen.
Links unten Die purpurroten, samtigen Blüten der *Clematis* 'Etoile Violette'.
Rechts oben *Clematis* 'Jackmanii' blüht verlässlich und ausdauernd.
Rechts Mitte Die stark duftende Rose 'Zéphirine Drouhin' blüht mehrere Monate lang.
Rechts unten *Rosa* 'Climbing Ena Harkness' produziert viele tiefrote, duftende Blüten.

Eine hochsommerliche Pflanzung für sonnige Standorte

In dieser Rabatte ist der Grundtenor strahlendes Rosa, Magenta und Orange vor einem Hintergrund aus Königsblau, Gelbgrün und Silber. Der Höhepunkt der Blüte wird im Sommer erreicht, aber es gibt auch im Frühjahr purpurrote, karmesinrote und orange Tulpen und Goldlack. Dahlien und Einjährige blühen den Sommer über bis spät in den Herbst, und Blattpflanzen, wie die gelbgrüne *Hosta* 'August Moon', und die Gräser *Stipa calamagrostis* und *Calamagrostis brachytricha*, erreichen ihren Höhepunkt später im Jahr. Zusätzlich zeigen sich dauerhafte Pflanzen wie die blaugrüne Weinraute, *Ruta graveolens*, die blaugrüne Quecke, *Elymus hispidus* und gelbgrüne *Hakonechloa macra* 'Aureola'.

Diese Anpflanzung an einem geschützten, sonnigen Fleck sammelt sich um die silberblättrige Weidenblättrige Birne, *Pyrus salicifolia* 'Pendula'. Wird die Birne sich selbst überlassen, wächst sie bis zu 5 m hoch, mit einem Kronendurchmesser von 3–4 m, aber Sie können sie im Spätwinter oder zeitigen Frühjahr schneiden, um sie kompakter zu halten. Die schmalen Blätter, die denen des Olivenbaumes ähneln, bedecken sie fast bis zum Boden, und Sie müssen sich daher keine Sorgen machen, wie Sie den Stamm verdecken können. Ihre Farbe wird von einer großen Gruppe des Grases *Calamagrostis brachytricha* aufgegriffen, dessen buschige Blüten im Spätsommer vom Baum bis zum Gartenweg reichen und die beruhigende Wirkung der Hintergrundszenerie verstärken. Dieses Gras ist von stattlicher Erscheinung und sieht auch im Winter gut aus, nachdem die Birne ihre Blätter abgeworfen hat.

Neben dem Birnbaum befinden sich ein paar Rosen: die satt magentafarbene 'Charles de Mills' und die großblütige, tiefrosafarbene 'Madame Isaac Pereire'. Sie ist berühmt wegen ihres Duftes, der unter allen Rosenarten zu den intensivsten gehört, und blüht vom Frühsommer bis zum Herbst, zusammen mit den mandarinefarbenen, halb gefüllten Blüten von *Geum* 'Dolly North'. Die magentafarbene Bartnelke 'Sweet William', *Dianthus barbatus* 'Oeschberg', reflektiert 'Charles de Mills' und fügt ihren zarten Duft zu dem der Rose.

Das Orange wird von den hoch aufragenden Ähren der *Eremurus* x *isabellinus* 'Cleopatra' und der winterharten *Calendula officinalis* 'Indian Prince' wiederholt. Die Ringelblume zieht man besser in Töpfen, als direkt im Freiland heran, da die Tulpenblätter zu viel Schatten bilden, um die winzigen Sämlinge überleben zu lassen.

Die sattblauen Blütenähren des Rittersporns und die orangen der Steppenkerzen schaffen kräftige vertikale Linien unter den Wolken aus Blüten und Rosen. Der Rittersporn wird auf der anderen Seite des Birnbaumes von den hohen, kräftigen, blauen Blütenähren von *Anchusa azurea* 'Loddon Royalist' reflektiert werden. Sobald diese die Blüte beendet hat, entfernen Sie sie und ersetzen sie durch eine hohe purpurrote oder magentafarbene Dahlie, wie die kaktusblütige *Dahlia* 'Hillcrest Royal'. Wenn Sie die Dahlien im Herbst ausgraben, können junge, aus Samen gezogene Anchusapflanzen ihren Platz einnehmen.

Die silberblättrige, gelbgrün blühende *Euphorbia seguieriana* und das blaugraue Gras, *Elymus hispidus,* umgeben die Rose.

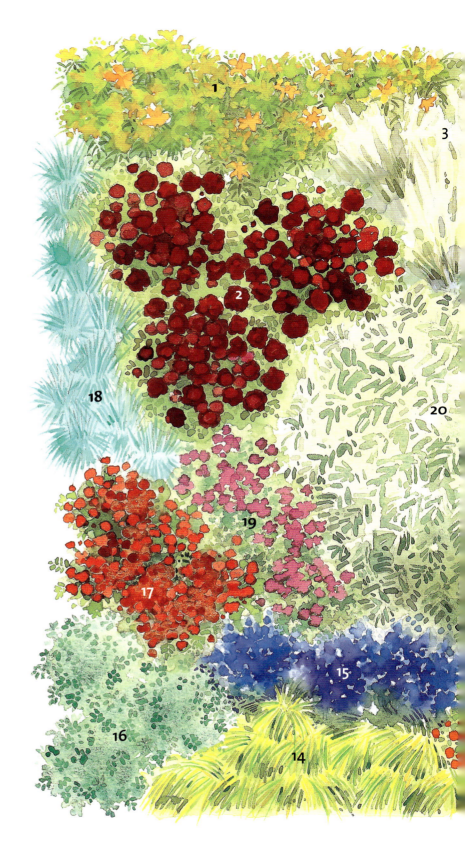

1 *Euphorbia seguieriana* x 10 unterpflanzt mit *Tulipa* 'Prince Charles' und *Lilium* Golden-Splendor-Gruppe.
2 *Rosa* 'Charles de Mills' x 3
3 *Calamagrostis brachytricha* x 5
4 *Erysimum wheeleri*; vorher *Tulipa* 'Queen of Sheba', gefolgt von *Dahlia* 'Biddenham Sunset'
5 *Delphinium* 'Blue Jay' x 5
6 *Stipa calamagrostis* x 3
7 *Calendula officinalis* 'Indian Prince'; vorher *Tulipa* 'Ballerina'; gefolgt von *Zinnia* 'Cactus Orange'.
8 *Eremurus* x *isabellinus* 'Cleopatra' x 3
9 *Dianthus barbatus* 'Oeschberg' x 11

Delphinium 'Blue Jay'

Eremurus x isabellinus 'Cleopatra'

Hakonechloa macra 'Aureola'

Rosa 'Madame Isaac Pereire'

10 *Geum* 'Dolly North'
11 *Rosa* 'Mme Isaac Pereire' x 1
12 *Hosta* 'August Moon' x 2
13 *Geum* 'Dolly North' x 4; gefolgt von *Tithonia rotundifolia* 'Torch'
14 *Hakonechloa macra* 'Aureola' x 11
15 *Anchusa azurea* 'Loddon Royalist' x 3
16 *Ruta graveolens* x 3
17 *Geum* 'Mrs J. Bradshaw' x 15
18 *Elymus hispidus* x 12
19 *Geranium* 'Ann Folkard' x 2
20 *Pyrus salicifolia* 'Pendula' x 1

Hochsommer

sie benötigt drei oder vier Jahre, um ein solides Wurzelsystem zu entwickeln und richtig zu wachsen. Klematissorten wie 'Niobe', die sowohl am letztjährigen Holz als auch an den Spitzen der diesjährigen Triebe blühen, sollten Anfang Frühling ausgeschnitten und totes und verletztes Holz entfernt werden, wobei die Haupttriebe bis zu einem Paar kräftiger Knospen gekürzt werden. Die Haupttriebe blühen zu Sommerbeginn, und die Seitentriebe, die sich aus den Knospen entwickeln, blühen später.

Auch die Kletterrosen erreichen jetzt ihre beste Blüte. Wie ihre kleiner bleibenden Verwandten, wachsen sie in fast jedem Bodentyp. Es gibt einige ausgezeichnete satt karmesinrot gefärbte Sorten: 'Chevy Chase' und die kletternden Zuchtformen der Teerose 'Climbing Etoile de Hollande' und 'Climbing Ena Harkness'. Wenn ich genügend Platz hätte, würde ich jede dieser Sorten anpflanzen. Sie blühen den ganzen Sommer über. Sie werden etwa 3–4,50 m hoch. 'Chevy Chase' ist Anfang und Mitte des Sommers atemberaubend schön mit ihren stark gefüllten, kräftig duftenden Blüten. Sie ist wüchsig und gedeiht auch an einer schattigen Wand gut. 'Guinée' hat dunklere, größere, samtige Blüten mit goldenem Zentrum. 'Climbing Etoile de Holland' und 'Climbing Ena Harkness' duften beide wundervoll.

Eher dunkelviolette als karmesinrote Blüten trägt *Rosa* 'Violett', eine wüchsige Kletterrose, die einen Monat lang im Sommer mit schönen duftenden Blüten mit goldenem Zentrum bedeckt ist. Sie ist kräftig, gesund und pflegeleicht und hat dunkelgrüne Blätter. 'Blue Magenta' ist eher purpurrot. Sie trägt hübsche kleine Blüten in dichten Trauben.

Wollte ich eine rosa Kletterrose, würde ich den wuchsfreudigen Kletterer 'Excelsa', der in seiner Farbkraft 'Madame Isaac Pereire' ebenbürtig ist, pflanzen. 'Excelsa' ist sehr blühfreudig und trägt große Dolden kleiner, leuchtender Blüten. Sie bildet eine leuchtende Kombination mit den orangefarbenen Blüten der Trompetenblume *Campsis* x *taglibuana* (s. S. 134). Die Rose blüht lange genug, um mit der Trompetenblume zusammenzutreffen. Wird 'Excelsa' fest an einer Wand befestigt, ist sie nach der Blüte anfällig für Mehltau. 'Zéphirine Drouhin' ist etwas blasser, hat gesündere Blätter mit dornlosen Trieben. Sie blüht den ganzen Sommer über bis in den Herbst, und verströmt ein Parfüm, das den anderen an Süße und Intensität nicht nachsteht.

Ich mag auch die leuchtend rosafarbene 'Cerise Bouquet', die an einer Wand hochgezogen oder durch die Blätter eines Baumes funkelnd, herrlich anzusehen ist. Sie blüht lange, duftet aber leider nicht.

Pflanzen für feuchte Böden in Sonne und Halbschatten

Der mit Juwelen geschmückte Dschungel aus dem frischen Grün des Frühsommers ist in der Mitte des Sommers am üppigsten. Das Laub der unterschiedlichsten Arten steht im Zenit –

Oben Ein hoch aufragendes Grasbüschel des gestreift blättrigen *Miscanthus sinensis* 'Strictus' vor der Blüte. Im Sommer ist er ideal als üppiger Hintergrund zu den farbenfrohen Taglilien und wirkt ein paar Wochen später noch hübscher mit fedrigen Blütenständen an den Spitzen in Gesellschaft von Phlox.
Rechts *Osmunda regalis* gehört zu den elegantesten stattlichen Blattpflanzen für den Teichrand. Seine Blätter sind leuchtend gelbgrün und seine sporentragenden Wedel zeigen einen wunderschönen Kupferton.

voller Saft und Kraft. *Gunnera manicata* erreicht eine Höhe von mehr als 3 m, die Rhabarberblätter sind so lang wie ein ausgestreckter Arm und der Bambus ragt turmhoch auf. Dazu gesellen sich nun die schönen Wedel des Königsfarns, *Osmunda regalis*, die riesigen Blätter des Wasserdosts und die herzförmigen Blätter des Federmohns und Gräser wie *Arundo donax* und *Miscanthus sinensis*, die im Frühling nur langsam austreiben. Die glitzernden Farben der frühblühenden Kandelaberprimeln verschmelzen und werden dann von den prächtig gefärbten Blüten der Taglilien,

Pflanzen für feuchte Böden in Sonne und Halbschatten

Gartenweges anpflanzen, krümmen sich die Schilfrohre etwas und gegen Ende des Sommers und im Herbst muß man sie auf die Seite schieben, wobei ein nettes, raschelndes Geräusch entsteht.

Arundo donax ist im Mittelmeerraum heimisch und gedeiht in nährstoffreichem, feuchtem Boden an einem warmen, sonnigen Standort. In milden Gegenden erreicht es beeindruckende Ausmaße, benötigt aber in kühleren Klimaten etwas Schutz, z.B. eine trockene Mulchschicht aus Farnkraut. Sobald die schlimmsten Fröste vorüber sind, sollten alle Halme bis auf die Basis zurückgeschnitten werden. Junges Rohr sprießt dann aus den Gelenken der Stümpfe. Die Triebe, die aus dem Wurzelstock heraustreiben, werden aber kräftiger. Die frischen Jungtriebe erreichen ihre endgültige Höhe in zwei oder drei Monaten. Sie sind standfest und kräftig und müssen sogar in voller Größe nicht gestützt werden. Düngen Sie die Gruppe regelmäßig während der Wachstumsperiode und decken Sie im Herbst mit einer dicken Mulchschicht ab.

Das Chinaschilf, *Miscanthis sinensis,* bietet eine ausgezeichnete Möglichkeit, in einem kleinen Garten einen Sichtschutz zu erstellen. Es gedeiht in gewöhnlichem, durchlässigem Boden, wächst aber besser und schöner in nährstoffreichem, feuchtem Boden. *M. sinensis* 'Silberturm' ist eine der besten Sorten mit aufrechtem Wuchs und hat keinerlei Neigung zum Umfallen. Es bildet Gruppen von etwa 75 cm Durchmesser mit mindestens 3 m langen Blütenähren, aber seine Blätter sind schmaler und die Blüten leicht und fedrig, weshalb es weniger wuchtig wirkt als das Riesenschilf. Besonders *M. s.* 'Silberturm' schätzt feuchten Boden, im Gegensatz zu den stattlichen Zuchtformen von *Miscanthus sinensis* wie 'Silberfeder', halten Sie es aber von der Uferlinie fern; es wird den Winter nicht überstehen, wenn seine Wurzeln im Wasser stehen.

Wenn Sie stärker gezeichnete Blätter und etwas kleinere Pflanzen suchen, wählen Sie das quer gestreifte, grüne und gelbe *M. s.* 'Zebrinus', das ca. 1,50 m hoch wird. Die Blätter sind beim Austrieb einfarbig, entwickeln aber bis zur Mitte des Sommers zebraähnliche Streifen. Diese Sorte ähnelt der kleineren *M. s.* 'Strictus', die sich für beengte Verhältnisse besser eignet. Beide bilden hübsche Grasbüschel, die aus der Ferne leuchtend gelbgrün erscheinen und gegen Sommerende mit großen, leicht rosafarbenen fedrigen Rispen blühen.

Die meisten Gräser, einschließlich der *Miscanthus*-Arten, pflanzt und teilt man am besten gegen Frühlingsende. Zu Beginn des Jahres wachsen sie nur langsam und legen erst zu, sobald die Tage länger werden und die Temperaturen steigen. Fast alle Arten wollen im Herbst nicht gestört werden. Setzen Sie sie an eine offene, sonnige Stelle und mischen Sie in weniger durchlässigen Böden ein paar Schubkarren voll groben Sand unter. Lassen Sie die bräunlichen Grasbüschel stehen, da sie auch im Winter gut aussehen und schneiden Sie sie erst im späten Frühjahr zurück, sobald die neuen Triebe erscheinen. Der Bewuchs des Vorjahres schützt außerdem die Krone.

---

den Feuchtigkeit liebenden Glockenblumen, Sterndolde, Gelbweiderich und Trichterschwertel eingeholt. Direkt im Uferbereich folgen Streifen leuchtend blauer und purpurner *Iris laevigata* und *Iris versicolor*, den Iris des Frühsommers auf den Fersen, während riesige *Lilium cardiocrimum* die Abendluft mit ihrem Duft füllen.

Blattpflanzen für Feuchtzonen in Sonne und Halbschatten

In der Mitte des Sommers strecken sich die graugrünen, bambusähnlichen Ähren des Riesenschilfs *Arundo donax* zu ihrer vollen Höhe von etwa 3 m. Es kann ähnlich wie Bambus (s. S. 58–60) als ein Vorhang am Garteneingang oder als eine Trennwand aus Blättern verwendet werden. Wenn Sie es auf beiden Seiten des

Hochsommer

Außer Rhabarber und Schmuckblatt, gibt es prächtige Farne, die Feuchtzonen mögen. Der Perlfarn, *Onoclea sensibilis,* und der Straußenfarn, *Matteuccia struthiopteris,* gedeihen auf feuchtem Boden ebenso wie im Schatten (s. S. 55). Auf sauren Böden können Sie auch den Königsfarn, *Osmunda regalis,* anpflanzen. Dieser majestätische Farn gedeiht im Halbschatten, verträgt aber auch volle Sonne, solange er feucht gehalten wird. Er wächst wild auf Marschen und in Sümpfen und benötigt torfhaltigen Boden. Am liebsten steht er direkt am Wasser, wo er atemberaubend schöne Horste aus breiten, leuchtend grünen Blättern bildet, die über 1 m hoch werden. Im Sommer erscheinen neben den Blättern größere kupferfarbene, sporentragende Wedel. Diese Art wird bis zu 2,20 m hoch. *O. r.* 'Purpurascens', dessen Wedel im Frühling rötlich purpurn überzogen sind, ist kleiner, wird ca. 1,20 m im Durchmesser und ist insofern ungewöhnlich, da er Kalk verträgt.

Winterharter Wasserdost

Der Wasserdost, *Eupatorium,* mit seinen beeindruckenden, hoch aufragenden Blütenähren, ist in seinem schnellen Wachstum und mit seinen prächtigen Blättern, die einen idealen Hintergrund zu den lebhaft gefärbten Blumen bilden, unschlagbar. *Eupatorium purpureum* hat karmesinrote Stängel und üppige, dunkelgrüne Blätter, trägt aber gegen Sommerende etwas langweilige, dem Baldrian ähnelnde graurosa Blüten. *E. purpureum* subsp. *maculatum* 'Atropurpureum' hat dunklere, kräftiger gefärbte Blüten und noch größere Blätter und sollte ihm daher vorgezogen werden: er erreicht ca. 2 m Höhe und etwa 1 m Durchmesser. Nach der Blüte werden die Blütenstände bis zum Boden abgeschnitten. Wasserdost ist winterhart und kann zwischen Herbst und Frühling geteilt werden, sofern er mindestens drei Jahre alt ist.

Es gibt eine andere großblättrige Blattpflanze, die ich in meinem Garten nicht missen möchte, besonders als Hintergrund zu dunkelblauen, purpurroten und karmesinroten Blüten, und das ist der Federmohn. *Macleaya cordata* und *M. microcarpa* sind Pflanzen, die in jedem Boden gut gedeihen, in der Sonne oder im Halbschatten, am besten aber in feuchtem, nährstoffreichem und gut durchlässigem Boden. Sie haben riesige, gräulich grüne, herzförmige Blätter, die in der Mitte des Sommers von etwa 3 m hohen Blütenähren überragt werden. Die Blattspitzen von *M. microcarpa* 'Kelway's Coral Plume' zeigen einen matten, korallefarbenen Überzug, der die Farbe der kleinen, kupfer-rosafarbenen Blüten wiederholt und mit den silbrig weißen Blattunterseiten kontrastiert. *M. microcarpa* hat weiße Blüten und kann sich stark ausbreiten; *M. cordata* verbreitet sich nicht so stark, bildet aber dennoch eine stattliche Gruppe.

Auch gelbgrünes, graublaues oder karmesinrotes Laub ist von unschätzbarem Wert, um mit den intensiv gefärbten, blühenden Pflanzen abzuwechseln. Funkien, die feuchten Boden genauso gerne mögen wie Schatten (s. S. 56), sind zu diesem Zweck die geeigneten Kandidaten. Um zwischen den anderen Blattpflanzen im Feuchtgarten ausreichend zur Geltung zu kommen, benötigt man große, kräftige Pflanzungen der hohen Sorten. Die leuchtend grüne *Hosta* 'Sum and Substance', deren breite, rundliche Blätter eine beeindruckende Gruppe von ca. 75 cm Höhe bilden, gehört zu den hübschesten Sorten. 'Piedmont Gold' und 'August Moon' zeigen nicht dasselbe Ausmaß wie 'Sum and Substance', bilden aber dennoch ca. 50 cm hohe Horste mit etwa 1 m Durchmesser in leuchtendem Gelbgrün. 'Blue Angel', 'Blue Umbrella' und 'Big Daddy' sind unter den silbrig blauen Sorten am größten und beeindruckendsten und erreichen bis zu 1 m Höhe, sobald sie ausgewachsen sind.

Es gibt mehrere Feuchtigkeit liebende Wolfsmilchgewächse mit gelbgrünen Blättern, die über einen langen Zeitraum bestehen. Dazu gehören *Euphorbia donii,* die als erste blüht, *E. sikkimensis* und *E. schillingii,* die als letzte blüht. Sie alle sind buschige Stauden, die etwa 1 m hoch werden. *E. donii* ist eine große, sich ausbreitende Art, die über mehrere Monate blüht. *E. sikkimensis* ist eine weitere reizende Art; ihre Frühlingsblätter sind rot überhaucht, während ihre Stängel und Mittelrippen bis zur Blüte in der Mitte des Sommers rot bleiben und sich im Herbst erneut verfärben. *E. schillingii* ist bemerkenswert wegen ihrer Wuchskraft und Blühdauer. Die Blüten erscheinen im Sommer und behalten ihre Farbe, um die letzten Dahlien im Herbst zu begleiten.

Lobelia 'Queen Victoria' hat zwei Saisons: die kräftigen Pflanzungen karmesinroter Blätter sind wertvoll im Sommer, indem sie Farbintensität und Üppigkeit auf andere Blattpflanzen und Blumen übertragen, während ihre beinahe fluoreszierenden, scharlachroten Blüten später begeistern (s. S. 144). Die Reihen der Lobelien zwischen den grellgrünen Funkien sehen im Sommer toll aus und die Leuchtkraft der Funkien unterstreicht den Glanz der Lobelien im Spätsommer.

Blumen für Feuchtzonen an sonnigen und halbschattigen Standorten

Kräftig gefärbte Blumen mit großen, eindringlichen Formen sind nötig, um ihren Platz in dem Dschungel aus leuchtend gefärbten oder auffällig geformten Blättern zu behaupten. Unauffällige und zarte Pflanzen würden hier nicht bemerkt werden. Die hohen,

---

Großes Bild *Hemerocallis* 'American Revolution' besitzt mit die dunkelsten karmesinroten Blüten aller Taglilien. Diese Farbe wird auf der karmesinroten Blattunterseite von *Rheum* 'Ace of Hearts' wiederholt. Die Taglilie ist den ganzen Sommer über sehr blühfreudig.
Mitte, von links nach rechts Die mit Purpurrot vermischten rubinroten Blüten der *Hemerocallis* 'Meadow Sprite' haben Blütenblätter mit einem samtigen Gewebe, das prächtiger nicht zu finden ist. Ich mag die ziegelroten Blüten der *Hemerocallis* 'Missenden', deren Petale einen kräftigen Kontrast zu den goldenen, mandarinefarbenen Blütenzentren bilden.
Unten, von links nach rechts *Hemerocallis* 'Mauna Loa' zeigt leuchtend mandarinefarbene Blüten. *Hemerocallis* 'Marion Vaughn', eine alte Zuchtform, die schwer zu übertreffen ist, hat zitronengelbe Blüten und einen lieblichen Duft.

Oben Die Bach-Kratzdistel, *Cirsium rivulare*, blüht drei oder vier Monate lang ununterbrochen und hat Blüten, die der Schottischen Distel ähneln. Sie gedeiht auf feuchten, gut durchlässigen Böden, wo sie einen idealen Partner für die ähnlich gefärbte Sterndolde, *Astrantia* 'Ruby Wedding', darstellt. Die karmesinroten Blätter der Pfingstrose und von *Euphorbia dulcis* 'Chameleon' spiegeln dasselbe dunkle Farbmuster wider.

großblütigen Zuchtformen der Taglilien, *Hemerocallis,* sind genau das Richtige. Sie fangen im Mittsommer zu blühen an, haben die ideale Größe und Gestalt, und die meisten werden 60–75 cm hoch. Obwohl jede der trompetenförmigen Blüten nur einen oder zwei Tage besteht, enstehen jeden Morgen neue Blüten und die Pflanzen sind monatelang mit Blüten geschmückt. Das Beste an den Taglilien ist das strahlende Aufgebot an Farben: fast schwarzes Karmesinrot und dunkles Purpurrot sowie strahlendes Gold, Orange und Rosa.

Weiterhin stehen viele verschiedene Blütenformen zur Auswahl – einfache, gefüllte, gekräuselte, Spinnen- und Sternformen. Ich bevorzuge die schlichten, glattrandigen, einfach blühenden Sorten; sie sind klar und lebendig. Die gefüllten und eher komplizierten Formen können etwas heikel erscheinen.

Wenn Sie ein paar Taglilien aus den früh, mittel und spät blühenden Gruppen auswählen, haben Sie den ganzen Sommer blühende Pflanzen. Im ersten oder zweiten Jahr erhalten Sie noch keine Rekordernte an Blüten, da der Großteil der Energie der Pflanze in die Wurzelbildung geht, aber danach bilden sich jedes Jahr mehr und mehr Blüten.

Die Vorfahren der Zuchtformen der Taglilien wachsen wild in Ostasien, wo sie auf feuchtnassen, nährstoffreichen Böden die Waldränder bevölkern. Daher gedeihen sie auch im Garten am besten auf nährstoffreichen Böden in offener, sonniger Lage; im Halbschatten blühen sie weniger reichlich. Mulchen Sie im Herbst, um Feuchtigkeit zu speichern und düngen Sie die Pflanzen. Alle drei bis vier Jahre sollten Sie die Pflanzen teilen, setzen Sie im Abstand von 50–75 cm auseinander, je nach Sorte. Immergrüne Sorten sollten im Frühjahr geteilt werden, da sie nicht so robust und winterhart sind.

Um die größtmögliche Wirkung zu erzielen, beginnen Sie bei der Auswahl mit den dunklen, karmesinroten oder tiefroten Taglilien, wie *Hemerocallis* 'Apple Court Damson' (mittlere bis späte Saison) oder 'American Revolution' (mittlere Saison), die immergrün ist und mit die dunkelsten Blüten besitzt. Sie trägt kleinere Blüten als viele der anderen, gleicht dies aber durch ihre über zwei bis drei Monate lange, ununterbrochene Blühfolge aus. Ich pflanze sie in Gesellschaft von *Rheum* 'Ace of Hearts' an. Die tief rubinroten Unterseiten der Rhabarberblätter passen zu der Blütenfarbe der Taglilien.

Zu den besten tiefroten Sorten gehören 'Bald Eagle' (mittlere Saison), 'Missenden' (mittlere Saison), die altmodische 'H. Stafford' (mittlere Saison) und 'Chicago Apache' (späte Saison), die alle eine prächtige Blütenform aufweisen, die zu der Farbe ihrer Blüten passt. Ich möchte die verblüffenden, hochroten Purpurtöne nicht missen, wie z. B. 'Strutter's Ball' (mittlere Saison), 'Meadow Sprite' (mittlere Saison) oder 'Chicago Royal Robe' (frühe Saison). Dunkelrote und purpurrote Sorten vertragen extreme Temperaturen nicht so gut und nehmen sengende Sonne oder starke Regenfälle übel, nur 'Chicago Apache' ist robust und witterungsbeständig.

Die dunkel gefärbten Taglilien benötigen kontrastreiche Farben und Formen, um sie hervorzuheben. Der aufdringlich orangefarbene *Geum* 'Tangerine', eine Zuchtform des Feuchtigkeit liebenden *G. rivale*, oder der prächtige *Papaver nudicaule* 'Red Sails' oder 'Matador' stellen eine gute Kombination dar, besonders mit gelbgrünen Blättern, wie *Carex elata* 'Aurea' oder mit einer gelbgrünen Wolfsmilch, die sich durch die gesamte Anpflanzung hindurchschlängelt. Die silbernen Blätter der Wiesenraute, *Thalictrum flavum* subsp. *glaucum,* bilden einen ebenso reizenden Hintergrund zu dunklen Blüten.

Unter den leuchtenden, lebhaft gefärbten Taglilien ist auch mein Liebling, die scharlachzinnoberrote 'Cherry Ripe' (mittlere Saison), oder die noch mehr leuchtende 'Red Precious' (mittlere bis späte Saison). Sie sehen mit ihren karmesinroten und dunkel-

Oben Die bizarren Blätter des Schmuckblattes, *Rodgersia aesculifolia* und *R. pinnata,* machen es zu idealen Begleitpflanzen, um im gesamten Feuchtgarten eindrucksvolle Gruppen als Hintergrundbepflanzung für leuchtend gefärbte Blüten zu schaffen. Hier sehen Sie karmesinrote Türkenbundlilien und *Euphorbia donii,* die immer noch hübsch aussieht, ihre beste Zeit aber bereits überschritten hat.

roten Blättern, die mit ein paar gelbgrünen Tupfen durchsetzt sind, im Hintergrund phänomenal aus. Scharlachrote Lobelien, Funkien und Wolfsmilchgewächse stellen ideale Partner dar.

Auch unter den korallerosa Taglilien finden sich mehrere meiner Favoriten. 'Pink Damask' (mittlere Saison), 'Frank Gladney' (frühe und mittlere Saison) und 'Smoky Mountain Autumn' (mittlere Saison) haben Orange als Grundfarbe und sind rosa überhaucht. Die magentapurpurnen Blüten des Trichterschwertels, *Dierama pulcherrimum,* passen hervorragend dazu. Der Trichterschwertel ist eine entzückende Pflanze, die sich gut dazu eignet, entlang eines Gartenweges gepflanzt zu werden, wo ihre ca. 1 m langen, zarten Triebe am besten auffallen, wenn sie wie Angelruten über den Rand eines Beetes oder einer Rabatte hängen und hin und her wogen. Die schmissigen, magentafarbenen Blüten des Rutenweiderich, *Lythrum virgatum,* 'The Rocket', oder die ähnlich gefärbte Pechnelke, *Lychnis viscaria* (und ihre verbesserte, gefüllte Form, *L. v.* 'Splendans Plena'), bilden ebenfalls einen atemberaubenden Kontrast zu den korallefarbigen Taglilien. Sie alle mögen feuchten Boden. Die aufrechten, etwa 80 cm langen Ähren des Weiderichs bieten den ganzen Sommer hindurch bis in den zeitigen Herbst ein leuchtendes Schauspiel, können sich aber stark ausbreiten. Sie sollten die alten Blütenstände entfernen bevor sie ihre Samen verstreuen.

Duftende Taglilien

Einige der orangefarbenen und gelben Sorten der Taglilien haben als weiteren Vorteil ihren Duft. 'Show Amber' (mittlere und späte Saison) mit runden, leicht gekräuselten, orange- und kupferfarbenen Blüten gehört zu den duftenden Sorten. Die alte Sorte 'Marion Vaughn' ist wuchsfreudig und blüht lange im Sommer, wird aber in ihrer Blühdauer von der großblütigen 'Prairie Moonlight' übertroffen. Beide tragen duftende, gelbe Trompeten mit einer gelbgrünen Kehle.

Gelb stellt zusammen mit Karmesinrot und Purpur eine beeindruckende Kombination dar. Versuchen Sie eine Anpflanzung

Hochsommer

der gelben Taglilien zusammen mit einer großen Gruppe der karmesinroten Sterndolde, *Astrantia* 'Ruby Wedding', der hohen, der Schottischen Distel ähnelnden Bach-Kratzdistel, *Cirsium rivulare* 'Atropurpureum', oder dem Felberich, *Lysimachia atropurpurea* 'Beaujolais'. Alle wachsen gut auf feuchten, gut durchlässigen Böden in der Sonne oder im Halbschatten und blühen fast den ganzen Sommer über.

Es gibt einige orangefarbene, nicht duftende Taglilien, die es aber dennoch wert sind, angepflanzt zu werden. 'Mauna Loa' (Saisonmitte) ist immergrün mit leuchtend mandarinefarbigen Blüten, 'Bernard Thompson' (Saisonmitte bis -ende) ist frohwüchsig, blühfreudig und etwas dunkler. Beide sehen gut aus in Gesellschaft einer der dunkelblauen oder purpurnen Sorten der Glockenblumen, die in feuchtem, aber gut durchlässigem Boden gedeihen, einschließlich *Campanula glomerata* 'Superba', *C. trachelium* und *C. latifolia*, und der zweijährigen *C. medium*.

Sie können mit Hilfe von *Iris laevigata* und *I. versicolor* die klaren, vollen Blau- und Purpurtöne bis hin zum Ufer eines Teiches oder Baches ausdehnen. Beide gedeihen gut mit ihren Wurzeln direkt im Uferbereich und sollten daher am besten in Körben mit nährstoffreichem Lehm an einer Stufe am Teich gepflanzt werden. *I. laevigata* ist widerstandsfähig und pflegeleicht, *I. versicolor* hat größere Blüten, die eher purpurrot sind als blau.

Falls Sie nicht genügend duftende Taglilien besitzen, um den Feuchtgarten mit Duft zu füllen, besorgen Sie sich die Riesenlilie, *Cardiocrinum giganteum*. Diese erstaunliche Pflanze trägt bis zu 2 m lange Blütenähren, an denen je eine weiß gefleckte, karmesinrote Trompetenblüte von der Länge meines Unterarms hängt. Sobald sie verblüht ist, wird jede durch eine riesige, lange Samenkapsel ersetzt, fast so hübsch wie die Lilien selber, aber ohne Duft.

Die Riesenlilien sind monokarp: sie benötigen drei oder vier Jahre, um zu blühen; danach sterben sie bald ab, produzieren aber Ableger, die innerhalb von fünf bis zehn Jahren heranreifen. Es ist nicht verwunderlich, dass nur wenige die Geduld haben, sie anzupflanzen, aber es gibt nichts phantastischeres als eine Anpflanzung dieser unwirklichen, herrlichen Pflanzen, die verborgen aus einem Wald herausleuchten.

Die riesigen Zwiebeln sollten im Herbst gepflanzt werden, etwa 1 m auseinander, gerade unter der Erdoberfläche. Ihr Ursprung liegt in den Vorbergen des Himalaya und am besten sollten sie einen Platz im Halbschatten erhalten, geschützt von Bäumen oder Sträuchern, um die Basalblätter im Frühjahr vor Frost und im Sommer vor brütender Hitze zu schützen. Graben Sie ein 50–60 cm tiefes Loch für jede Zwiebel und füllen Sie es mit Lauberde, grobkörnigem Sand und gut verrottetem Mist. Die Erde sollte locker sein, damit sich die Wurzeln leicht ausbreiten können. Sobald die Pflanzen im Herbst abgestorben sind, bedecken Sie sie mit einem 30 cm dicken Strohteppich, der dabei hilft, die ruhenden Zwiebeln vor den schlimmsten Frösten zu schützen.

Eine Feuchtzone im Hochsommer

Miscanthus sinensis 'Silberturm' ist auf beide Seiten des Einganges zum Garten gepflanzt. Dieses Gras treibt spät im Frühjahr aus, bildet aber eine hohe Kuppel aus gebogenen Halmen während des ganzen Sommers, im Spätsommer kommen rosige, fedrige Rispen an den Spitzen hinzu. Der formschöne, immergrüne Neuseeländer Flachs, *Phormium* 'Aurora', verleiht dem Garten eine beständige Gestalt. Eher aufrechte Ähren trägt *Iris pseudacorus* 'Variegata', die zusammen mit *Matteuccia struthiopteris* gepflanzt ist, deren üppige Form einen ausgezeichneten Kontrast zu den lanzenförmigen Blättern der Iris und des Neuseeländer Flachses bilden.

Die vielen anderen eindrucksvollen Blattpflanzen machen aus dem Garten einen wahren Dschungel:

1 *Phormium* 'Aurora' x 3
2 *Miscanthus sinensis* 'Silberturm' x 1
3 *Macleaya microcarpa* 'Kelway's Coral Plume' x 1
4 *Euphorbia schillingii* x 5
5 *Macleaya microcarpa* 'Kelway's Coral Plume' x 1
6 *Euphorbia schillingii* x 6
7 *Campanula glomerata* 'Superba' x 7
8 *Geum* 'Tangerine' x 10
9 *Hemerocallis* 'Frank Gladney' x 1
10 *Rheum* 'Ace of Hearts' x 3
11 *Phlox paniculata* 'Amethyst' x 5
12 *Campanula glomerata* 'Superba' x 7
13 *Hemerocallis* 'Stafford' x 1
14 *Hemerocallis* 'Strutter's Ball' x 1
15 *Lythrum virgatum* 'The Rocket' x 6
16 *Hemerocallis* 'Bernard Thompson' x 2
17 *Phlox paniculata* 'Windsor' x 3
18 *Rheum palmatum* 'Atrosanguineum' x 2
19 *Osmunda regalis* x 2
20 *Lythrum virgatum* 'The Rocket' x 7
21 *Matteuccia struthiopteris* x 3
22 *Iris pseudacorus* 'Variegata' x 3
23 *Miscanthus sinensis* 'Silberturm* x 1

1 Meter

Lythrum virgatum 'The Rocket'

Hemerocallis 'Stafford'

Blattwerk der *Iris pseudacorus* 'Variegata'

Campanula glomerata 'Superba'

Osmunda regalis wölbt gelbgrüne Wedel etwa 1,80 m hoch über den Gartenpfad. Um diese Jahreszeit ragen ihre kupferfarbenen, sporentragenden Wedel noch höher auf. Die ausladenden Blätter von *Rheum palmatum* 'Atrosanguineum' tragen zu dem überdimensionalen Eindruck bei, der durch die Blätter von *Macleaya microcarpa* 'Kelway's Coral Plume' betont wird.

Vor diesem üppigen Hintergrund sind es die leuchtenden Blumen, die kommen und gehen. Im Frühsommer bilden die Blüten von *Geum* 'Tangerine' einen Kontrast zu der dunkelvioletten *Campanula glomerata* 'Superba'. Die Glockenblume blüht zweimal, wenn sie nach der ersten Blüte stark zurückgeschnitten wird.

In der Mitte des Sommers rücken die Taglilien in das Zentrum des Geschehens. Das tiefe Rot von *Hemerocallis* 'Stafford' wird an den Blattunterseiten von *Rheum* 'Ace of Hearts' reflektiert. Die korallerosa *Hemerocallis* 'Frank Gladney' blüht noch immer, sobald der purpurrote *Phlox paniculata* 'Amethyst' anfängt, zu blühen. Diese zwei Farben heben sich von dem Gelbgrün der *Euphorbia schillingii* ab.

Die Anpflanzungen der purpurroten *Hemerocallis* 'Strutter's Ball' und der orangefarbenen H. 'Bernard Thompson' werden durch die leuchtend magentafarbene *Lythrum virgatum* 'The Rocket' geteilt. Diese Farbe wird von dem *Phlox paniculata* 'Windsor' fast noch in den Schatten gestellt.

SPÄTSOMMER

Spätsommer

Im Spätsommer steht der leuchtende und farbenfrohe Garten in seinem Zenit. Um diese Zeit kann man sich in ein paar Quadratmetern Grün verlieren, umgeben von hoch aufragendem Blattwerk, farbenprächtigen Blumen und hypnotisierendem Duft. Alle Zutaten, die benötigt werden, um diese meisterhaften Effekte zu schaffen, gibt es jetzt in größerer Menge als zu irgendeiner anderen Jahreszeit: unverschämt leuchtende Farben, samtige Gewebestrukturen, mächtige Stängel und riesige Blätter.

An sonnigen Standorten werden die kräftigen Farben in erster Linie von Dahlien und Zinnien geliefert; es gibt Löwenmaul, Sonnenhut, Spinnenblume und Bartfaden, die eine Mischung aus gelbgrünen, silbernen und karmesinroten Blättern hervorbringen, während gleichzeitig Orientalische Lilien, Stechapfel, Ziertabak und Schmetterlingsstrauch für kräftigen Duft sorgen. Die hoch emporragenden Stängel von Sonnenblume, Leonotis, Edeldistel und Salbei sowie die einjährigen Kletterpflanzen, verstärken das Gefühl der Abgeschlossenheit. Das Gegengewicht zu diesem Crescendo der Farben bilden federartige Gräser und die bizarren Blätter des Honigstrauchs, *Melianthus major*, des Blumenrohrs, der Rizinuspflanze und sogar unter Bananen und Pauwlonia können Sie wählen.

An schattigen Standorten stehen Funkien und Brustwurz noch immer in voller Pracht, während die schattenliebenden Gräser jetzt anfangen zu blühen. Es gibt einige auffallende, kontrastierende Blumen – Hortensien mit riesigen Blütenständen, tiefblauer Eisenhut, karmesinschwarze und orangefarbene Stiefmütterchen, purpurrote und goldene Krötenlilien und zinnoberrote Montbretien.

Auf feuchten Böden ist nun der Staudenphlox, *Phlox paniculata*, intensiv gefärbt und duftet, aber auch die Zuchtformen der winterharten Lobelien, der Sumpfsalbei, *Salvia uliginosa*, und die Sonnenbraut zeigen sich in diesem späten Teil des Jahres von ihrer besten Seite. Der Dschungel an formenreichen Blättern des Hochsommers erzeugt weiterhin ein Gefühl des Überflusses und der Abgeschlossenheit, und, sobald das Chinaschilf blüht, beginnen andere formschöne Blumen, wie die Kratzdistel, zu reifen und interessante Samenstände zu bilden.

Um diese Zeit sollten Sie beginnen, winterharte Pflanzen für die Blüte im nächsten Jahr zu säen. Es ist außerdem die beste Zeit, um Stecklinge von frostempfindlichen Stauden zu schneiden, damit Sie die Pflanzen den Winter über unter Glas ziehen können. Es ist wichtig, verwelkte Blütenstände zu entfernen. Bedingt winterharte Pflanzen und Dahlien stellen ihre Blüte ein, wenn sie anfangen, Samen zu bilden; viele Stauden blühen

doppelt so lange, wenn alle verwelkten Blüten entfernt werden. Das Entfernen der welken Blütenstände gehört zu den schönsten Gartenarbeiten im Sommer – sich durch die Scharen von Blüten zu zwängen, sie aus der Nähe genau zu betrachten und ihren Fortschritt zu überprüfen, bedeutet auch, die größte Freude an den Pflanzen zu erfahren.

Pflanzungen an sonnigen Standorten

Blumen für sonnige Standorte

Die sonnige Farbpalette des Spätsommers wechselt jetzt zu den wärmeren, kräftigeren Farben, wobei Ziegelrot, Orange und Scharlachrot den Platz von Karmesinrot, Magenta, Blau und Purpurrot als die dominierenden Töne einnehmen. Noch immer sind für mich die dunklen Rottöne, zu denen ich Orange-, Rosa- und Blautöne geselle, die wichtigsten Grundtöne, und sie werden – wie in den anderen Jahreszeiten auch – mit Gelbgrün, Karmesinrot und Silber voneinander abgrenzt. Dies alles wird zwischen riesige, eindrucksvolle Blattpflanzen, die als Ruhepol wirken, gepflanzt.

Duft spielt im Spätsommer genau wie im Hochsommer, wenn Sie sich in Ihrem Garten aufhalten und die Früchte Ihrer Arbeit genießen wollen, eine wichtige Rolle. Gegen Sommerende kann die kühle Nachtluft ein Dach über dem Garten bilden und die Düfte, die während der Nacht verströmen, einfangen. Früh am Morgen sind Sie von Parfümen umgeben, intensiver als zu irgendeiner anderen Jahreszeit. Die Blumen des Spätsommers neigen dazu – im Gegensatz zu den satt gefärbten Blumen des Mittsommers –, nicht den Vorzug kräftigen Duftes aufzuweisen; dieser muß von anderen Blumen kommen. Meiner Meinung nach liefern die Lilien mit den betörendsten Duft.

Die Königslilien sind verblüht, aber andere nehmen ihren Platz ein, und wieder gibt es willkommene Ausnahmen zu der „Nur-Weiß-Regel". Die rein weiße *Lilium speciosum* var. *album* und *L. s.* var. *rubrum*, die weiß mit karmesinroten Flecken ist, sind teuer, aber lohnen sich: sie sind wunderschön, stark duftend und kehren jedes Jahr bei geringem Pflegeaufwand wieder.

Die asiatischen Hybriden, von denen die meisten etwa 90 cm hoch werden, stehen auch im Spätsommer in voller Blüte. Die riesenblütige *Lilium* 'Casa Blanca' ist rein weiß, 'Star Gazer' karmesinrot und weiß. 'Black Beauty' mit ihren zurückgebogenen Blütenblättern sieht eher aus wie eine Türkenbundlilie als eine asiatische Lilie und trägt kleinere, tief karmesinrote Blüten mit einem schmalen, weißen Rand. Sie duftet phantastisch, besitzt vierzig oder mehr Blüten gleichzeitig und gehört zu den wuchsfreudigsten Sorten dieser Familie – sie erscheint jedes Jahr

Vorhergehende Seiten Obwohl dieser kleine Vorgarten nur ein paar Quadratmeter misst, ist er so voll gepackt mit Pflanzen, dass er wie ein Dschungel wirkt. Viele der besten spät blühenden Stauden sind hier gepflanzt: goldene *Helianthus* 'Capenoch Star', ziegelrote *Helenium* 'Moerheim Beauty', magentafarbene, ausdauernde Gartenwicken und weiche, silberne *Verbascum* 'Polarsommer'; die formschönen Blätter von *Helianthus salicifolius* schaffen eine Trennwand.

Oben Wenn Sie viele Duftpflanzen an Ihrem Gartentor versammeln, können Sie durch wahre Parfümwolken ein- und ausgehen. Ich habe Töpfe mit *Lilium auratum* und der asiatischen Hybride *Lilium* 'Casa Blanca' bepflanzt, die ich zur Zeit ihrer Blüte neben mein Gartentor stelle. Der reich beblätterte, aber nicht duftende Stechapfel, *Brugmansia sanguinea*, und der bambusähnliche *Arundo donax* wachsen hier ebenfalls.
Unten *Datura metel* 'La Fleur Lilas' duftet wundervoll. Sie sieht exotisch aus, ist aber überraschend leicht zu ziehen; nur wenige Monate nach der Aussaat blüht sie schon.

größer und kräftiger. Dies ist ungewöhnlich unter den asiatischen Hybriden. Die meisten sind hochgezüchtet und neigen dazu, nach drei oder vier Jahren zu vergehen.

Lilien sollten im Herbst oder zeitigen Frühjahr gepflanzt werden. Es lohnt sich, die Zwiebeln bei einem Züchter zu bestellen, anstatt sie aus dem Regal in einem Garten-Center zu kaufen, wo sie vielleicht seit Monaten liegen und ausgetrocknet sind. Vertrocknete Zwiebeln fühlen sich weich an und wachsen nicht gut; die Zwiebeln sollten hübsch und fest sein und die papierartigen Hüllen dicht anliegen. Bei ihrem Eintreffen im zeitigen Frühjahr besitzen sie vielleicht einen Ableger. Pflanzen Sie die Zwiebel mit ihrem Ableger gerade über dem Boden und sogar, wenn der Ableger schief ist, wird er sich in drei oder vier Wochen aufrichten.

Besser als einzeln oder zu zweit verstreut wirken sie in einer Gruppe von fünf oder sieben – so kann sich auch ihr Duft verstärken.

Wenn Sie Lilien in Töpfe pflanzen, überzeugen Sie sich, dass eine gute Schicht Topfscherben auf dem Boden liegt, benutzen Sie ein wasserspeicherndes, auf Lehm basierendes Substrat und tragen eine weitere Schicht im Herbst auf, sobald die Pflanzen abgestorben sind.

Spätsommer

Eine andere trompetenblütige, lilienähnliche Zwiebelpflanze mit intensivem und entzückendem Duft ist *Crinum* x *powelii*. Diese Zuchtform ist blassrosa, während *C.* x *p.* 'Alba' eine weiße Hybride darstellt. Beide blühen bis in den Herbst hinein in einem sonnigen, gut durchlässigen Beet mit nährstoffreichem, fruchtbarem Boden. Sie formen üppige, grüne Horste mit breiten, bandförmigen Blättern. Setzen Sie die Zwiebeln so, dass Sie gerade eine Triebspitze sehen: wenn sie zu tief gepflanzt werden, blühen sie vielleicht nicht.

Die Sorten des Staudenphlox, *Phlox paniculata,* gehören zu Blumen des spätsommerlichen Gartens mit dem süßesten Duft. Sie gedeihen am besten in feuchtem Boden (s. S. 142) und leiden nicht unter den Wirkungen des Mehltaus, wenn der Boden feucht bleibt. In leichten Böden sollten Sie vor dem Pflanzen viel organisches Material untermischen. Eine Mulchschicht im Frühjahr und Herbst hilft, Wasser zu speichern.

Andere Ausmaße, aber einen umwerfenden Duft am späten Abend und frühen Morgen besitzt der bedingt winterharte Tabak, *Nicotiana sylvestris,* der im Spätsommer bis zu 1,50 m hoch wird. Ebenfalls wunderschön sind die trompetenförmigen, abends duftenden Blüten des Stechapfels, *Datura metel* 'La Fleur Lilas'. Die verwandte Engelstrompete, *Brugmansia*, ist frostempfindlich und wird in Töpfen gezogen, während *Datura* bedingt winterhart ist und in ein Beet gepflanzt werden kann.

Es gibt ein spät blühendes Geißblatt, *Lonicera periclymenum* 'Serotina', das im Spätsommer den Platz des verwelkenden Geißblatts *L. s.* 'Belgica' (s. S. 99) einnimmt und an einem geschützten Platz bis in den Winter hinein blüht und einen schweren Duft verströmt. Seine tief rubinroten Knospen öffnen sich zu einer Mischung aus Rot und Orangegelb.

Der kräftig gefärbte *Buddleja davidii* 'Black Knight' blüht im Spätsommer an einem sonnigen, geschützten Platz auf gut durchlässigem, kreide- oder kalkhaltigem Boden mehrere Wochen lang. Schmetterlingssträucher blühen am besten an den jungen, frischen Austrieben. Wenn Sie ihn im Frühjahr stark zurückschneiden, bis zu 60 cm über dem Boden, bildet er silbrig grüne Kuppeln, die gegen Ende der Saison etwa 2 m Höhe erreichen.

Dahlien

Dahlien sind das Aushängeschild meines Gartens von der Mitte des Sommers an bis zu den ersten Frösten. Wie vor ihnen Papageientulpen, Türkischer Mohn und Rosen besitzen sie Extravaganz, Farbe, und Größe, um einen Garten mit ihrer stattlichen Erscheinung zu füllen. So wie Rosen, benötigen auch die Dahlien Pflege und Aufmerksamkeit. Sie haben frostempfindliche Knollen und müssen ausgegraben und an einem frostsicheren Platz überwintert werden. Die Zuchtformen stammen hauptsächlich von den Dahlien ab, die in den bergigen Gebieten Zentralamerikas wachsen, wo feuchte Frühjahre und heiße, trockene Sommer herrschen. Deshalb pflanzen Sie Dahlien am besten in die Sonne auf fruchtbaren, feuchten Boden mit guter Drainage. Sie sind nähr-

Die Pflege der Dahlien

Dahlien sind als Knollen oder bewurzelte Stecklinge erhältlich. Die Knollen müssen in der Mitte des Frühlings in Töpfe gepflanzt werden. Um diese Zeit haben sie in der Regel mehrere Triebe, die anfangen, sich zu entwickeln – entfernen Sie alle bis auf fünf. Diese bringen kräftige, wüchsige Triebe hervor und viele Blüten. Wenn Sie mehr Stängel stehen lassen, konkurrieren die Stängel untereinander und viele bleiben schwach und spindeldürr. Die Triebe, die Sie entfernt haben, können Wurzeln bilden und sich weiter entwickeln. Schneiden Sie die Stängelspitze schräg ab, stecken Sie sie in eine feuchte, sandhaltige Erde und stellen sie für zwei oder drei Wochen an einen warmen, hellen Platz. Während dieser Zeit sollten sich Wurzeln bilden.

Die Knollen sollten in zwei Liter fassende Töpfe mit einer Mischung aus grobkörnigem Sand und Kompost gepflanzt und bis zu ihrer Auspflanzung nach Ende der Fröste an einen hellen, frostfreien Platz gestellt werden. Es ist möglich, die Knollen von Frühlingsmitte bis -ende direkt in die Erde zu pflanzen, aber nicht früher als zwei oder drei Wochen vor den letzten Frösten. Die frostempfindlichen Blätter dürfen nicht austreiben bevor die Fröste vorüber sind.

Ich erwerbe die meisten meiner Dahlien als bewurzelte Stecklinge von einem spezialisierten Züchter. Knollen oder bewurzelte Stecklinge sollten in ein etwa 30 cm tiefes und breites Loch, das mit Pflanzerde gefüllt wird, gepflanzt werden. Stecken Sie ein kräftiges Bambusrohr oder einen Pflock in die Mitte des Loches und setzen Sie die Pflanze daneben, wobei Sie aufpassen müssen, den Wurzelballen nicht zu verletzen, wenn Sie die Pflanze aus dem Topf nehmen. Anschließend wässern Sie sie reichlich.

Sobald die Pflanzen vier Blattpaare gebildet haben, entfernen Sie die Spitze direkt über dem dritten Paar, um große, buschige Pflanzen zu erhalten. Sind sie etwa 60 cm hoch, werden sie an ihren Stützen angebunden, was dann alle paar Wochen wiederholt werden muss. Regelmäßiges Düngen, ausreichendes Wässern während den Trockenperioden und das Entfernen der verblühten Blüten hilft die Blühperiode zu verlängern.

Es ist wichtig die Dahlien, die Sie am liebsten mögen, zu erhalten. Mehr als einmal habe ich es erlebt, dass ein Züchter den Verkauf meiner Lieblingssorte einstellte und ich sie nirgends mehr finden konnte. Wenn Sie wenig Platz haben, versuchen Sie wenigstens eine Ihrer Lieblingssorten zu bewahren. Wenn die Triebspitzen im Herbst gefroren sind, schneiden Sie die Pflanzen bis auf ca. 15 cm zurück und graben sie aus. Entfernen Sie die überschüssige Erde und lassen Sie sie ein paar Wochen, an ihrem eingetrockneten Stiel kopfüber aufgehängt, trocknen. Stäuben Sie sie mit Schwefel ein, um Schimmel und Mehltau vorzubeugen und verwahren sie in einer Vorratskiste mit feuchtem Torf oder Sand. Das verhindert ein Austrocknen der Knollen. Lagern Sie das Ganze kühl und frostfrei.

stoffhungrig und benötigen viel Wasser. Sie lohnen diesen Aufwand an Zeit und Arbeit mit einer wochenlangem Blüte. Man kann sie nutzen, um Goldlack und Tulpen zu ersetzen, oder in Töpfe pflanzen, um zwischen Türkischem Mohn, der bis auf den Grund zurückgeschnitten wurde, zu stehen; oder um Lücken zwischen winterharten und einjährigen Pflanzen zu füllen.

Es gibt verschiedene Dahlienformen, von den relativ unscheinbaren, einfachen Sorten, deren fünf bis zehn Blütenblätter einfach um die erhabene Mitte angeordnet sind, bis zu den auffallenden, ungeordneten, kaktusblütigen Formen. Sie sehen fast aus wie Seeanemonen mit ihrer Vielzahl von Blütenblättern, die in die unterschiedlichsten Richtungen weisen. Es sind meine Lieblingsdahlien – sie besitzen Klasse und Pep.

Außerdem gibt es beträchtliche Größenunterschiede; manche werden etwa 1,50 m hoch mit Blüten von der Größe einer Grapefruit, andere erreichen gerade 45 cm Höhe, mit Blüten nicht größer als eine Mandarine. In meinem Garten verzichte ich auf die großblütigen Arten. Diese wurden für Ausstellungen gezüchtet und ihre Blüten sind oft unsinnig groß und sehen aus wie gekräuselte Hüte mit nahezu 30 cm Durchmesser. Auch die kleinen Pompon- und Balldahlien gefallen mir nicht. Mit ihren über hundert winzigen, rundlichen Blütenblättern, die eine nahezu runde Kugel bilden, sehen sie für mich zu brav und perfekt aus.

Unter allen Dahliengruppen gibt es satte Farben – Dunkelkarmesinrot, Purpur- und Rubinrot, außerdem Orange, Rosa, Gold und Scharlachrot. *Dahlia* 'Black Fire' und 'Arabian Night' sehen bei den dunklen Farben prächtig aus; sie werden über 1 m hoch mit dunkel gefärbten Blüten und dazu passender Gewebestruktur. 'Black Fire' hat gepflegt aussehende, voll gefüllte, 10–15 cm große Blüten ohne Zentrum mit regelmäßigen, grob abgerundeten Blütenblättern. Es ist die dunkelblütigste Dahlie, die ich kenne und sie ist von unschätzbarem Wert, da ihre Farbe in der Sonne nicht verblasst. 'Arabian Night' ist eine alte Schmuck-Dahlie mit größeren Blüten, ist aber zur Zeit nicht überall erhältlich.

Meine liebste, kräftig purpurrote Sorte ist 'Hillcrest Royal', eine kaktusblütige Form mit Blüten von ca. 20 cm Durchmesser an über 1 m hohen Pflanzen. In kleinerem Rahmen gefällt mir auch die orchideenblütige 'Jescot Julie', die viele dünne, streifenförmige, zinnoberrote Blütenblätter und eine magentafarbene Rückseite zeigt. Die Form ihrer Petalen und ihrer Blüte lässt sie eher einer Chrysantheme als einer Dahlie ähneln. Wie Dunkelkarmesinrot wirkt diese Farbe gut zusammen mit Orange und daher pflanze ich sie gerne neben eine kaktusblütige, orangefarbene Dahlie, die Semikaktus-Dahlie 'Biddenham Sunset'. Diese wächst zu etwa 1 m hohen Pflanzen heran mit großen Blüten, deren Petalen in der Mitte gelb sind und sich zu den Spitzen hin orange färben. 'Classic A 1' und 'Zuster Clarentine' bilden etwas kleinere Pflanzen, ca. 1,20 m hoch, und besitzen Blüten, die mehr einheitlich orange gefärbt sind. 'Raffles' ist eine weitere meiner Favoriten mit einem eigenen Farbmuster – die Blüten

sind tiefrosa und orange überhaucht. Für die Rosatöne sollten Sie nach der kleinen Kaktus-Dahlie 'Lavender Athalie' suchen, die durchweg kräftige Farben aufweist und phantastisch aussieht in Gesellschaft einer himmelblauen Ritterspornart.

Die dunkelroten Grundfarben

Einige der prächtigsten Rottöne stammen von den etwas frostempfindlichen Stauden oder bedingt winterharten Pflanzen – von den schokoladenfarbenen Kosmeen, von Gladiolen und Löwenmaul. Die dunkelste Kosmee ist die mahagoni-karmesinrote *Cosmos atrosanguineus,* eine frostempfindliche Knolle mit entzückenden Blüten in Blutrot und einem Geruch nach Schokolade. Pflegen Sie sie wie eine Dahlie.

Obwohl Gladiolen einen Kormus, nicht Knollen besitzen, sind sie etwas frostempfindlich und verlangen eine ähnliche Pflege wie Dahlien und Kosmeen und sollten bei Frostgefahr ausgegraben werden. Gladiolen müssen sorgfältig ausgewählt werden: es gibt viele unattraktive Zuchtformen. Wie bei der Hohen Bartiris gab es in den letzten Jahren einen Trend zu riesigen, komplizierten Blüten mit an den Rändern gekräuselten Blütenblättern. Es gibt aber auch reizende, einfachere, kleinere Sorten in leuchtenden, dunklen Farbtönen, wenn Sie danach suchen. 'Black Lash', 'Arabian Night' und 'Black Beauty' zeigen alle ein sattes Rubinrot und 'Plum Tart' ist von einem hübschen dunklen Karmesinrot mit einer weißen Kehle. Zu meinen Favoriten gehört die rauchgrau karmesinrote 'Blue Bird'; eine andere ist die magentafarbene 'Fidelio', die ich neben eine große Anpflanzung der zinnoberroten Montbretie, *Crocosmia* 'Lucifer', und die dunkelblaue *Delphinium* Black-Knight-Gruppe pflanze. Der Rittersporn blüht zum zweiten Mal, wenn die Gladiolen austreiben und die Kombination ihrer Blütenähren in drei Farben und in ähnlicher Höhe ist ein wunderbarer Anblick. Um einen grellen Kontrast zu erzeugen, sollten Sie größere Mengen von *Gladiolus* 'Spring Green' pflanzen. Sie weist das beste chartreuseähnliche Grün auf und verblasst im Alter nicht zu Gelb.

Wie die Dahlien, so sind auch die Gladiolen frischer, wenn sie bei einem spezialisierten Züchter gekauft werden. Wenn möglich, lassen Sie zu zwei oder drei verschiedenen Zeiten liefern, denn falls die Gladiolen zu Hause im Kühlschrank gelagert werden, neigen sie zu Mehltau. Pflanzen Sie die Knollen in sonniger Lage in fruchtbaren, gut durchlässigen Boden in etwa 15 cm Abstand voneinander und 10–15 cm Tiefe. Haben Sie schweren Boden in Ihrem Garten, graben Sie ein flaches Loch, ca. 20 cm tief, und füttern Sie es mit ca. 5 cm grobkörnigem Sand aus, um die Durchlässigkeit zu verbessern.

Das Löwenmaul ist in einem breiten Farbspektrum erhältlich, einschließlich tiefem Karmesinrot. Die satteste Farbe zeigt *Antirrhinum majus* 'Black Prince', das verwaschen karmesinrote Blätter besitzt, die zu den Blüten passen. Suchen Sie auch Züchtungen, die für den Schnittblumenmarkt gezüchtet wurden. Sie besitzen

Obere Reihe, von links nach rechts
Schmuck-Dahlie 'Gypsy Boy'; Semikaktus-Dahlie 'Biddenham Sunset'; Kaktus-Dahlie 'Kenora Sunset'; 'Pearl of Heemstede'; D. coccinea.
Mittlere Reihe, von links nach rechts
Schmuck-Dahlie 'Arabian Night' (**oben**); Einzelblütige Dahlie 'Bishop of Llandaff' (**unten**); Artemisia arborescens 'Faith Raven'; Schmuck-Dahlie 'Raffles'; Kaktus-Dahlie 'Altami Corsair'; Melianthus major; Semikaktus-Dahlie 'Lavender Athalie'.
Untere Reihe, von links nach rechts
Schmuck-Dahlie 'Requiem'; Einzelblütige Dahlie 'Mount Noddy'; Schmuck-Dahlie 'Black Fire'; Halskrausen-Dahlie 'Chimborazo'; Orchideen-Dahlie 'Jescot Julie'.

Ganz links *Antirrhinum* 'Liberty Crimson'.
Links *Gladeolus* 'Arabian Night'.
Darüber Die nach Schokolade duftende *Cosmos atrosanguinea*.
Gegenüber oben *Dahlia* 'Jet' und die tiefrote *Nicotiana alata* mit selbst ausgesäter Brunnenkresse.
Gegenüber unten Die orange Semikaktus-Dahlie *Dahlia* 'Biddenham Sunset' und die karmesinschwarze Schmuck-Dahlie *Dahlia* 'Black Fire' (auch oben links) gemischt mit *Antirrhinum* 'Liberty Crimson' und *Eschscholzia* 'Orange King'.

mindestens 75 cm hohe, dicht bepackte Blütenstände und sind einfarbig in Magenta, Purpurrot, Tiefrot und Bronze-Orange erhältlich. Zu den besten gehört *A. m.* 'Scarlet Giant', dessen Blüten scharlachrot sind, wenn sie sich öffnen, und zu sattem Zinnoberrot verblassen. Eine Gruppe dieser Blumen sieht gut aus zusammen mit den dunklen Blättern und den einfachen, scharlachroten Blüten von *Dahlia* 'Bishop of Llandaff'. Die Farben passen gut zusammen und beider Blütenblätter haben einen prächtigen, samtigen Glanz. Mir gefällt auch *A. m.* 'Liberty Crimson' und die karmesinschwarze *A. m.* 'Day and Night', die eher zurückhaltend wirkt und entzückend aussieht. Die Blüten haben weiße Kehlen und karmesinschwarze Kronen mit den prächtigsten Gewebestrukturen der ganzen Gruppe.

Antirrhinum, das Löwenmaul, gehört zu den kurzlebigen Stauden, wird aber wegen seiner reichhaltigen Blüte und Krankheitsresistenz am besten als bedingt winterharte Pflanze kultiviert. Die Pflanzen neigen dazu von Rost befallen zu werden und bilden dann die Samen schneller aus. Sie gehören zu den wenigen Pflanzen, bei denen es sich lohnt, sie im Winter auszusäen, da sie sich langsam entwickeln.

Kontrastfarben zu Rot

Im Spätsommer scheinen die Farben in meinem Garten eher zu den warmen, zinnoberroten und goldenen Tönen – Ziegelrot und venezianischem Rot – zu wechseln, als zu leuchtendem Gelb und klarem Rosa. Zu der Beliebtheit vieler Spätsommerblumen trägt ihre wie weiches Veloursleder anmutende Gewebestruktur bei.

Eine meiner liebsten Blütenfarben ist venezianisches Rot – schön in Gesellschaft von Gold und Gelbgrün und ausgezeichnet zusammen mit Orange. Der widerstandsfähige und pflegeleichte, bedingt winterharte Rauhe Sonnenhut, *Rudbeckia hirta* 'Rustic Dwarfs Mixed', hat große Blüten in dieser Farbe, die mit Mahagonibraun gemischt ist. Wenn er in der Mitte des Frühlings unter Glas gesät wird, blüht der Sonnenhut fleißig von der Mitte des Sommers bis zum Frost. Er blüht auch dann, wenn man die verwelkten Blüten nicht entfernt.

Eine weitere, spät blühende Pflanze in venezianischem Rot stellt das Bärenohr, *Arctotis* 'Red Devil', dar. Das Bärenohr gehört zu den frostempfindlichen Stauden, die wegen der Kontinuität ihrer Blüte bemerkenswert sind. Außer 'Red Devil' mit gänseblümchenähnlichen Blüten gibt es die etwas blassere, bronzefarbene 'Mahagony'; ebenfalls gefällt mir 'Flame' in Korallenrosa, das sich zu Zinnoberrot vertieft.

Das Ziegelrot der Sonnenbraut, *Helenium* 'Moerheim Beauty', liegt zwischen dem tiefen Karmesinrot von *Cosmos atrosanguineum* und Orange und sie gehört zu den am längsten blühenden Stauden, die ich kenne. Ihre gänseblümchen-ähnlichen Blüten auf ihren hohen, schmalen Stängeln öffnen sich in der Mitte des Sommers und blühen bis in den Herbst, sofern die welken Blüten regelmäßig entfernt werden. Die Sonnenbraut gedeiht in feuchtem Boden, wächst aber auch in gewöhnlicher Gartenerde, wenn vor dem Pflanzen viel organisches Material untergegraben wird.

Einjährige Sonnenblumen tragen ein ähnliches Ziegelrot, aber es gibt sie auch in Gold und ruhigerem Gelb. Diese winterharten Pflanzen treiben hohe, formschöne Blüten, welche die Höhe und den Rhythmus und das Gesamtbild des Gartens verändern, indem sie das Auge leiten und überraschende Ansichten gewähren. Meine liebste Sonnenblume ist *Helianthus annuus* 'Velvet Queen' oder die ähnliche 'Prado Red'. Es lohnt sich immer, tief rötlich-

braun gefärbte Blumen anzupflanzen, aber sobald sie in Gruppen von zehn oder zwanzig mit 2–3 m hohen Stängeln auftauchen, sind sie einfach unwiderstehlich. Die Blütenfarbe passt zu den Blättern und den Stängeln der riesigen Gartenmelde, *Atriplex hortensis* var. *rubra* (s. S. 96), deren stachlige Blüten sich um diese Zeit in tief karmesinrote Samenkapseln verwandelt haben.

Buschige Sonnenblumen

Die einjährigen Sonnenblumen sind in mäßig fruchtbarem, feuchtem, aber gut durchlässigem Boden leicht zu ziehen, sie gedeihen am besten in voller Sonne, in langen, heißen Sommern. Stützen Sie jede Anpflanzung zeitig im Sommer ab, oder es besteht die Gefahr, dass sie von Wind und Regen zerstört wird. Säen Sie die Samen in der Mitte des Frühlings direkt an Ort und Stelle, wobei Sie in jedes Pflanzloch, etwa 2,5 cm tief, zwei Samen legen. Wenn beide Samen keimen, ziehen Sie den schwächeren Sämling heraus, sobald er 8–10 cm groß ist, oder versetzen ihn an eine andere Stelle. Sobald die Sämlinge sechs oder acht Blattpaare besitzen, entfernen Sie die Triebspitze. Dadurch wird ihre endgültige Größe begrenzt und die Pflanze wird angeregt, buschiger zu werden und mehr blühende Seitenzweige auszubilden.

Mir gefällt auch das Löwenohr, *Leonotis leonurus,* wegen seiner Größe, seiner leuchtenden Farben und der Form und Textur seiner samtigen Blüten. Er ist eine frostempfindliche Staude und treibt Ähren mit leuchtenden, mandarinefarbenen Blüten, die etagenförmig um den Stängel angeordnet sind, bis zu 3 m empor.

Die Tithonie, *Tithonia rotundifolia* 'Torch', eine bedingt winterharte Pflanze, zeigt ein vorzügliches Orange, das sich gut mit den Ziegelrottönen vermischt und einen wundervollen Kontrast zu Karmesinrot bildet. In der Mitte des Frühlings gesät, blühen die Pflanzen mit ihrem samtigem Blütengewebe vom Ende des Sommers bis zu den ersten Frösten. Die Tithonie ist eine große, schlanke Pflanze, die bis zu 1,50 m hoch wird und eine kräftige Stützhilfe benötigt, um den Haupttrieb zu stützen.

Auch die einjährigen Kosmeen, *Cosmos sulphureus,* 'Bright Lights', 'Sunny Orange' und 'Sunny Red' tragen Blüten in loderndem Orange und Zinnoberrot. Sie gehören zu den kleineren Zuchtformen der Kosmeen, werden etwa 60 cm hoch, neigen aber zu schwächlichen Stielen und müssen daher angebunden werden. Um eine gute Wirkung zu erzielen, sollten sie neben eine schöne Gruppe des magentafarbenen Kugelamarant (s. S. 124) gepflanzt werden.

Cosmos bipinatus 'Dazzler' ist eine weitere nette, einjährige Pflanze mit karminroten Blüten, die eine große, buschige Pflanze von ca. 60 cm Höhe bildet und vier bis fünf Monate lang unentwegt mit Blüten bedeckt ist. Zinnien pflanze ich in großen Mengen. Es gibt tiefrote, scharlachrote, purpurne, gelbe, orange und grüne Zinnien und, ähnlich den Dahlien, finden sich unterschiedliche Blütenformen und -größen. Zu den größten gehören die vollen, gefüllten Riesenkaktusarten. Ebenfalls groß, aber einfach, mit einem Quirl von Blütenblättern um eine zentrale

Oben Die farbenkräftigen Blüten von *Helianthus annuus* 'Velvet Queen' formen mit *Atriplex hortensis* var. *rubra*, Fenchel und Zuckermais einen leuchtenden, Dschungel.
Links Eine selbst ausgesäte Hybride von *Helianthus annuus*.
Links unten *Helianthus annuus* 'Pastiche'.
Gegenüber, im Uhrzeigersinn von links oben • Die herrlichen Blüten von *Gazania* 'Cookei' benötigen volle Sonne, um sich zu öffnen.
• Die Gewebestruktur der karmesinroten und mahagonifarbenen Blüten von *Rudbeckia hirta* 'Gloriosa Daisy Mix' findet sich bei den karmesinroten Chenilletroddeln von *Amarantus caudatus* wieder.
• Die zinnoberroten Blüten von *Canna* 'Wyoming' kontrastieren mit ihren karmesinroten Blättern.
• Die Blütenwirtel von *Leonotis leonorus* säumen den ganzen Stängel.
• *Cosmos sulphureus* 'Bright Lights' hat mandarinefarbene Blüten, die mit Zinnoberrot verwaschen sind.
• *Tithonia rotundifolia* 'Torch' bildet über 1 m hohe Büsche aus Silbergrün und Orange.
• *Arctotis fastuosa* in Mandarine.

Vorwölbung angeordnet, sind die scabiose-blütigen Sorten. Um kleinere Blüten zu erhalten, wählen Sie 'Parasol Mixed' oder 'Early Wonder Mixed', die ein paar Wochen vor den anderen anfangen zu blühen und am blühfreudigsten sind. Die Samen der Zinnien werden gewöhnlich in Packungen mit gemischten Farben verkauft, aber versuchen Sie einfarbige zu bekommen, da eine gruppenweise Anpflanzung von einzelnen Farben besser wirkt als eine Mischung vieler Farben.

Zinnien sind leicht gegen Frühjahrsende aus Samen unter Glas zu ziehen. Sie können sie auch direkt ins Freiland an Ort und Stelle säen, wenn Sie mit der Aussaat bis zwei bis drei Wochen vor den letzten Frösten warten, damit die Keimung einsetzt, wenn die Fröste vorüber sind. Junge Zinniensämlinge gehören zu den Leibspeisen von Schnecken und müssen dementsprechend geschützt werden. Zinnien mögen mehr als irgendeine andere bedingt winterharte Pflanze keine Störungen ihres Wurzelwachstums und sollten Sie sich dazu entschließen, sie unter Glas vorzukultivieren, sollten Sie die Samen einzeln säen, am besten in einzelnen Zellen, oder 2–5 cm voneinander entfernt in tiefe Saatschalen. Härten Sie sie ab und setzen Sie sie direkt in den Garten ohne sie zu vereinzeln oder umzutopfen. Einmal im Garten ausgepflanzt, benötigen sie minimale Pflege, wenn sie gut durchlässigem Boden vorfinden. Sie gedeihen gut in glühend heißen Sommern. Unter feuchten Bedingungen neigt der Leittrieb zu Schimmel- und Botrytisbefall. Wenn Sie den befallenen Pflanzenteil entfernen, gedeiht der übrige Teil der Pflanze in der Regel gut.

Zinnien, in einfarbigen Blöcken gepflanzt, scheinen um diese Jahreszeit zu allen Farben und Formen zu passen. Versuchen Sie 'Cactus Orange' zu Füßen einer Tithonie in Gesellschaft von *Dahlia* 'Black Fire'. Die kaktusblütige Zinnie reflektiert die Farbe der Tithonie und die Blütenform der Dahlie. Am nützlichsten ist die gelblich-grüne *Zinnia* 'Envy'. Ihre Blüten leuchten nicht so stark wie die der meisten Wolfsmilchgewächse, aber sie zeigen eine andere Form und sehen kombiniert mit Orange und Rot ebenso gut aus wie mit Blau und Purpur. Pflanzen Sie einen Streifen mitten durch tiefrote oder purpurrote Zinnien oder zu Füßen der karmesinroten und rosa Quasten von *Amaranthus tricolor* 'Brilliant Pink'.

Magenta ist gegen Sommerende und im Herbst schwer zu finden, aber da es einen so kräftigen Kontrast zu Mandarine, Zinnoberrot und Gold bildet, lohnt es sich, diese Farbe zu suchen. Der Kugelamarant, *Gomphrena globosa*, eine bedingt winterharte Pflanze zeigt diese Farbe. Üblicherweise wird er für Schnittblumen und

Gegenüber, im Uhrzeigersinn von oben links Drei verschiedene Farbvariationen von *Zinnia* 'Early Wonder Mixed'; die gestreiften Blüten von *Z.* 'Peppermint Stick', die leider nur selten aus Samen keimen; eine andere Farbe von 'Early Wonder Mixed'; die grünen Blüten von *Z.* 'Envy', die Halbschatten bevorzugen; *Z.* 'Cactus Orange', und *Z.* 'Scabious-flowered Mix'.
Oben Eine Sammlung winterharter und bedingt winterharter Schnittblumen, die ich für Blumenschmuck im Haus nutze: Gartenwicken, bunte, kaktusblütige Zinnien, Sonnenhut und *Cleome* 'Violet Queen'.

Spätsommer

Rechts Eine Ansammlung einjähriger Blumen und spät blühender Stauden: *Cleome* 'Violet Queen', *Helenium* 'Moerheim Beauty' und *Dahlia* 'Pearl of Heemstede' als Kontrast zu der karmesinblättrigen Gartenmelde, *Atripex hortensis* var. *rubra*, die in der Samenbildung ist, gelbgrünem *Tanacetum vulgare* 'Isla Gold' und silbernem *Artemisia ludoviciana* 'Valerie Finnis'.

Trockenblumen angepflanzt, aber seine kleinen, kleeähnlichen Blüten an ca. 30 cm hohen Stängeln sind auch hervorragend für einen Blumengarten geeignet.

Auch der Bartfaden stellt um diese Jahreszeit – neben Rot und Purpurrot – eine gute Quelle für Magenta dar. *Penstemon* 'Andenken an Friedrich Hahn' ist kirschrot, 'Midnight' ist karmesinrot, 'Burgundy' und 'Raven' sind tiefviolett. Diese schnell wachsenden Stauden bilden innerhalb eines Jahres etwa 75 cm hohe Blütendächer und gehören zu den am längsten blühenden Pflanzen, die ich kenne. Von anderen Arten, die nicht verlässlich winterhart sind, sollten Sie gegen Ende des Sommers Stecklinge schneiden. Schützen Sie die Elternpflanzen im Garten mit einer dicken Mulchschicht aus Stroh oder Farnkraut. Viele überleben an einer geschützten Stelle und wachsen im Folgejahr zu großen Pflanzen heran, die ein paar Wochen vor der neuen Generation blühen. Der Bartfaden benötigt fruchtbaren, gut durchlässigen Boden in der Sonne oder im Halbschatten.

Die Spinnenblumen gehören zu einer anderen Familie bedingt winterharter Pflanzen, die magentafarben blühen, aber von völlig anderer Gestalt sind. An den Spitzen ihrer hohen, dürren Stängel sitzen 20–30 cm lange Blütenähren, die aus Wolken kleiner, spinnenähnlicher Blüten bestehen. Wenn die unteren Blüten verblühen, öffnen sich weiter oben sitzende Blüten, so dass die welken Blüten dieser Pflanzen nicht entfernt werden müssen, um sie weiterhin gut aussehen zu lassen. Die purpurrote *Cleome hassleriana* 'Violet Queen' und die rosa *C. h.* 'Cherry Queen' zeigen die intensivsten Farben. Sie müssen unter Glas gesät werden, müssen aber, was ungewöhnlich für bedingt winterharte Pflanzen ist, am besten in volles Sonnenlicht gestellt werden, damit die Samen schnell keimen. 'Violet Queen' sieht gut aus zusammen mit hohen, orangefarbenen Dahlien oder mit *Helianthus annuus* 'Valentine', die zitronengelbe Blütenblätter um eine tief schokoladenfarbige Mitte angeordnet, trägt.

Die größte magentafarbene Blüte, die ich anpflanze, ist *Salvia involucrata*, mit einer Höhe von 60–75 cm. *S. i.* 'Bethellii' trägt große, weiche Blätter. Dies ist eine der kräftigen, bedingt winterharten, ausdauernden Salbeiarten, die im Spätsommer von weichen, pelzig behaarten Blüten in tiefen, satten Blau-, Rot- und

Oben Die hohen, samtigen Blütenähren von *Salvia* 'Purple Majesty' beherrschen den spätsommerlichen Garten und sehen bis zum Frost hübsch aus.
Gegenüber unten, von links nach rechts Der spät blühende, bedingt winterharte *Gomphrena globosa*. Der violette *Penstemon* 'Raven' beginnt in der Mitte des Sommers zu blühen und blüht bis zu den ersten Frösten. Die Blüten der Halskrausen-Dahlie, *Dahlia* 'Chimborazo', zusammen mit *Salvia involucrata*.

Spätsommer

Oben Die leuchtend magentafarbene *Gladiolus* 'Fidelio' bildet eine Aufsehen erregende Kombination mit der zinnoberroten *Crocosmia* 'Lucifer' und der zweiten Blüte der tiefblauen *Delphinium* Black-Knight-Gruppe.
Links Die stachligen, sternförmigen Blüten von *Eryngium* x *tripartitum* treiben in einem silbrigen Grün in der Mitte des Sommers aus und färben sich mit der Zeit blau. Im Spätsommer und bis in den Herbst sehen sie weiterhin attraktiv aus. Lassen Sie sie den Winter über wegen ihrer schönen Wuchsform stehen.
Darüber Die weichen, samtigen Blüten von *Salvia patens* 'Cambridge Blue'.

Die Vermehrung frost-empfindlicher Stauden durch Stecklinge

Frostempfindliche Stauden, wie Bartfaden, Bärenohr und viele Salbeiarten werden am besten durch Stecklinge aus halb reifem Holz vermehrt. Viele Wolfsmilchgewächse, einschließlich *Euphorbia palustris, E. griffithii, E. sikkimensis* und *E. seguieriana* können auf diese Art und Weise ebenfalls vermehrt werden. Die beste Zeit, um von Pflanzen Stecklinge zu schneiden, ist der Spätsommer. Die Tageslichtintensität und die Wachstumsraten sind dann noch hoch. Euphorbien können zeitiger im Sommer geschnitten werden.

Mit einer griffbereiten Plastiktüte ausgerüstet, entfernen Sie einige der nicht blühenden Seitentriebe vom Haupttrieb der Mutterpflanze. Dabei werden die Triebe an der Verbindungsstelle zu dem Haupttrieb weggerissen und nicht abgeschnitten, da so noch ein kleiner Absatz an den Stecklingen stehen bleibt. Schneiden Sie mehr Stecklinge als Sie benötigen – da nicht alle Wurzeln bilden – und stecken Sie sie sofort in die Plastiktüte, um den Wasserverlust so klein wie möglich zu halten.

Sobald Sie ins Haus kommen, nehmen Sie die Stecklinge heraus und entfernen alle Blätter an den unteren zwei Dritteln der Stängel. Schneiden Sie die Enden der Stecklinge ohne einen Absatz gerade ab, sodass 8–10 cm lange Stängel entstehen.

Stecken Sie die Stängel in feuchte, grobkörnige, sandhaltige Erde, die zu zwei Dritteln aus Anzuchterde und zu einem Drittel aus grobkörnigem Sand besteht. Stecken Sie die Stecklinge kreisförmig an den Rand des Topfes, sodass sie etwa 2,5 cm voneinander entfernt sind und beschriften Sie den Topf.

Damit die Stecklinge feucht bleiben, stülpen Sie eine Plastikfolie über den Topf und sichern die Folie mit einem Gummiband. Stellen Sie die Töpfe auf feuchten Sand (z. B. auf den Boden einer Saatschale) und stellen das Ganze an einen warmen, hellen Platz. Kontrollieren Sie die Stecklinge regelmäßig und entfernen Sie solche, die Anzeichen von Welke oder Mehltau zeigen.

Nach zwei oder drei Wochen sollten weiße Wurzeln am Topfboden hervorsprießen. Topfen Sie die Stecklinge in einzelne Töpfe um und lagern Sie sie an einem hellen, frostfreien Platz den Winter über, bis sie sicher gegen Frühlingsende ausgepflanzt werden können. Wolfsmilchgewächse, die voll winterhart sind, können im Herbst ausgepflanzt werden.

Purpurrottönen bedeckt sind. Einer der größten ist der amethystfarbene *Salvia* 'Purple Majesty', der in milden Gegenden, wo er den Winter überdauern kann, mit etwa 50 cm Wachstum pro Monat bis zu 2 m hoch wird. Jenem ähnlich, aber eher in Ultramarinblau als in Purpurrot gefärbt, ist *S. guaranitica* 'Blue Enigma'. Auch *Salvia patens* trägt ein wunderschönes weiches, samtiges Blütengewebe in Ultramarinblau und wird ca. 45 cm hoch; *S. p.* 'Cambridge Blues' bildet kleinere, himmelblaue Kuppeln. Alle Salbeiarten benötigen einen sonnigen, geschützten Platz mit feuchtem, fruchtbarem, gut durchlässigem Boden. Viele sind Zuchtformen von Wildpflanzen aus Mexiko und sind daher leider nicht winterhart.

Von andersartiger Gestalt und Beschaffenheit, aber groß und blau ist *Eryngium* x *tripartitum*, die unter den Edeldisteln als Letzte und am längsten blüht. Am schönsten wirken sie als ein tiefblauer Schleier über einer orangefarbenen oder purpurroten Pflanze. In meinem Garten wächst eine Gruppe Edeldisteln als Hintergrund zu *Potentilla fruticosa* 'Sunset', aber sie würde hinter *Cosmos* 'Bright Lights' oder *Penstemon* 'Raven' genauso gut aussehen. Diese verbergen zudem den Stock der Edeldistel, der kahl aussehen kann, nachdem seine Blätter flach auf dem Boden liegen.

Blattpflanzen für sonnige Standorte

Die Blütenpracht von Dahlie, Zinnie und Löwenmaul benötigt gelbgrüne, karmesinrote und silberne Blattpflanzen, um die Farbbänder und -streifen zu vermischen und eine Gruppe mit der nächsten zu verbinden. Zusätzlich helfen formenreiche Blätter, um ruhige Areale zwischen all dieser tönenden Farbenvielfalt zu schaffen.

Um diese Jahreszeit blühen immer noch einige vorzügliche Wolfsmilchgewächse und bilden große Pflanzgruppen in ihrem charakteristischen Grün. Am auffälligsten ist *Euphorbia schillingii; E. sikkimensis* ist ähnlich, aber mit sich rötlich färbenden Stängeln und einem im Herbst roten Schein auf den Blättern; *E. donii* ist die buschigste Pflanze, aber ihre Blüten sind kleiner. Die kompaktere *E. seguieriana* leuchtet jetzt immer noch mit ihren silbrigen Blättern und den gelbgrünen Blüten (s. S. 96 und 104).

Zwei spätblühende, bedingt winterharte Pflanzen bieten Ihnen eher gelbgrüne Blüten als Blätter: die Muschelblume, *Moluccella laevis,* trägt ca. 45 cm lange Ähren, jede mit Quirlen grüner, glockenförmiger Blüten, und der Gartenfuchsschwanz, *Amaranthus caudatus* 'Viridis', hat etwa 90 cm lange Stängel mit weichen, gelbgrünen Quasten, die elegant herunterhängen und sich schön in alle Richtungen drehen. Beide können unter Glas angezogen werden, obwohl sie auch gut gedeihen, wenn sie Mitte bis Ende Frühling direkt ins Freiland gesät werden. Die Muschelblume muß vor der Aussaat eine Woche lang in den Gefrierschrank gelegt werden, um dadurch die Keimung anzuregen.

Ein anderer Fuchsschwanz, *A. tricolor* 'Brilliant Pink', besitzt Blätter, die in der Mitte leuchtend rosa sind und karmesinrot an den Spitzen. Er bildet für die kleinwüchsigen, rosa oder orangen Dahlien, wie 'Jescot Juli' oder 'Raffles', einen ausgezeichneten Hintergrund.

Der rotstielige Mangold, *Beta vulgaris* (Cicla-Gruppe) 'Rhubarb Chard', hat karmesinrote Blätter, die sich Anfang des Sommers gut mit zinnoberroter Nelkenwurz und Fingerstrauch kombinieren lassen und, später im Jahr, mit Sonnenbraut und orange-

Spätsommer

Oben Ab dem Frühsommer bildet *Miscanthus sinensis* 'Zebrinus' kräftige Büschel gestreifter gelber und grüner Blätter. Gegen Sommerende zeigt er an den Halmspitzen bräunlich rosa fedrige Rispen, die über 2 m hoch aufragen. Hier ist er in Gesellschaft der Semikaktus-blütigen *Dahlia* 'Biddenham Sunset' und den großen Ähren von *Leonotis leonurus* zu sehen.

farbenen Zinnien, Kosmeen und Brunnenkresse. Die dunkelgrün-karmesinrot verwaschenen Blätter des Rotkohls, besonders die von 'Nero di Toscana', sind es wert, auch außerhalb des Gemüsegartens verwendet zu werden: Sie bilden aufrechte Gruppen formschöner und eleganter Blätter. Rubinroter Mangold und Rotkohl sollten von der Mitte des Frühlings an unter Glas vorgezogen oder ein paar Wochen vor den letzten zu erwartenden Frösten direkt in das Freiland gesät werden. Der Mangold erreicht seinen Höhepunkt im Hochsommer, etwas später nimmt der Kohl seinen Platz ein. Beide werden etwa 45 cm hoch.

Wenn Sie ausdauernde, echt karmesinrote Blätter suchen, vergessen Sie nicht den immergrünen Neuseeländischen Flachs. Seine aufrechten, gestreiften Blätter beeindrucken mit einer bizarren, auffallenden Wuchsform, die ein Gefühl der Beständigkeit inmitten der Wolken von spätsommerlichen Blüten vermittelt. Sie werden etwa 90 cm hoch. *Phormium* 'Sundowner' besitzt rosa gestreifte Blätter, benötigt aber einen geschützten Standort. Etwas robuster ist die einfarbig karmesinrote Art. Sie alle überstehen den Winter besser mit einer dicken, trockenen Mulchschicht aus Farnkraut oder Stroh.

Mit die aufregendsten, karmesinroten Blätter finden Sie bei der Rizinuspflanze, *Ricinus communis*, 'Impala'. *Ricinus communis* hat schlichte, dunkelgrüne Blätter in derselben handförmigen Wuchsart, die etwa 60 cm breit sind. Bei den Rizinuspflanzen handelt es sich um frostempfindliche Stauden, sie werden also am besten als bedingt winterharte Pflanzen gezogen: Säen Sie die Samen in der Mitte des Frühlings unter Glas aus. Sobald die Pflanzen sich im Garten eingewöhnt haben, wachsen sie mehrere Zentimeter pro Woche, bis sie eine Höhe von 1–1,20 m erreichen.

Um diese Jahreszeit besitzt der Wermut die schönste blassgräuliche Silber- und Zinnfärbung. Der immergrüne, buschige *Artemisia arborescens* 'Faith Raven', der von meiner Mutter in den Hügeln von Rhodos gefunden wurde, bildet federartige Kuppeln von etwa 1,20 m Höhe und wirkt am besten, wenn er schön geschnitten ist. Im Spätsommer zeigt er sich von seiner besten Seite und ist dann während des Winters und im zeitigen Frühjahr eine stattliche Erscheinung, wenn der Garten nackt daliegt.

Artemisia 'Powis Castle', ein Kleinstrauch, der etwa 1,20 m hohe Horste aus federartigen, zinngrauen Blättern bildet, ist ebenfalls immergrün und voll winterhart. Er ist Sonne liebend, gedeiht am besten auf nährstoffarmen Böden und wächst so schnell, dass er

Pflanzungen an sonnigen Standorten

aus frühen Stecklingen gezogen werden kann und als Staude angepflanzt wird.

Der ausdauernde *Artemisia ludoviciana* 'Valerie Finnis' ist insofern ungewöhnlich, als er gut im Schatten wächst. Er trägt etwa 45 cm lange Stängel und veloursähnliche, weiche Blätter, die an den Spitzen nahezu weiß erscheinen.

Das Zypressenkraut, *Santolina chamaecyparissus* wird im Frühjahr oder nach der Blüte in der Mitte des Sommers geschnitten und bildet etwa 60 cm hohe Kuppeln oder silberne Streifen, die zwischen anderen Pflanzen hin und her wogen. Es ist kurzlebig, kann aber sehr leicht durch Stecklinge aus halb reifem Holz gezogen werden. Diese können zu fast jeder Jahreszeit geschnitten werden. Ich mag auch die immergrüne, silberne *Parahebe perfoliata*, die überhängende, ausladende Stängel besitzt und sich sehr gut als Bodendecker für sonnige Lagen eignet. Im Spätsommer ist sie mit Ähren tief dunkelblauer Blüten bedeckt.

Andere Dimensionen weisen die spät blühenden, silbrig grünen Edeldisteln, *Eryngium horridum* und *E. agavifolium* auf, die riesige Ausmaße erreichen. Jede Pflanze breitet sich bis zu 1 m aus und treibt im Sommer nahezu doppelt so hohe Blütenstände aus. Die Blüten brechen im Spätsommer hervor und, sobald sie beginnen, sich im Herbst braun zu färben, sieht die Pflanze immer noch aus wie eine Statue. Sie ist nicht völlig winterhart und braucht daher einen sonnigen Standort mit Schutz und guter Drainage.

Der Honigstrauch, *Melianthus major,* ist eher blaugrün als silbern und wird wegen seiner sensationellen Fiederblätter geschätzt. In seiner besten Zeit erreicht er bis zu 2 m Höhe und gehört um diese Jahreszeit zu meinen liebsten Blattpflanzen. Es lohnt sich, die Mühen auf sich zu nehmen und ihn während des Winters vor Frost und kaltem Regen zu schützen. (Ich stecke acht bis zehn Stöcke um die Pflanze herum in den Boden, wickle eine Schnur lose herum und fülle den so entstandenen Kreis mit Farnkraut oder Stroh aus. Das Ganze wird lagenweise lose aufgeschichtet, um viel Luft zur Isolation um die Pflanze herum zu lassen. Ich nehme den Schutz erst weg, wenn jegliche Frostgefahr für den jungen Austrieb gebannt ist.) Wenn Sie dann in der Mitte des Frühlings die dürren Stängel des Vorjahres wegschneiden, treibt die Pflanze bald riesige, frische, blaugrüne Blätter aus.

Falls Sie um diese Jahreszeit leuchtende Blütenfarben und große Wuchsformen suchen, ist das Blumenrohr, *Canna*, eine gute Wahl. Es gibt viele Zuchtformen mit gewaltigen, gestreiften oder einfarbigen Blättern, die 2 bis 3 m hoch wachsen. Mein Favorit

Oben Die Rizinuspflanze, *Ricinus communis* 'Carmencita' besitzt wundervolle, bizarre Blätter, die einen idealen Hintergrund für voluminöse Sommerblumen, wie die karmesinrote Semikaktus-Dahlie, *Dahlia* 'Alva's Doris', bilden.

Darüber Einige der besten, spätsommerlichen Blattpflanzen sind hier zu einem Dschungel aus formschönen Blättern und Farben verwoben, der keiner zusätzlichen Blütenfarben bedarf. Ein Horst aus Chinaschilf in der Mitte des Vordergrundes wird von den fedrigen Blattarmen des Rhabarbers zur Rechten und den gelblich grünen Blüten des Hasenohrs, *Bupleurum fastuosum*, zur Linken, umrahmt. Hinter dem Gras befinden sich die großen, leuchtend grünen Blätter des Blumenrohrs, die karmesinroten Blätter der Rizinuspflanze und darüber eine große Gruppe des gerade blühenden Akanth.

Oben Die gestreiften Blätter von *Phormium* 'Sundowner' sind immergrün und dienen im Sommer als eine lebhafte Umhüllung für Blumen und bilden im Winter und zeitigen Frühjahr einen schönen Blickpunkt.
Oben rechts Die großen karmesinroten und grünen Blätter von *Canna indica* 'Purpurea' zeigen im Spätsommer einen Größenkontrast zu *Salvia coccinea* 'Lady in Red' im Vordergrund und zu *Viburnum opulus* 'Compactum' mit seinen juwelengleichen, scharlachroten Beeren. Die Blätter des Schneeballs färben sich im Herbst scharlachrot und sorgen in dieser rot-grünen Anpflanzung für eine letzte, abschließende, rote Schattierung.

ist die karmesinschwarze *Canna* 'Wyoming' mit leuchtend zinnoberroten Blüten. Mir gefallen auch die silbergrünen Blätter von *Canna* 'Louis Cayuex', die feinere, korallerosa Blüten trägt. Am größten und wuchsfreudigsten ist die mandarineblütige *Canna musifolia*, deren Blätter einer Bananenpflanze ähneln. Das Blumenrohr hat frostempfindliche Knollen, die wie Dahlien behandelt werden sollten (s. S. 114–115).

Ein gestutzter Pauwloniabaum gibt einem Garten ein tropisches, dschungelartiges Flair. Wird er sich selbst überlassen, wächst er zu einem großen, Laub abwerfenden Baum heran. Aber wenn Sie ihn im Frühjahr stark zurückschneiden, bleibt er unter 5 m Höhe und seine Blätter werden jedes Jahr größer, bis sie nach vier oder fünf Jahren die Größe eines Serviertabletts erreichen. Pauwlonia muß an einer geschützten Stelle stehen. Die riesigen Blattflächen und die Höhe der Zweige, die jedes Jahr nach dem Schnitt wachsen, machen sie verletzbar für Windbruch. Bei Sturm oder Hagel werden die Blätter völlig zerfetzt und Sie sollten diesen Baum nur anpflanzen, wenn Sie eine geschützte Ecke finden können.

Es gibt viele Gräser, die um diese Jahreszeit am besten wirken und starke Kontraste an Wuchsformen liefern. Probieren Sie außer *Stipa gigantea* auch *S. calamagrostis*, das phantastische Blütenstände bildet, die wie ein Wasserfall aussehen und im Spätsommer über 1 m hoch werden (s. S. 98). *Calamagrostis arundinaceae* ist ein weiteres immergrünes Gras, das sich anzupflanzen lohnt und hübsche Horste bildet, die sich im Herbst rot und bronze färben.

Das Lampenputzergras, *Pennisetum* – eine weitere Gattung von Gräsern, die an sonnigen, warmen Standorten gedeihen –, gehört zu den Laub abwerfenden Gräsern, bildet lockere, gepflegte Horste, die im Vordergrund eines Beetes ausgezeichnet wirken. Im Spätsommer und Herbst sind sie mit weichen, bürstenähnlichen Blütenständen bedeckt. Das Afrikanische Lampenputzergras, *Pennisetum setaceum*, stellt die größte, aufrechteste Art mit etwa 1 m Höhe dar und ist besetzt mit langen, pelzig behaarten, bürstenähnlichen Blüten in Rosa und Creme, die *en masse* wunderschön anzusehen sind. *P. orientale* bildet einen kleineren, kompakteren Horst. Diese Laub abwerfenden, mehrjährigen Gräser können auch als Einjährige gepflanzt werden, indem man sie im zeitigen Frühjahr aussät.

Die ausdauernde Sonnenblume, *Helianthus salicifolius,* wird wegen ihrer 2 – 3 m hoch aufragenden Stängel geschätzt, die mit einer Kaskade dünner, nach unten weisender, leuchtend grüner Blätter bedeckt sind. Ihre gelben Blüten sind unbedeutend und Sie können daher die Knospen entfernen, sobald sie sich in der Mitte des Sommers entwickeln. Die Blätter sehen dann für mindestens einen weiteren Monat leuchtend und frisch aus, da keine Energie für die Entwicklung der Blüten verschwendet wird. Wie die meisten ausdauernden Sonnenblumen ist *Helianthus salicifolius* leicht zu kultivieren, zieht aber – im Gegensatz zu den meisten anderen Arten – trockenen Boden vor und gedeiht gut in direkter, heißer Sonne. Jedes zweite oder dritte Jahr sollte sie geteilt werden, um ihre Wuchsfreudigkeit zu bewahren. Sie benötigt wenig Platz und bildet einen ausgezeichneten Kontrast zu jeder anderen Pflanze mit breiten, fleischigen Blättern. Sie wirkt phänomenal in Gesellschaft der Gartenmelde, *Atriplex hortensis* var. *rubra.* Beide werden etwa gleich groß, aber die Gartenmelde besitzt große, nahezu dreieckige, karmesinrote Blätter (s. S. 96).

Kletterpflanzen für sonnige Standorte

Einjährige Kletterpflanzen sind hervorragend geeignet, um innerhalb weniger Monate das Gefühl von Üppigkeit hoch über unsere Köpfe hinaus auszudehnen. Aber auch, wenn Sie bereits Klematis, Geißblatt und Rosen besitzen, verdienen viele einjährigen Kletterer ihren Platz auf Grund ihrer schönen Blüten und ihres Laubes.

Wegen ihres schnellen Wachstums, ihrem verschwenderischen Blattreichtum und den leuchtenden, scharlachroten Blüten, lohnt es sich, die anspruchslose Stangenbohne auch außerhalb des Gemüsegarten zu präsentieren. Lassen Sie die Bohnen zusammen mit rankender Brunnenkresse über ein Gerüst oder einen Bogen klettern. Sobald die Blüten der Bohnen verwelkt sind, sehen das Orange, Gelb und Ziegelrot der Brunnenkresse, zusammen mit den baumelnden grünen Bohnen, weiterhin herrlich aus. Zu meinen liebsten Arten der Brunnenkresse gehört die Kapuzinerkresse, *Tropaeolum* 'Tip Top Mahogany', die Blüten in einem satten Rotbraun und gelbgrüne Blätter besitzt, und 'Empress of India' mit denselben dunklen Blüten, aber tief blaugrünen Blättern.

Bohnen und Brunnenkresse keimen gut, wenn sie gegen Frühlingsende direkt an Ort und Stelle ausgesät werden. Stecken Sie die Samen in einem Bogen, in etwa 45 cm Abstand vom Gerüst in die Erde und lassen Sie etwa 10 cm Abstand zwischen den Samen, damit sie sich nicht gegenseitig einengen. Haben sie einmal Fuß gefasst, sind beide Pflanzen wilde Wucherer. Die Brunnenkresse blüht am besten in nährstoffarmen Böden und daher sollten Sie vor dem Auspflanzen etwas grobkörnigen Sand untergraben.

Lablab purpureus, die Helmbohne, ist eine eher ungewöhnliche Leguminose, die wunderschön aussieht, wenn sie im Garten über Bögen und Tipis wächst. Sie gedeiht hervorragend in voller Hitze und stellt eine ausgezeichnete Alternative dar, wenn extreme sommerliche Temperaturen die Anpflanzung von Gartenwicken

verhindern. Sie trägt duftende, purpurrote Blüten, die wie eine aufrechte Glyzinie wirken und violette Bohnen, die von der Mitte des Sommers an bis zum Frost bestehen. Diese Laub abwerfende, ausdauernde Kletterpflanze ist nicht winterhart und wird in der Regel als Einjährige angepflanzt. Sie wird im Frühling unter Glas ausgesät. Am besten wird sie in hohen, schlanken Töpfen gezogen, um den Wurzeln genügend Platz für ihre Entwicklung zur Verfügung zu stellen ohne sie vereinzeln zu müssen, denn ihre Wurzeln sollten nicht gestört werden.

Die Helmbohnen und die leuchtenden, röhrenförmigen Blüten der Prunkwinde in Purpurrot, Rosa, Rot oder strahlendem Himmelblau stellen eine prächtige Mischung dar. Die Prunkwinde, *Ipomea,* ist eine ebenfalls bedingt winterharte, kurzlebige Staude, die wie eine Einjährige behandelt werden kann. Ihre Blüten öffnen sich im Morgengrauen und bleiben bis zum Nachmittag geöffnet. Ähnlich den Helmbohnen mögen sie keine Störung ihrer Wurzeln. Daher sät man sie am besten in große Töpfe, damit sie nicht vereinzelt und umgetopft werden müssen. In frostfreien Gegenden bedecken sie innerhalb von zwei oder drei Jahren die Vorderfront eines Hauses. In heißen, sonnigen Klimaten gedeihen sie so gut, dass sie z. B. in Australien zu einem sich stark ausbreitenden Unkraut geworden sind.

Cobaea scandens, die Glockenrebe, und *Eccremocarpus,* die Schönranke, sind frostempfindliche, ausdauernde Kletterpflanzen, können aber in ähnlicher Weise wie die Prunkwinde behandelt werden. Wie sie, benötigen sie etwas Zeit, um anzuwachsen, haben sie sich aber einmal eingewöhnt, wachsen sie etwa 60 cm pro Woche. Die Glockenrebe ist etwas frostempfindlicher als die Prunkwinde, aber wenn Sie sie zurückschneiden und die Wurzeln mit einer dicken, trockenen Schicht aus Farnkraut und Stroh mulchen, übersteht sie vielleicht den Winter. Die Glockenrebe lässt sich leicht aus im Spätsommer gewonnenen Weichholzstecklingen vermehren.

Klematis und Trompetenblume

Von den eher winterharten, ausdauernden Kletterpflanzen steht um diese Jahreszeit die spätblühende Klematis in voller Blüte. Die großblütige, amethystfarbene *Clematis* 'Jackmanii' ist eine meiner am längsten blühenden Klematisarten. Sie ist ausreichend attraktiv, um sie als Solitärpflanze einen Baum emporklettern oder sie einen purpurfarbenen Schleier über einer Mauer formen

Folgende Seiten Hier pflanzte ich *Miscanthus sinensis* 'Silberfeder' so, dass es sich schön über einen Pfad in meinem Garten wölben kann. Die Blätter der immergrünen *Helleborus argutifolius* wachsen ebenfalls in den Pfad hinein und verstärken noch das Gefühl der Pracht und Überfülle. Der duftende Sternjasmin, *Trachelospermum jasminoides* (auf der linken Seite), und das Geißblatt, *Lonicera perclymenum* 'Belgica' (die Blätter scheinen rechts durch), klettern an einem Bogen empor. Die bräunlich orange *Helenium* 'Moerheim Beauty', *Kniphofia* 'Green Jade', purpurrote *Lobelia* x *gerardii* 'Vedrariensis' und vereinzelte Blüten des orangen *Geum* 'Dolly North' und der karmesinroten *Dianthus* 'King of the Black' bringen Farbe in die Gruppe.

Spätsommer

zu lassen. Am besten gefällt sie mir aber in Gesellschaft der zinnoberroten, trompetenförmigen Blüten von *Campsis* x *tagliabuana*. Die Klematis verblüht vor der Trompetenblume, aber etwa einen Monat lang blühen sie gleichzeitig.

Setzen Sie sie in einem Abstand von ca. 2 m, damit sie beim Hochklettern an einer Wand oder einem Zaun ineinander wachsen können, aber keine Konkurrenz um den Platz entsteht. Die Trompetenblume besitzt Haftwurzeln, mit deren Hilfe sie selbstständig an Steinen oder Holz emporrankt, während die Klematis an ihrer Kletterhilfe angebunden werden muß. Steht ihnen genügend Platz zur Verfügung, klettern sie 3–4 m hoch.

Die magentafarbene *C.* 'Jackmanii Rubra' ist eine hübsche, großblütige Klematissorte mit zwei Blüteperioden. Sie trägt in der Mitte des Sommers halb gefüllte Blüten und während des ganzen Herbstes hindurch einfache Blüten. 'Ernest Markham' zeigt größere, rötere, einfache Einzelblüten den ganzen Sommer über. Haben sie sich nach etwa ein oder zwei Jahren eingewöhnt, sind beide gleichermaßen frohwüchsig. Einer meiner weiteren Lieblinge ist die wuchernde Zuchtform 'Gipsy Queen' in Magenta und Purpurrot. Sie erreicht eine Höhe von über 5 m und ist von der Mitte des Sommers an bis zum Herbst mit handflächengroßen Blüten bedeckt. Sie gedeiht am besten außerhalb tiefer Schattenbereiche und ist, wenn sie sich etabliert hat, so starkwüchsig, dass sie jedes Jahr zurückgeschnitten werden muß. *C.* 'Rouge Cardinal' ist eine weitere wuchernde Zuchtform. Sie blüht zur Sommermitte und dann im Herbst ein zweites Mal. Mit zunehmendem Alter verfärben sie sich von sattem Magenta zu Purpurrot.

Außer diesen großblütigen Hybriden, gibt es die kleineren, hübschen Viticella-Hybriden, die im Spätsommer blühen. Sie besitzen mit die prächtigsten Blütentexturen und die intensivsten Farben. Viele sind sehr krankheitsresistent und werden nur selten von Mehltau oder Welke befallen wie manche der großblütigen Zuchtformen. 'Madame Julia Correvon' ist sehr wuchsfreudig und hat Blüten in einem satten Magentaton. Die satteste Farbe zeigt die dunkelkarmesinrote 'Royal Velours', deren Blüten von besonders samtiger Beschaffenheit sind.

Spät blühende Klematis und Viticella-Hybriden blühen am diesjährigen Holz und werden am besten im zeitigen Frühjahr bis zum untersten, kräftigen Knospenpaar zurückgeschnitten, sobald die ersten jungen Triebe aus dem Boden sprießen.

Pflanzen für den Schatten

Blattpflanzen für schattige Gärten

Die Blattpflanzen – Farne, Funkien und immergrüne Nieswurz – , die schon zeitiger im Sommer das Rückgrat des Schattengartens bildeten, sehen jetzt immer noch gut aus. *Millium effusum* 'Aureum' hat seinen Höhepunkt überschritten, aber das exotisch anmutende Gras *Imperata cylindrica* 'Rubra' (s. S. 157) zeigt von Woche zu Woche eine intensivere Rotfärbung.

Mit seinen dunkelgrünen, gefalteten Blättern und den emporstrebenden, 2 m hohen Blütenähren, die im Sommer austreiben, ist der Germer, *Veratrum*, eine ideale Staudenfamilie für Schattengärten. *Veratrum viride* sieht aus wie eine gelbgrüne Glockenblume; noch begehrenswerter ist der dunkelkarmesinrote

Links Die spät blühende Viticella-Klematis 'Royal Velours' ist ideal geeignet, um einen Samtvorhang zu weben, der Wände und Spaliere bedeckt und die satten Farben und Formen auf die Vertikalen ausdehnt. Im Vordergrund ragen einige Samenstände des Schlafmohns auf.
Oben Die frohwüchsige, frostempfindliche *Cobaea scandens* ist eine einjährige Kletterpflanze, die sehr schnell Wände und Zäune bedeckt.
Mitte Die purpurroten Trompetenblüten der Prunkwinde, *Ipomea tricolor* 'Star of Yelta', sind nur bis zum Mittag geöffnet und schließen sich dann bis zum nächsten Morgen.
Unten Die ausdauernde, zinnoberrote *Campsis* x *tagliabuana* 'Madame Galen'.

Pennisetum villosum

Helenium 'Moerheim Beauty'

Euphorbia schillingii

Buddleja davidii 'Black Knight'

Spätsommerliche Anpflanzung für sonnige Standorte

1 *Ficus carica* x 1
2 *Helleborus argutifolius* x 2
3 *Helianthus annuus* x 12; vorher *Papaver orientale* 'Patty's Plum'
4 *Artemisia ludoviciana* 'Valerie Finnis' x 3
5 *Euphorbia griffithii* 'Dixter' x 4
6 *Buddleja davidii* 'Black Knight' x 1;
7 und 8 *Vitis coignetiae* x 1
9 *Euphorbia schillingii* x 7
10 *Cosmos atrosanguineus* x 5
11 *Dahlia* 'Mount Noddy' x 5
12 *Dahlia* 'Arabian Night', vorher *Erysimum cheiri* 'Vulcan'
13 *Eryngium x zabelii* 'Donard Variety' x 7; vorher *Tulipa* 'Generaal de Wet'
14 *Pennisetum villosum* x 2
15 *Helenium* 'Moerheim Beauty' x 3; vorher *Tulipa* 'Recreado' und *T.* 'Ballerina'
16 *Eryngium giganteum*, selbst ausgesät
17 *Tithonia rotundifolia* 'Torch' x 5
18 *Lysimachia atropurpurea* 'Beaujolais' x 6

1 Meter

Die Unmenge satter Rottöne in dieser spätsommerlichen Rabatte – Ziegelrot, venezianisches Rot und dunkles Karmesinrot – heben sich von dem Hintergrund aus Silber, und Gelbgrün ab, der später durch Scharlachrot, Gold und Ocker der sich verfärbenden Herbstblätter abgelöst wird.

Es gibt eine Gruppe hoch aufragender, einjähriger Sonnenblumen, *Helianthus* 'Velvet Queen', die 1,80 – 3,00 m erreichen. Sie durchdringen im Hintergrund die hübschen, dunkelgrünen Blätter einer Feige, die an einer Wand gezogen wird. Die Sonnenblumen tragen ziegelrote Blütenblätter mit einem weichem Gewebe. Ab Sommermitte sehen sie für drei bis vier Monate phantastisch aus. Warten Sie bis der purpurrote Orientalische Mohn 'Patty's Plum' im Frühsommer seine Blüte beendet, schneiden ihn dann bis zum Boden zurück und säen die Sonnenblumensamen an seine Stelle.

Die lang blühende *Helenium* 'Moerheim Beauty' mit ihren Blüten in venezianischem Rot wächst neben den dunkelkarmesinroten Blütenähren von *Lysimachia atropurpurea* 'Beaujolais' in einer schönen Zusammenstellung von Blütenformen und -farben. Bevor sie im Sommer ihre volle Größe erreichen, sorgten die anmutige, purpurrote *Tulipa* 'Recreado' und die duftende *Tulipa* 'Ballerina' für Frühlingsfarben.

Die tiefen Rottöne spiegeln sich in den einfachen, dunkelkarmesinroten Gänseblümchenblüten der frostempfindlichen Knollenpflanze *Cosmos atrosanguineus*, und den großen Blüten der Schmuck-Dahlie *Dahlia* 'Arabian Night'. Die *Dahlia* 'Mount Noddy' trägt tiefrosa Blüten mit einer karmesinroten Schattierung am Grund der Blütenblätter – der Farbe der Viktoria-Pflaumen, die zu den Blüten von *Buddleja davidii* 'Black Knight' passt, der sich im Hintergrund des Beetes befindet.

Im Frühjahr schlängelt sich der Goldlack *Erysimum cheiri* wunderschön durch den Vordergrund des Beetes. Zwischen ihn ist die mahagoni- und goldfarbene *Tulipa* 'Abu Hasan' gepflanzt.

Pflanzen für den Schatten

Durch das Beet verstreut finden sich silberne und blaue Edeldisteln, die zu den dunklen Blüten einen Kontrast bilden. Die formschöne, zweijährige *Eryngium giganteum* sät sich von Jahr zu Jahr selbst aus, wo immer es ihr gefällt. Direkt neben dem Gartenpfad befindet sich ein Gruppe von *Eryngium* x *zabelii* 'Donard Variety'. Sie ist meine Lieblingsedeldistel mit schönen, silbernen Blüten, die blau getönt sind und sich dunkler färben, wenn sie älter werden. *Artemisia ludoviciana* 'Valerie Finnis' und die grauen Blätter des Schmetterlingsstrauches sorgen für beruhigendes Silber. Die ausdauernd blühende *Euphorbia schillingii* ergibt einen gelbgrünen Rasen, der die dunklen Töne der Blüten unterstreicht.

Euphorbia griffithii sieht im Frühsommer prächtig aus, sobald ihre orangefarbenen Blüten mit dem purpurroten Schlafmohn 'Patty' Plum' die apfelgrünen Blüten von *Helleborus argutifolius* kontrastieren. Die Blätter der Wolfsmilch färben sich im Spätsommer golden, ocker und scharlachrot, passend zu den riesigen, Blättern von *Vitis coignetiae*.

V. nigrum. Germer zeigt an einem schattigen Platz ein echtes Schauspiel und sieht bis in den Herbst hinein gut aus, wobei seine Blüten und Samenkapseln lange halten. Er bevorzugt tiefgründigen, feuchten, aber gut durchlässigen Boden – *V. viride* verträgt auch nassen Boden. Wie die Funkie, ist auch der Germer besonders durch Schnecken gefährdet.

Blütenpflanzen für schattige Standorte

Es ist schwierig, dieses Gefühl der Üppigkeit und des Überflusses zu allen Jahreszeiten zu erzeugen. Es gibt leuchtend gefärbte Pflanzen, die im Frühjahr und zeitigen Sommer gut im Schatten gedeihen, aber nur wenige größere Pflanzen, die auffallend blühen, gedeihen hier. Ein Ausnahme stellt die Familie der Hortensien, *Hydrangea*, dar. Sie erzeugen riesige Blütenwolken in Blassgrün, Rubinrot, Himmelblau und Rosa; manche Zuchtformen haben außerdem kräftige, formschöne Blätter.

Hortensien bilden im späten Frühjahr und Sommer große, rundliche Büsche und beginnen zu blühen, sobald die meisten anderen Büsche ihre beste Zeit überschritten haben. In der Regel besitzen sie zwei verschiedene Typen von Randblüten an jedem Blütenstand: kleine, fertile Randblüten, die Samen hervorbringen können, und große, sterile Randblüten, die Pollen, aber keine Samen produzieren. Hortensien und Ballhortensien besitzen Letztere, während Tellerhortensien eine Mischung aus fertilen und sterilen Randblüten tragen.

Zu meinen Favoriten gehört die blassgrüne Ballhortensie, *Hydrangea arborescens* 'Annabelle'. Sie ist über drei oder vier Monate lang eine prächtige und stattliche Erscheinung. Die Knospen in der Mitte des Sommers erscheinen als zarte Kuppeln in leuchtendem Gelbgrün. *H.a.* 'Grandiflora' hat kleinere Blütenköpfe als 'Annabelle', aber die Einzelblüten sind größer. Die Blütenstände vergrößern sich den Spätsommer über und bis in den Herbst hinein zu blassgrünen Blüten mit über 30 cm Durchmesser. Wenn Sie die verwelkten Blütenstände ständig entfernen, werden bis zu den Frösten herrlich leuchtende Knospen hervorgebracht.

H. 'Preziosa' ist eine robuste, auffallende Zuchtform mit kupferroten Blättern und leuchtend rosa Blüten, die während des Sommers langsam nachdunkeln, bis sie im Herbst ein tiefes, sattes Karmesinrot aufweisen (s. S. 159). Falls Ihr Garten sauren Boden besitzt, können Sie eine der blauen *H. macrophylla*-Sorten anpflanzen, die kombiniert mit leuchtendem Rosa oder Orange besonders prächtig aussieht.

Ein Problem vieler, kräftig gefärbter Hortensien ist, dass die Farbe ihrer Blüten nicht mit Sicherheit vorausbestimmt werden kann. Sie wechselt mit dem pH-Wert des Bodens. Dieselbe Macrophylla kann auf saurem Boden blau und auf basischem Boden rosa oder rot sein. Liegt der pH-Wert höher als 5,5–6, können Sie nicht mit blauen Blüten rechnen.

Hortensien sind sehr einfach zu kultivierende Sträucher. Sie gedeihen in feuchtem, aber gut durchlässigem, humusreichem

Oben Wenn man fleissig die abgeblühten Blütenstände von *Hydrangea arborescens* 'Annabelle' entfernt, lohnt sie es im Spätsommer und im Herbst mit riesigen, blassgrünen Blütenständen. Ich pflanze sie neben die hohen Ähren von *Verbena bonariensis*.

Boden in der Sonne oder im Halbschatten, vertragen aber auch tieferen Schatten und nährstoffarme, unfruchtbare Böden. Sie mögen keine austrocknenden Winde und sollten daher einen geschützten Platz erhalten. Außerdem benötigen sie im Frühjahr eine 5–10 cm dicke Mulchschicht aus organischem Material.

Die *Macrophylla*-Hybriden blühen am alten Holz und müssen sofort nach ihrer Blüte im Herbst zurückgeschnitten werden, damit das junge Holz genügend Zeit zum Reifen hat. Aber schneiden Sie nicht zu stürmisch; beim Rückschnitt sollte man so wenig wie möglich von dem Blütenstiel abschneiden, da ein früher Herbstfrost die Stängel faulen lässt und die Blüten des nächsten Jahres vernichtet. *H.a.* 'Annabelle' und die *H. paniculata*-Sorten blühen am diesjährigen Holz und können im Winter oder zeitigen Frühjahr um etwa ein Drittel zurückgeschnitten werden. Werden die *Paniculata*-Sorten im Winter geschnitten, tragen sie größere Blüten; werden sie sich selbst überlassen, blühen sie reichhaltiger, aber mit kleineren Blütenköpfen.

Um einen starken Kontrast in Blütenform und -farbe zu schaffen, pflanze ich die imposanten dunkelblauen Blütenähren des Eisenhut, *Aconitum*, neben die blassgrünen Blütenschirme von *H. a.* 'Annabelle'. Die obersten 30–45 cm der Blütenähren des Eisenhuts sind mit kapuzenförmigen Blüten bedeckt, die an eine Mönchskutte erinnern. Es lohnt sich, ihn in großen Mengen zu pflanzen, da er schönes Laub im zeitigen Frühjahr austreibt und später imposante Blüten. Eine der spätesten Eisenhut-Arten ist *Aconitum carmichaelii*. *A. c.* 'Barker's Variety' zeigt ein klares, strahlendes Blau; 'Kelmscott' ist tiefblau, gemischt mit Purpurrot. Beide treiben im Spätsommer bis zu 2 m hohe Blütenstände aus.

Die blassgrünen Blütenstände der Hortensie 'Annabelle' betonen das dunkle Blaugrün der Blüten von *Aconitum hemsleyanum*, des kletternden Eisenhutes. Wegen seiner eher unauffälligen Blüten lohnt es nicht, diesen ausdauernden Kletterer an einem schattigen Zaun oder einer Wand zu ziehen, wo er kaum bemerkt wird.

Die Vorfahren des Eisenhuts sind auf den offenen, alpinen Weideflächen zu Hause, vor allem an den Uferbereichen von Quellen und Bächen. Sie wachsen am besten auf kühlem, feuchtem Boden im Halbschatten. Geben Sie beim Pflanzen viel organisches Material bei und bedecken Sie die Pflanzen im Herbst oder Frühling mit einer dicken Mulchschicht. Die größeren Sorten müssen gestützt werden. Ihr rhizomartiger Wurzelstock zerfällt beim Ausgraben, weshalb die Pflanzen im Spätherbst leicht zu teilen sind.

Ultramarinblauer Enzian

Eine kleinere, aber auffällige Blume, die schön am Beetrand wirkt, ist der Schwalbenwurzenzian, *Gentiana asclepiadea*. Die Blüten leuchten ultramarinblau und blühen vom Spätsommer bis zum Herbst. Die Pflanzen wachsen wild an Waldrändern in Süd- und Zentraleuropa und benötigen neutralen oder sauren, nährstoffreichen, feuchten Boden in sonniger oder halbschattiger Lage, um gut zu gedeihen.

Das intensive Blau vom Eisenhut und Enzian benötigt die Gesellschaft von Orange, um seine Wirkung zu unterstreichen. *Lilium henryi* ist eine Aufsehen erregende, chinesische Türkenbundlilie, die im Sommer im lichten Schatten blüht. Sie ist besonders winterhart, frohwüchsig und reich blühend. Sie trägt bis zu dreißig große Blüten in einem zarten Orange an über 1,20 m hohen Stängeln. Sie ist eine leicht zu kultivierende Sorte und wird auf gut durchlässigem Boden Jahr für Jahr wiederkehren. Die leuchtend mandarinefarbenen asiatischen Lilien der African-Queen-Gruppe gedeihen auch hier gut und, obwohl sie nicht so kräftig und lang sind wie *L. henry*, duften sie stark. Pflanzen Sie diese Lilien nicht im Spätherbst, sondern im Frühling. Möchten Sie mehr orangefarbene Gruppen, gibt es zwei Montbretien – *Crocosmia masoniorum* und *C.* 'Lucifer' –, die gut im lichten Schatten gedeihen, solange der Boden feucht gehalten wird (s. S. 142–144).

Die Stiefmütterchen gehören zu den niedriger wachsenden Pflanzen, die leuchtende Polster aus Orange oder tiefem Purpurrot bilden. Die ausdauernde Staude *Viola* 'Paparadja' ist von einem tiefen Zinnoberrot; *V.* 'Jolly Joker' ist zweifarbig, die drei unteren Blütenblätter mandarinefarbig und die zwei oberen besitzen ein tiefes, samtiges Violett. Beide Sorten können auch im Spätsommer bis Mitte Herbst blühen. Bogenförmige Anpflanzungen von 'Paparadja', *Gentiana asclepiadea* und *Alchemilla mollis* bilden einen gemusterten Teppich in Orange, Tiefblau und Gelbgrün. Frauenmantel und Stiefmütterchen blühen zusammen im zeitigen Sommer. Außer in sehr heißen Sommern ist es möglich, Stiefmütterchen am Blühen zu halten, wenn

Links Die reizende, orangefarbene *Lilium henryi* gedeiht im Halbschatten und bildet einen herrlichen Kontrast zu den ultramarinblauen Blütenähren des blauen *Salvia viridis*.
Oben rechts Die samtblütige, zweifarbige *Viola* 'Jolly Joker'.
Darüber rechts *Gentiana asclepiadea* trägt intensiv blaue Blüten, die sich besonders gut von ihren gelbgrünen Blättern abheben.

man sie reichlich gießt und auf Blattläuse achtet. Die Stiefmütterchen treffen dann mit der zweiten Blüte des Frauenmantels zusammen – falls diese nach der ersten Blüte stark zurückgeschnitten wurden.

Ich würde auch eine Gruppe von Krötenlilien, die sich durch die Pflanzen im Vordergrund einer Schattenrabatte schlängeln, pflanzen,. Hierbei handelt es sich um exotisch anmutende Pflanzen mit Blüten, die einer Orchidee ähneln, die aber völlig winterhart sind – nur die späten Blüten werden von den ersten Frösten vernichtet. Sie besitzen sternförmige Blüten mit sechs Blütenblättern und vorstehenden Staubfäden, wobei Narbe und Staubbeutel eine 'Blüte innerhalb der Blüte' bilden. *Tricyrtis formosana* besitzt blasse, fliederfarbene Blüten, die mit purpurroten Flecken übersät sind. Sie ist die wuchsfreudigste der Krötenlilien, wird bis zu 80 cm hoch und breitet sich langsam zu einem eindrucksvollen, purpurroten Teppich aus. Es gibt auch eine hübsche, goldgelbe Sorte, *T. ohsumiensis,* mit verstreuten, braunen Flecken auf dem Gold. Sie bildet im Frühling niedrige, kompakte Gruppen mit blassgrünen Blättern und blüht vom Spätsommer an. Beide sehen gut aus, wenn sie nebeneinander gepflanzt werden.

Lilium henryi

Tricyrtis formosana

Aconitum carmichaelii

Imperata cylindrica 'Rubra'

Spätsommerliche Pflanzung für den Schattengarten

1. *Angelica gigas* x 3
2. *Rosa* 'Hansa' x 3
3. *Hydrangea arborescens* 'Annabelle' x 1; verwoben mit *Aconitum hemsleyanum* x 1
4. *Lilium speciosum* 'Uchida' x 7
5. *Millium effusum* 'Aureum' x 7
6. *Tricyrtis formosana* x 5; vorher *Primula* Cowichan-Garnet-Gruppe
7. *Hakonechloa macra* 'Aureola' x 9
8. *Millium effusum* 'Aureum' x 4
9. *Lilium henryi* x 7; vorher *Fritillaria imperialis* x 7
10. *Chasmanthium latifolium* x 3
11. *Aconitum carmichaelii* x 7
12. *Crocosmia masoniorum* x 5
13. *Imperata cylindrica* 'Rubra' x 11

1 Meter

Um diese Jahreszeit sieht *Hydrangea arborescens* 'Annabelle' atemberaubend aus: sie ist von riesigen, aufgepufften Blütenständen bedeckt, die dreimal so groß wie eine Grapefruit werden und in einem blassen Pfefferminzgrün gefärbt sind . Wenn Sie die Blüten entfernen, sobald sie braun werden, bilden sich ständig neue Knospen aus. Sie sind leuchtender als die voll entwickelten Blüten – eher gelbgrün gefärbt – und bilden einen interessanten Farbkontrast zu den magentafarbenen Blüten der Rugosarose, *Rosa* 'Hansa'. Diese krankheitsresistente Rose blüht den ganzen Sommer hindurch bis in den Herbst hinein und gefällt dann außerdem mit glänzenden, roten Hagebutten.

Die bizarre Blattform von *Angelica gigas* stellt ein weiteres Highlight im Schattengarten dar. Die karmesinroten Stängel, Blüten und Samenkapseln reflektieren die leuchtende Farbe der Rosenblüten und die Pflanzen sind groß genug, um in den Hintergrund eines Beetes gepflanzt zu werden.

Der tiefblaue, kletternde *Aconitum hemsleyanum* durchdringt die Hortensien und fügt einen weiteren dunklen Farbton hinzu. Er benötigt ein paar Jahre, um sich voll zu entwickeln, aber die helmförmigen Blüten heben sich gut von den blassen und leuchtend grünen, ballförmigen Blütenständen der Hortensien ab.

Ein anderer dunkler, violetter Eisenhut, *A. carmichaelii*, bildet einen kräftigen Kontrast zu den orangefarbenen Türkenbundblüten von *Lilium henryi* und den mandarinefarbenen und zinnoberroten, überhängenden Blütenähren von *Crocosmia masoniorum*, die in einer Reihe zum Beetvordergrund hin gepflanzt wurde. Zwischen die Lilien ist eine große Gruppe der orangefarbenen Kaiserkrone, *Fritillaria imperialis*, gepflanzt, die im Frühjahr blüht und deren Blüten vor der Samenbildung entfernt werden sollten, damit der Zwiebel keine unnötige Energie entzogen wird. Schneiden Sie die gesamte Gruppe zurück, sobald sich die Blätter vollkommen braun verfärbt haben – sie werden zum Teil durch die austreibenden Blätter von *Lilium henryi* verdeckt. Umgeben Sie die Kaiserkronen mit einer widerstandsfähigen, schattenverträglichen Tulpe wie 'Negrita', um vollere Frühlingsfarben zu erzielen.

Der Spätsommer ist eine gute Zeit für die schattenliebenden Lilien und hier findet sich eine hübsche Anpflanzung der stark duftenden *Lilium speciosum*

Pflanzen für Feuchtzonen in Sonne und Halbschatten

'Uchida'. Diese stellt eine hübsche, dunkelkarmesinrot blühende Sorte dar, aber alle *Speciosum*-Lilien sind leicht zu ziehen und gedeihen gut im Schatten.

Sobald diese Blumen gegen Sommerende verwelken, weben eine Reihe verschiedener, ineinander verflochtener Gräser bunte Rasenflächen. *Chasmantium latifolium* produziert eine zarte, kupferfarbene Blütenwolke, die sich gegen die Grasbüschel von *Hakonechloa macra* 'Aureola' und Horste von Bowles' goldenem Gras, *Milium effusum* 'Aureum', abhebt. Diese zwei pflanze ich, um eine goldgrüne Abgrenzung zum Gartenpfad hin zu schaffen. Die langsam wachsende *Hakonechloa* bildet hübsche, immergrüne Kuppeln, wobei einige ihrer Blätter eine kupfer- und orangefarbene Tönung annehmen, sobald die Temperaturen sinken. *Imperata cylindrica* 'Rubra' fügt karmesinrote und scharlachrote Farbflecken zu den Bronze- und Grüntönen hinzu. Im Frühjahr, bevor *Chasmanthium* und *Imperata* austreiben, sollten Sie *Hakonechloa* und Bowles' goldenes Gras als Hintergrund zu den bunten Primeln und Anemonen verwenden.

Erreichen die Gräser ihre schönste Zeit, fängt die purpurrote Krötenlilie, *Tricyrtis formosana*, an, zu blühen und sieht aus wie eine tropische Orchidee.

Die Krötenlilie kommt ursprünglich im Himalaya und in Japan in kühlen, teilweise schattigen, feuchten Lagen vor. Sie kommt ohne hohe Luftfeuchtigkeit aus, benötigt aber etwas Schatten und nährstoffreichen Boden, der das ganze Jahr über feucht bleibt. Pflanzen Sie sie in etwa 60 cm Abstand, unter Gruppen von Zwiebelpflanzen und Primeln. Sie vertragen es gut, wenn die anderen Pflanzen im Frühjahr über ihnen blühen und treiben dann aus, wenn die Frühlingsblumen nachlassen und anfangen zu verschwinden. Versorgen Sie die Pflanzen im Winter in kalten Gegenden mit einer dicken Mulchschicht und schützen Sie den jungen Austrieb im Frühjahr vor Schnecken.

Vielleicht kombinieren Sie die purpurrote Krötenlilie mit einer Gruppe blassgrüner *Zinnia* 'Envy'. Während die meisten einjährigen Pflanzen einen offenen, sonnigen Standort bevorzugen, bewahren die Blüten dieser Zinnie ein besseres, leuchtenderes Grün im Schatten. Sie verblassen in voller Sonne zu einem cremefarbenen Grün (s. S. 123).

Robuste Rugosa-Rosen

Die *Speciosum*-Lilien sind sehr einfach anzupflanzen. Die karmesinrote *L. s.* 'Uchida', die hier zu den zuverlässigsten Stauden gehört, bildet elegante, etwa 90 cm hohe Gruppen und lohnt sich wegen ihres intensiven Duftes in jeder Gartenecke. Diese Gruppierung könnte eine Wiederholung der hochsommerlichen Pflanzung sein, wenn sie neben der Schatten tolerierenden Rose 'Souvenir du Docteur Jamain' wachsen würde, die jetzt immer noch ein paar ihrer plüschartigen, karmesinroten Blüten tragen sollte. Die Rosen der Rugosa-Gruppe, die dafür berühmt sind, zu den am wenigsten krankheitsanfälligen Sorten zu gehören, sind wuchsfreudiger. 'Roseraie de l'Häy' ist leuchtend magentafarben. 'Hansa', eine der besten „Allround"-Rugosa-Rosen, ist etwas rosafarbener, und trägt große, plumpe, scharlachrote Hagebutten. Rugosa-Rosen gedeihen auch gut im Schatten und blühen doppelt so lange wie die altmodischen Gallica- und Moosrosen. Trotzdem duften sie kräftig und besitzen leuchtendes, glänzendes Laub.

Pflanzen für Feuchtzonen in Sonne und Halbschatten

Blattpflanzen für Feuchtzonen

Im Spätsommer erreichen viele Blattpflanzen ihre endgültige Größe und manche tragen beeindruckende Samenstände, die zu ihrem großartigen Erscheinungsbild beitragen. Das Chinaschilf ist mit fedrigen Rispen bedeckt, die ca. 3 m hoch aufschießen, während Bambus, Schildblatt, Gunnera, Ligularia, Wasserdost und Schaublatt ihr größtes Wachstum schon erreicht haben. Pflanzen, die den größten Teil des Jahres als Hintergrundpflanzen wirken, rücken nun in den Vordergrund und tragen üppige Früchte und

Spätsommer

Beeren oder flammend rote Blätter, wie z. B. die zwei Schneeballarten, *Viburnum opulus* und *V. sargentii*. Im Spätsommer sind beide
Arten mit fleischigen, roten, johannisbeerähnlichen Beeren bedeckt, bevor die Blätter anfangen, sich zu verfärben. *V. sargentii*
ist höher, trägt größere Blätter und Früchte. Beide Schneeballarten sind eine spektakuläre Erscheinung um diese Jahreszeit und
gedeihen in feuchtem, fruchtbarem Boden in der Sonne oder im
Halbschatten.

Die Wedel des Königsfarns zeigen noch immer ein frisches
Grün und die filigranartigen Horste der Wiesenraute ihr mattes
Silber. Falls ihre Blütenstände entfernt wurden, und die gerippten,
paddelförmigen Blätter von *Hosta sieboldiana* nicht von Schnecken
beschädigt wurden, bilden sie weiterhin große, strahlend blaugrüne Horste. Außerdem gibt es noch jede Menge Gelbgrün:
Euphorbia schillingii blüht weiterhin, und wenn die Blütenstände
von *Alchemilla mollis* nach der ersten Blüte im zeitigen Sommer
entfernt wurden, bildet er einen neuen Teppich aus frischen
Blättern und treibt, obwohl nicht so blühfreudig wie beim ersten
Mal, mehr gelbgrüne Zweige aus. Auch Lazula strahlt und erscheint frisch, falls sie nach der ersten Blüte im Frühsommer
zurückgeschnitten wurde.

Blumen für Feuchtzonen und sonnige Standorte

Die großartigen Blüher, die jetzt in das Zentrum des Geschehens
rücken – zinnoberrote Montbretien, mandarinefarbene Lilien und
bräunlich scharlachrote Lobelien – ,gleichen den Mangel an neuen
Blattpflanzen für die Hintergrundbepflanzung mehr als aus. Am
wertvollsten von allen ist der Phlox, wegen seiner blendenden
Farbenpracht und des auffälligen Dufts. Nur wenige Pflanzen benötigen so wenig Pflege, wachsen so kräftig und blühen so lange
wie die Zuchtformen des Staudenphlox, *Phlox paniculata*. Außerdem duftet er süß und kräftig und die Magenta-, Rosa- und Purpurtöne der dichten Blütenstände gehören mit zu den interessantesten des ganzen Farbspektrums.

Es gibt auch viele pastellfarbene Phloxsorten, aber die richtigen
für einen farbkräftigen Garten sind der grellrosa 'Windsor' und
'Brigadier', der magentafarbene 'Starfire', der karmesinrote
'Othello' oder der satt purpurrote 'Amethyst' und 'Le Mahdi'.
Es gibt auch ausgezeichnete, orange getönte, rosa Sorten wie
'Prince of Orange' und 'Orange Perfection'. Keine dieser Farben
verblasst mit der Zeit und allesamt sind es winterharte, kräftige,
schnell wachsende Pflanzen, die in ein paar Jahren ansehnliche
Gruppen bilden. Die meisten werden 60–90 cm hoch und tragen
solch schwere Blütenköpfe, dass sie gestützt werden müssen, um
nicht in Wind und Regen zusammenzubrechen. Die Wildform
ist eine anspruchslose Pflanze, die in den waldreichen Gebieten
des östlichen Nordamerikas an den Ufern von Flüssen und Bächen
beheimatet ist. Die Gartenzüchtungen neigen unter trockenen

Bedingungen zu Mehltau, aber in gut gepflegten Rabatten mit
feuchtem Boden und etwas Schatten gedeihen sie gut. Sie wider-
stehen Krankheiten am besten, wenn sie neben einem Teich oder
Bach wachsen.

Um die beste Blütenpracht zu erhalten, dünnen Sie die etwa
15–25 cm hohen Jungtriebe im zeitigen Frühjahr aus und lassen
nur die kräftigeren Stängel stehen. So kann Luft durch den Stock
zirkulieren und Mehltau wird vermieden. Die Triebe, die Sie entfernen, können als Stecklinge verwendet werden. Man schneidet
sie in Bodenhöhe ab und steckt sie in eine nährstoffreiche Erdmi-
schung, um beste Ergebnisse zu erzielen. Halten Sie den Boden
feucht und, wenn man den Anzuchtkastens beheizt, sollten die
Stecklinge in weniger als einem Monat Wurzeln ausbilden. Wenn
Sie die Spitzen von etwa einem Drittel der Blüten tragenden Stängel ausbrechen, erhalten Sie sogar im Herbst noch ein paar Blüten,
da sich Seitenzweige entwickeln, die nach einem Monat blühen.

Phlox und Montbretie

Die Sorten von *Phlox paniculata* bilden tolle Kombinationen mit
anderen Feuchtigkeit liebenden, spät blühenden Pflanzen. Der
purpurrote *P.p.* 'Le Mahdi' oder 'Amethyst' sehen wunderbar
aus in Gesellschaft mit der zinnoberroten Montbretie, *Crocosmia*
'Lucifer' – besonders wenn sich die zierlichen überhängenden
Stängel der Montbretie auf gleicher Höhe mit den fleischigen,
dicht bepackten Blütenständen des Phlox befinden. Die klein-
wüchsige *C.* 'Emilie McKenzie' mit großen karmesinroten und
orangefarbenen Blüten bildet kompakte Gruppen und steht am
besten vor dem Phlox oder auch am Wegrand. Wechseln Sie
die Stöcke der Montbretie mit einigen Büscheln der gelbgrünen
Steifsegge, *Carex elata* 'Aurea' ab, die dringend benötigte Abgren-
zungen schafft, um die Blütenpracht zu gliedern.

Die Montbretien sind im Frühling als Knolle vom Spezialisten
zu beziehen und, obwohl sie eine Weile benötigen, um Fuß zu
fassen, vermehren sie sich gut, wenn sie nicht gestört werden.
Pflanzen Sie sie ca. 10 cm tief und in etwa 15 cm Abstand voneinander. Bevor sie blühen, treiben sie kräftige, gefältete, der Iris
ähnliche Blätter, die einen hübschen Hintergrund zu den früher
blühenden Pflanzengruppen bilden. *C.* 'Lucifer' ist zuverlässig
winterhart, genauso wie *C.* 'Mrs Geoffrey Howard', eine weitere
zierliche, großblütige Sorte mit einheitlich zinnoberroten Blüten.
C. 'Emily McKenzie' ist weniger winterhart. Sie sollten deshalb
versuchen, sie an einer Wand zu pflanzen und den Stock mit einer

Rechts Einige meiner bevorzugten, Feuchtigkeit liebenden Pflanzen, die
winterharten Lobelien, zeigen sich von ihrer schönsten Seite im Spätsommer,
ganz von Blüten übersät. *Lobelia* 'Queen Victoria' und 'Tania' sind ebenfalls
von unschätzbarem Wert wegen ihrer leuchtenden, dunkelkarmesinroten
Blätter, die herrlich wirken, wenn sie zwischen anderen Blumen und grünen
Blättern durchscheinen. Ich pflanze sie in Gesellschaft mit der farblich
passenden, dunkelblättrigen *Dahlia* 'Bishop of Llandaff' und der ausdauernd
blühenden *Rosa* 'Portlandica'. Der purpurrote *Penstemon* 'Burgundy' fügt sich
gut in das kräftige Farbmuster ein.

Spätsommer

trockenen Mulchschicht aus Stroh oder Farnkraut bedecken, um ihr durch den Winter zu helfen. Montbretien behalten ihre Wuchskraft und profitieren davon, wenn sie alle drei Jahre im Frühjahr ausgegraben und geteilt werden.

Alle tief magentafarbenen Sorten von *Phlox paniculata* sind ein besonderer Blickfang, wenn sie mit leuchtendem Mandarine zusammen gepflanzt werden – z. B. mit *P. p.* 'Starfire' oder 'Brigadier' zusammen mit *Lilium superbum*. Die Lilie trägt ca. 3 m hohe Blütenähren, von denen das obere Drittel mit Türkenbundblüten bedeckt ist. Sie trägt bezeichnenderweise den Beinamen „superbum" – große Pflanzung ist um diese Jahreszeit ein unglaublicher Anblick. Leider duftet sie nicht.

Suchen Sie mehr ein Bordeauxrot, dann nehmen Sie eine Indianernessel, wie 'Blaustrumpf', 'Vintage Wine' oder 'Mahagony'. Die ausdauernden Indianernesseln symbolisieren den Spätsommer, werden etwa 45 cm groß und sind winterhart. Wie der Phlox, neigen sie zu Mehltau, außer auf ständig feuchtem Boden.

Die ausdauernden Kardinallobelien sind nicht so auffallend wie der Phlox, aber sie eignen sich hervorragend, um sie zwischen anderen Pflanzen hervorleuchten zu lassen. *Lobelia cardinalis* wächst in Nordamerika ursprünglich auf sumpfigen Böden in voller Sonne und, während alle Lobelien feuchte Böden bevorzugen, verträgt *L. cardinalis* sogar Wasser über ihrem Wurzelstock, solange das Wasser abfließen kann. Sie wird bis zu 90 cm hoch, hat nahezu fluoreszierende, scharlachrote Blüten und behaarte, grüne Blätter. Die Hybriden von *L. fulgens* tragen rotbronzene Blätter und blühen in einer prächtigen Vielfalt von intensivem Purpurrot, Blau, Karminrot, Rosa sowie Scharlachrot. *L.* 'Queen Victoria' ist leuchtend scharlachrot mit karmesinroten Blättern, *L.* 'Russian Princess' hat scharlachrote Blüten, aber grüne Blätter; *L.* x *gerardii* 'Vedrariensis' trägt ausdauernd blühende, purpurrote Blütenähren, aber meine Favoriten sind die karmesinrot blättrigen, magentafarben blühenden 'Tania' und 'Kimbridge Beet'. Jede dieser Sorten sieht in Streifen gepflanzt gut aus, vor allem, wenn sie Rabatten mit ihren Streifenmustern verzieren. Die Sorten mit karmesinroten Blättern bilden zu Beginn des Sommers einen hervorragenden, blattreichen Hintergrund für die mandarinefarbenen und zinnoberroten Nelkenwurz und Taglilien. Die frisch-grünen, gesund aussehenden Blätter der Taglilien haben den gleichen Effekt für die Lobelien, wenn diese gegen Sommerende zu blühen beginnen.

Lobelia cardinalis, L. x *gerardii* 'Vedrariensis' und einige der neueren Züchtungen sind winterhart. Sie können aus Samen gezogen werden oder nach zwei oder drei Jahren geteilt werden. Wenn Sie sie im Frühjahr in kleinere Gruppen teilen, wachsen sie innerhalb eines Jahres zu fünfmal so großen Pflanzen heran. *L.* 'Queen Victoria', eine alte Sorte, ist einigermaßen winterhart, aber kurzlebig. Obwohl sie krankheitsresistenter ist, wenn sie jedes Jahr aus Samen gezogen wird, ist sie eine kräftige, schnell wachsende Pflanze. Innerhalb einiger Monate wächst sie, aus im Vorjahr geschnittenen und zu Frühlingsmitte ausgepflanzten Stecklingen zu Gruppen von beachtlicher Größe heran.

Spätsommerliche Anpflanzung für

Vom Frühling bis zum Herbst ist diese Fläche eine Mischung aus üppigen Blättern und leuchtenden Blüten. Die Gestaltung wird durch die kräftigen Pflanzen bestimmt, die in starken und leuchtenden Blöcken gruppiert sind.

Während eines Großteils des Jahres sorgt ein gelbgrüner Streifen für Kontinuität im Beet und bildet eine Abgrenzung zu Purpurrot, Rot und Orange. Das Gelbgrün stammt im Frühjahr von *Euphorbia palustris* und den schwertähnlichen Blättern von *Iris pseudacorus* 'Variegata'. Jedes Irisblatt ist aus der Nähe betrachtet creme und grün gestreift, aber aus größerer Entfernung verschmelzen diese Farben.

Die Iris behält ihr Strahlen für Monate bei, ebenso die gepflegten Horste von *Carex elata* 'Aurea', die eine ähnliche Farbe zeigen. Die goldblättrige *Hosta* 'Piedmont Gold' ist auch hier vertreten, in einer anderen, rundlichen Gestalt mit großen, gefälteten Blättern. Iris, Segge und Funkie gefallen zusammen

Feuchtzonen

Pflanzen für Feuchtzonen in Sonne und Halbschatten

1. *Viburnum sargentii* x 1
2. *Iris pseudacorus* 'Variegata' x 5
3. *Eupatorium purpureum* subsp. *maculatum* 'Atropurpureum' x 1
4. *Monarda* 'Blaustrumpf' x 9
5. *Crocosmia* 'Lucifer' x 5
6. *Lobelia* 'Queen Victoria' x 9
7. *Hosta* 'Piedmont Gold' x 3
8. *Euphorbia schillingii* x 17
9. *Crocosmia* 'Emily McKenzie' x 3; vorher *Camassia quamash* 'Orion'
10. *Phlox paniculata* 'Amethyst' x 6
11. *Lobelia* x *gerardii* 'Vedrariensis' x 5
12. *Carex elata* 'Aurea' x 5
13. *Crocosmia* 'Lucifer' x 5
14. *Euphorbia palustris* x 3

1 Meter

Carex elata 'Aurea'

Crocosmia 'Lucifer'

Phlox paniculata 'Amethyst'

Hosta 'Piedmont Gold'

über Monate hinweg. Die Funkien sollten Sie gegen Schnecken schützen, um ihr schönes Aussehen zu bewahren. Im Spätsommer gesellt sich *Euphorbia schillingii* dazu, die länger als irgendeine andere meiner Wolfsmilchgewächse mit ihren übereinander angeordneten Blüten bedeckt ist.

Weitere satte Farben steuern Schneeball, *Viburnum sargentii*, und der Wasserdost, *Eupatorium* subsp. *maculatum* 'Atropurpureum', bei. Der Schneeball bildet mit seinen sich färbenden Blättern im Spätsommer und Herbst ein glühendes Blätterdach aus Scharlachrot und Karmesinrot. Seine Beeren sind doppelt so groß wie die des verwandten *V. opulus*. Der Wasserdost besitzt riesige Stängel und große Blätter: er benötigt eine kräftige Stütze, um ihn vor dem Umfallen zu bewahren. Die dunkelpurpurroten Blüten passen zu der purpurroten *Monarda* 'Blaustrumpf', die ab der Mitte des Sommers am schönsten ist.

Auch die Montbretie, *Crocosmia* 'Lucifer', erreicht die beste Zeit mit ihren zinnoberroten Ruten, die über 1 m hoch aufragen. Von dieser Sorte gibt es zwei auffallende Anpflanzungen und die kleinere, stärker strukturierte *Crocosmia* 'Emily McKenzie', die zweifarbige Blüten in Mandarine mit einer karmesinroter Kehle trägt, bildet eine weitere Gruppe. Zusammen mit den Montbretien zeigen sich winterharte Lobelien und Phlox. Die karmesinroten Blätter von *Lobelia* 'Queen Victoria' sorgen für prächtige Farben den Sommer über und die scharlachroten Blüten bringen später noch auffälligere, leuchtende Farben. Die purpurrot blühende *L.* x *gerardii* 'Vedrariensis' blüht jetzt ebenfalls und ragt über 1 m empor. Ihre dunklen, rauchgrau-purpurnen Blüten sieht man über eine große Anpflanzung des duftenden *Phlox paniculata* 'Amethyst' hinweg, der zusammen mit dem Schneeball das Beet im späteren Teil des Jahres beherrscht.

HERBST

Herbst

Im herbstlichen Garten sorgen mehr die Blätter als die Blüten für leuchtende Farben. Sobald sich die Blätter der Sträucher und Stauden zu verfärben beginnen, können Sie durch die richtige Pflanzenzusammenstellung ein wundervolles Spektrum aus Rot-, Gold-, Orange- und Rosatönen erreichen. Manche Pflanzen tragen zusätzlich noch schön gefärbte Beeren und Früchte. Diese ergeben, mit ein paar immergrünen Pflanzen vermischt, wundervolle farbige Kaskaden. Unter den Blumen gibt es Nachzügler: Guernseylilien, Fackellilien, Spaltgriffel, Amaryllis und Astern mischen sich mit Dahlien und bedingt winterharten Pflanzen, wie Kugelamarant, Sonnenhut, Spinnenpflanze und Tabak. Außerdem noch Bartfaden, Sonnenbraut und hoch aufragende einjährige und ausdauernde Sonnenblumen, die vom Spätsommer bis zum Frost blühen.

So wie im Frühling können Sie auch im Herbst verschiedene Bereiche mit intensiven Farben, Düften und Strukturen erzeugen. Wenn Sie nicht einen Teil Ihres Gartens für die Herbstfarben zur Verfügung stellen, ist es in der Regel schwierig, um diese Jahreszeit kräftige oder leuchtende Farbeffekte in größerem Ausmaß zu erzielen. Sie können nicht so leicht wie in den Sommermonaten, Farbmuster entwerfen, die auf einem venezianischem Rot basieren. Aber Sie können mit purpurroten Verbenen und Astern, strahlend rosa Guernseylilien und Herbstzeitlosen, orangen Fackellilien und roten Spaltgriffel auffallende Farbteppiche schaffen; es gibt eine spät blühende, duftende Klematis; Salbei, Petunien und *Cosmos atrosanguineus* sorgen für samtige Blüten. Sobald die Tage kürzer werden, wird es zunehmend schwieriger, diese Blumen weiterhin mit einem üppigen Blätterdschungel zu umgeben. Viele der großblättrigen Pflanzen, wie Akanth, Kardone, Federmohn, Ligularia und Rhabarber, haben ihre beste Zeit überschritten, aber noch sind ein paar Pflanzen von ausreichender Form und Größe vorhanden, wie z. B. Chinaschilf und Blumenrohr, die ein paar Ecken füllen können. Sobald die Temperaturen sinken, beginnen einige der stämmigen, Laub abwerfenden Sträucher und Kletterpflanzen, besonders Perückenstrauch, Schneeball und Wein, glühende Farben zu zeigen und vermitteln ein neues, nicht weniger willkommenes Gefühl der Üppigkeit und Pracht.

Der Herbst ist eine geschäftige Zeit im Garten, da Vorbereitungen für das nächste Jahr zu treffen sind und alles für den kommenden Winter vorbereitet werden muß. Die Zwiebeln der Frühlingsblumen müssen gepflanzt werden; Tulpen können bis zum Spätherbst warten, aber Hyazinthen, Narzissen, Zierlauch und Kaiserkronen profitieren von einer früheren Pflanzung. Alle winterharten und zweijährigen Pflanzen, die unter Glas vorgezogen wurden, sollten verpflanzt oder an ihre Plätze im Freiland gesetzt werden. Stauden, die geteilt weden müssen, sollten ausgegraben, geteilt und wieder eingepflanzt werden.

Mit dem Beginn der ersten Fröste, müssen Blumenrohr, Dahlien, Gladiolen und andere frostempfindliche Pflanzen ausgegraben und frostfrei gelagert werden (s. S. 114). *Melianthus major* sollte eingewickelt, und die etwas empfindlicheren Gräser und Stauden, wie *Arundo donax* und *Gunnera manicata,* müssen mit einer dicken Mulchschicht geschützt werden. Die abgestorbenen Blätter der einjährigen Pflanzen und der meisten Stauden sollten abgeschnitten und entfernt werden, um die Entstehung von Krankheiten zu verhindern. Lassen Sie aber prägnante Wuchsformen stehen, wie z. B. hübsche Samenstände oder attraktive Gräserbüschel, damit Sie auch während der Wintermonate einen schönen Blickfang haben.

Pflanzen für sonnige Standorte

Manche Pflanzen zeigen nicht nur eine wunderschöne Herbstfärbung, sondern tragen schon früher im Jahr hübsche Blüten oder Blätter. Diese Pflanzen sind als Hintergrundbepflanzung besonders geschätzt: zwischen den glühenden Farben und den großen Blattpflanzen bleiben sie beinahe unbemerkt, aber je weiter das Jahr fortschreitet, desto mehr nimmt ihr Einfluss zu.

Ganz oben auf der Liste der Sträucher mit zwei wirkungsvollen Jahreszeiten stehen die karmesinrot-blättrigen Sorten des Perückenstrauches, *Cotinus obovatus* und C. 'Grace'. Sie tragen seit dem späten Frühjahr schön geformte Blätter und im Sommer Wolken aus rosa-karmesinroten Blüten. Auch ohne das Schauspiel ihres herbstlichen Farbfeuerwerkes sind die Blätter schon während der Sommermonate wegen ihres tiefen Karmesinrots sehr wertvoll. Im Spätsommer beginnen sich seine Blätter in mehreren verschiedenen Farben an einem Strauch zu verfärben: bis der Wind die Blätter davonbläst, bilden Rosa, Scharlachrot und Purpurrot für einen Monat oder länger einen prächtigen Anblick.

Geben Sie dem Perückenstrauch mäßig fruchtbaren, aber gut durchlässigen Boden und setzen Sie ihn möglichst in die volle Sonne, um eine schöne Herbstfärbung zu erhalten. Falls Sie seine Größe für einen kleinen Garten einschränken wollen, können Sie ihn im Frühjahr bis auf zwei oder drei Knospen stark zurückschneiden. So erhalten Sie außerdem große und schön gefärbte Blätter. Sie bilden dann ein kuppelförmiges Blätterdach von 2–3 m Höhe und Durchmesser. Wird er sich selbst überlassen, kann er zwei- oder dreimal so groß werden.

Ich pflanze hohe, orangefarbene und purpurrote Dahlien, wie die große Schmuck-Dahlie 'Edinburgh' oder die ähnliche 'Rothesay Reveller', und die orangefarbene *Cosmos* 'Bright Lights' vor den Perückenstrauch, damit sie den Platz der einjährigen Pflan-

---

Vorhergehende Seiten Hier zeigt sich ein Dschungel formbetonter Blätter zu Beginn des Herbstes: die roten Stängel von *Rhus* x *pulvinata* Autumn-Lace-Gruppe wiederholen die karmesinroten Blätter von *Ricinus communis* 'Carmencita' und die lanzenartigen Blätter von *Phormium* 'Sundowner' und vermischen sich mit den grauen Blättern des Eukalyptus. Es zeigt sich auch die *Verbena bonariensis* mit ein paar Blütentupfern. Nach einigen Wochen verfärbt sich der Essigbaum und zeigt ein strahlendes Aufgebot an Scharlachrot, Orange und Gold.

zen, wie den der orangefarbenen *Calendula officinalis* 'Indian Prince' und des purpurroten Schlafmohns, einnehmen können. Sie alle kontrastieren mit dem karmesinroten Perückenstrauch, bevor dieser sich verfärbt, und spiegeln dann die unterschiedlichen Schattierungen seiner sich färbenden Blätter wider. Wenn Sie über genügend Platz verfügen, können Sie die frohwüchsige Rose, *Rosa* 'Geranium', einbringen. Sie hat überhängende Zweige, die 2–3 m Länge erreichen. Die Verbindung ihrer grazilen Wuchsform mit den glänzenden, gesunden Blättern und den reizenden, einfachen, roten Blüten im Sommer sind Grund genug, sie anzupflanzen und, wenn Sie die welken Blüten nicht entfernen, trägt sie außerdem im Herbst große, orangefarbene Hagebutten. Sie ist wenig krankheitsanfällig, leicht zu kultivieren und gedeiht in nahezu jedem Boden und in jeder Lage, in der Sonne oder im Schatten.

Mit Astern sorgen Sie für eine noch größere Farbvielfalt. Die zerzauste, magentafarbene *Aster novi-belgii* 'Carnival' wird etwa 60 cm hoch. *A. novi-belgii* 'Chequers' trägt reizende, purpurrote Blüten mit goldenen Augen und erreicht eine ähnliche Höhe. Die Astern sind berühmt für ihre Beständigkeit, wenn nahezu alle

Oben links Eine der Zuchtformen von *Aster amellus*, die wegen ihrer leuchtend gefärbten Blüten geschätzt wird und spät im Jahr in blüht.
Unten links Die purpurrote, weiß gesprenkelte *Dahlia* 'Rothesay Reveller'.
Rechts Die sich färbenden Blätter des *Cotinus* 'Grace' bilden zu allen Herbstblumen einen leuchtenden Hintergrund.

anderen Pflanzen am Verblühen sind. *A.* x *frikartii* 'Mönch' gehört zu den Sorten, die am längsten blühen: sie bringt vom Spätsommer bis zum Spätherbst unentwegt frische Blüten hervor. Ihre Stängel, die kräftig genug sind, um eine dichte Gruppe zu bilden und nicht gestützt werden müssen, erreichen ca. 70 cm Höhe. Eine andere ausgezeichnete, problemlose Sorte in einer ähnlichen Farbe, aber mit kürzeren, etwa 45 cm hohen Stängeln, ist *A. amellus* 'King George'.

Diese Asternsorten benötigen guten, fruchtbaren und durchlässigen Boden und bevorzugen eine sonnige, offene Lage. Die größeren Sorten müssen aufgebunden werden, sind aber ansonsten problemlos mit Ausnahme der *novi-belgii* Gruppe, die leicht von Echtem Mehltau befallen wird und, was noch wichtiger ist, sie blühen nur, wenn sie gegen die Weichhautmilben,

Oben Die karmesinroten Blätter von *Vitis vinifera* 'Purpurea' bilden mit den scharlachroten und orangefarbenen Blättern von *Vitis coignetiae* einen prächtigen Vorhang.
Mitte Die Kapselfrüchte des *Euonymus europaeus* sind an der Außenseite leuchtend rosa und zeigen innen orangefarbene Samen.
Links Die purpurroten Beeren von *Callicarpa bodinieri* var. *giraldii* 'Profusion'.
Gegenüber Das Leuchten der Blätter von *Eonymus alata* ist um diese Jahreszeit nahezu unschlagbar.

Tarsonemidae, gespritzt werden. Dies ist natürlich für den Biogärtner nicht möglich. Der beste Weg, Mehltau vorzubeugen, ist, Ihre Pflanzen kräftig und gesund zu erhalten, indem Sie die Pflanzen, nach ihrem Rückschnitt Anfang des Winters, mulchen und sie jedes dritte Jahr im Frühling teilen.

Sambucus nigra 'Guincho Purple' (s. S. 96) ist ein weiterer Strauch, dessen dunkle, karmesinrote Blätter sich leuchtend rot verfärben, bevor sie im Spätherbst fallen. Das Hasenohr, *Bupleurum fruticosum,* ein immergrüner Strauch, ist das ganze Jahr über nützlich. Er ist etwas frostempfindlich, daher sollten Sie mit dem Schnitt bis zum Frühjahr warten. Er bildet dann etwa 2 m hohe Kuppeln aus hübschen, glänzenden, dunkelgrünen Blättern, die bis auf den Boden reichen. Seinen besonderen Wert aber erhält er durch den Schleier aus gelbgrünen Blüten, mit dem er sich im Spätsommer und Herbst umgibt. Pflanzen Sie ihn an einen geschützten Platz, am besten vor eine sonnige Mauer, damit er sich voll entfalten kann.

Die Spindelstraucharten und die Laub abwerfenden *Euonymus europaeus* und *E. alatus* sind im Frühling und Sommer unscheinbar, beginnen aber im Herbst ihre Blätter zu einem leuchtenden Rosa und Rot zu verfärben und jeder Zweig hängt voller glänzender roter Früchte. Wenn diese reifen, öffnen sie sich und ihre orangefarbenen Samen kommen zum Vorschein. Nur wenige der vorgestellten Farbkontraste wirken so intensiv wie Rosa und Orange. Außerdem behält der Spindelstrauch seine Blätter viel länger als andere Sträucher und Bäume und die Früchte bleiben bis in den Winter hinein an den Zweigen hängen.

Spindelsträucher sind problemlos anzupflanzen. Sie mögen gut durchlässigen Boden in lichtem Schatten, gedeihen aber ebenfalls in voller Sonne in feuchtem Boden. Viele Zuchtformen bilden Büsche mit mehreren Metern Durchmesser, sobald sie ausgewachsen sind. *E. alatus* 'Compactus' ist, wie sein Name schon andeutet, eher für den kleineren Garten geeignet und wird nur etwa 1 m hoch. Im Herbst zeigt er leuchtende, tiefrote Blätter und rundliche, rötlich purpurne Früchte mit orangefarbenen Samen in der Mitte.

Späte Pracht der Schönfrucht

Die Schönfrucht, *Callicarpa bodinieri* var. *giraldii* 'Profusion' ist ein weiterer Strauch, der seinen Platz wegen seiner Herbstfärbung verdient. Seine Blätter erscheinen beim Austrieb im Frühling bronzefarben; später ist er eher unscheinbar bis zum Herbst, wenn alle seine Zweige völlig mit dichten Trauben aus leuchtend purpurroten Beeren bedeckt sind. Die Beeren bleiben, nachdem die Blätter abgefallen sind, hängen. Pflanzen Sie die Schönfrucht in fruchtbaren, gut durchlässigen Boden in die Sonne oder lichten Schatten.

Wenn Sie den Spindelstrauch und die Schönfrucht nebeneinander pflanzen, werden Sie mit einer leuchtenden Mischung aus Purpur und Rosa belohnt. Vielleicht möchten Sie diese Pflanzung erweitern, indem Sie breite Streifen der Guernseylilie, *Nerine bowdenii*, und *Verbena rigida* oder der größeren *V. bonariensis* davor pflanzen. Die Blüten der Guernseylilie passen zu den Früchten und Blättern des Spindelstrauches und die Verbene zu den Früchten der Schönfrucht. Wie immer, heben sich die Blütenfarben am besten von leuchtendem Grün ab und Sie können die Verbenen und Guernseylilien mit immergrünen Farnen durchflechten. Der Hirschzungenfarn, *Asplenium scolopendrium,* mit seinen hübschen, großen Blättern an einer kleinen Pflanze, würde sich gut mit den Herbstblumen mischen. Er stellt einen anpruchslosen, nützlichen Farn dar, der in der Sonne oder im Schatten gut gedeiht und das ganze Jahr über hübsch aussieht. Der Tüpfelfarn, *Polypodium vulgare* 'Bifidum', könnte eine Alternative darstellen. Er hat Wedel, die sich an den Enden verzweigen. Seine Farbenpracht steht in einem schönen Kontrast zu den luftigen Blüten der Guernseylilien und Verbenen. Er gedeiht gut in der Sonne und im Schatten. Beide Farne vertragen nahezu jeden Bodentyp, egal ob trocken oder feucht.

Verbena rigida mit etwa 50 cm Höhe und *V. bonariensis* mit doppelter Höhe sind Stauden und leicht als Zweijährige zu ziehen, indem man sie gegen Ende des Frühlings direkt an Ort und Stelle sät. Besonders *V. bonariensis* verbreitet seine Samen über den ganzen Garten und die Sämlinge können einfach an einen anderen Platz versetzt werden. Beide Verbenen gedeihen in feuchtem, aber gut durchlässigem, fruchtbarem Boden in voller Sonne. *Nerine bowdenii* ist eine im Herbst blühende Zwiebelpflanze, die ebenfalls guten Boden benötigt und einen sonnigen, heißen Platz – z. B. neben einer Wand oder einem Gartenpfad –, um die Blütenbildung anzuregen. Die Zwiebeln sollten im zeitigen Frühjahr gesetzt werden und verlangen dann Geduld, denn sie benötigen ein paar Jahre, bevor sie reichlich blühen. Sie lassen sich auch nicht gerne verpflanzen. In kalten Gegenden mulchen Sie sie mit einer dicken, trockenen Lage aus Farnkraut oder Stroh.

Amaryllis belladonna ist eine weitere im Herbst blühende Zwiebelpflanze. Ihre Blüten sind von etwas blasserem Rosa als das der Guernseylilie, aber sie sind größer und auffallender mit ihren fünf oder sechs trompetenförmigen Blüten an der Spitze ihrer ca. 75 cm langen Stängel. Ihr größter Vorzug ist ihr Duft. Sie brauchen zwei oder drei Jahre, um sich einzugewöhnen, gehören dann aber zu den ausdauerndsten Zwiebelpflanzen. Sie sind nicht zuverlässig winterhart, deshalb sollten sie in den Schutz einer sonnigen Wand gepflanzt werden – etwa 7 cm tief in nährstoffreichen, leichten Boden. In kühleren Gegenden ist eine Tiefe von etwa 15 cm sicherer.

Nützliche Petunien

Kleiner, aber kräftiger gefärbt, ist die herbstblühende Herbstzeitlose, *Colchicum byzantinum*. Diese Zwiebelpflanzen bilden herrliche, leuchtend rosa Teppiche und sind phänomenal in Kombination mit purpurroten oder magentafarbenen Petunien oder Surfinias. Die Petunien schaffen einen weichen, samtigen Teppich, der von den kräftigen, aufrechten Blüten der Herbstzeitlosen durchflochten

wird. Manchmal werden Petunien zu Unrecht übergangen, da man sie mit Ampeln und Blumenkästen in Verbindung bringt. Sie sind aber sehr nützlich und produzieren unentwegt neue Blüten. Die Multiflora-Sorten bilden buschige Pflanzen, die dicht mit Blüten bedeckt sind und nasse Witterungsbedingungen besser vertragen als die größer blühenden Grandiflora-Sorten. Surfinias besitzen eine eher hängende Wuchsform – ideal um neben Gartenwegen gepflanzt zu werden. Sie sind kleiner und blühfreudiger als die Multiflora-Sorten. Die sattpurpurrote 'Surfinia Purple' oder die leuchtend magentafarbene 'Purple Wave' bilden auffallende, üppige Anpflanzungen. Sie blühen schon, wenn die Herbstzeitlosen austreiben und blühen nach deren Welke weiter.

Ganz oben Die im Herbst blühenden Herbstzeitlosen, *Colchicum byzantinum* durchdringen ein Polster von *Petunia* 'Purple Wave'.
Oben Die herrlichen, trompetenförmigen Blüten von *Amaryllis belladonna* 'Purpurea'.
Rechts Die rosa *Nerine bowdenii* bildet zusammen mit den purpurroten Blüten von *Verbena rigida* und dem Farn *Polypodium vulgare* 'Bifidum' einen bunten Streifen, der sogar die ersten Fröste überdauert.
Ganz rechts Die Gondelpfosten bewahren die Pflanzen beim Wässern mit dem Schlauch vor dem Zerdrücken. Der leuchtend grüne Streifen auf dem Ultramarinblau wird von der Herbstfärbung der Blätter von *Canna indica* und den Blüten von *Aconitum carmichaelii* reflektiert.

Links Die hübschen Blätter des Honigstrauches, *Melianthus major*, wirken am besten in einer großen Anpflanzung. Hier dient er als Unterpflanzung – die Form seiner Blätter ergibt einen kräftigen Kontrast zu den silbrigen Blättern von *Eucalyptus dalrympleana*.

Petunien sind überall erhältlich. Sie können aus im Spätsommer geschnittenen Stecklingen gezogen werden und unter Glas überwintert werden, was aber nicht zu empfehlen ist, da sie im ersten Jahr gerne von Viruskrankheiten befallen werden, die sie später am Blühen hindern. Herbstzeitlosen und Petunien bilden gute Nachbarn: beide gedeihen in leichtem, durchlässigem Boden in voller Sonne. Auf schweren Böden sollten Sie grobkörnigen Sand beigeben. Die Zwiebeln der Herbstzeitlosen und die kleinen Petunien sollten beide zu Anfang des Sommers gepflanzt werden.

Die Fülle an Magenta, Purpurrot und strahlendem Rosa benötigt als Gegengewicht auch Gelbgrün. Obwohl *Euphorbia schillingii* und *E. sikkimensis* anfangen nachzulassen, blüht die zweijährige *E. stricta* immer noch. Sie wird etwa 30 cm hoch und sät sich selbst aus – am besten wirkt diese Euphorbie spät im Jahr, wenn sich ihre Stängel leuchtend rot färben und einen vorteilhaften Kontrast zu ihren Blüten bilden.

Es gibt auch spät im Jahr noch ein paar hoch aufragende Pflanzen. Viele der Dahlien, wie 'Arabian Night', 'Edinburgh' und 'Hillcrest Royal' sind noch über 1 m groß und die spät blühenden Sonnenblumen messen inzwischen mehr als das Doppelte. *Helianthus* 'Lemon Queen' gehört zu meinen Lieblingen. Sie formt gesunde Blättersäulen mit blass zitronengelben Blüten an der Spitze. Ein kräftigeres Butterblumengelb bietet *H.* x *multiflorus* oder mit größeren Blüten *H.* 'Capenoch Star'. Auch wenn sie nicht die großen, prächtigen Blüten der einjährigen Sonnenblumen besitzen, schätze ich diese ausdauernden Sonnenblumen wegen ihrer Größe und der Tatsache, dass sie auch um diese späte Jahreszeit Blüten *en masse* hervorbringen. Die ausdauernden Sonnenblumen sind robust und schnell wachsend: sie bilden Gruppen von ca. 60–90 cm Durchmesser und sollten alle zwei oder drei Jahre geteilt werden.

Während die riesigen, formenreichen Blätter von Akanth, Rhabarber und Kardone anfangen, um diese späte Jahreszeit ein bißchen zerrupft auszusehen, gedeihen Blumenrohr, Honigstrauch und Rizinuspflanzen noch immer. Das Blumenrohr muß nach den ersten Frösten ausgegraben werden und die Rizinuspflanze vergeht, aber der Honigstrauch behält sein beeindruckendes Aussehen bei, bis er für den Winter

Ausdauernde Pflanzen einpflanzen

Ob Sie eine kleine Staude pflanzen oder einen riesigen Baum, es lohnt sich immer, bei der Pflanzung etwas Zeit und Mühe zu investieren. Gehen Sie nicht nur mit der Handschaufel ausgerüstet zum Pflanzen in Ihren Garten, wenn Sie eben einmal fünf Minuten Zeit haben.

Benutzen Sie für alle, auch für kleinere Pflanzen einen Spaten und graben Sie ein Loch, das mindestens doppelt so breit und tief ist, wie der Wurzelballen oder der Topf, in dem die Pflanze geliefert wurde. Lockern Sie die Erde an der Basis des Pflanzloches, besonders bei verdichtetem Boden mit einer Grabgabel, da die Wurzeln dann leichter in den Boden eindringen können. Geben Sie einen Spaten voll gut verrotteten Kompost hinein und mischen Sie ihn mit der Grabgabel unter.

Setzen Sie die Pflanze an ihren Platz, füllen Sie den mit Kompost vermischten Aushub ein und drücken den Boden fest an. Dann wässern Sie die Pflanze gründlich, um eventuelle Luftkammern in der Erde zu verdrängen.

Rechts oben Die Blätter und Samenstände von *Stipa gigantea* und die Blüten von *Verbena bonariensis* stellen eine gute Kombination dar, die monatelang besteht und hier einen Durchgang bilden.
Rechts unten Die frischen silbrig-grünen Blüten von *Eryngium proteiflorum* sind gegen Jahresende von unschätzbarem Wert.

eingewickelt wird. Gleichzeitig beginnen die Blattrosetten der zweijährigen Königskerzen, *Verbascum bombyciferum* und *V. olympicum*, sowie von Distel, Eselsdistel und Mariendistel, die alle im zeitigen Herbst ausgepflanzt wurden, sich zu silbernen Teppichen auszubreiten (s. S. 24 u. 50).

Immergrüne Hauptdarsteller

Die immergrünen Pflanzen gehören zu den Hauptdarstellern im herbstlichen Garten. Sobald Einjährige und Stauden verschwunden sind und Laub abwerfende Sträucher und Bäume alle ihre Blätter abgeworfen haben, bewahren nur diese Pflanzen Ihren Garten vor langweiligem Grau. Neben den Euphorbien, Gartenraute, Rosmarin, Buchsbaum und Aralie, kann auch Eukalyptus eine wichtige Rolle im Herbst spielen. Mir gefällt *Eucalyptus dalrympleana* und *E. gunii* wegen seiner blassgrauen Blätter und weißen Stämme. Er sollte im Frühjahr stark zurückgeschnitten werden. Innerhalb weniger Wochen erscheinen neue silberblättrige Triebe, die im Herbst 3–4 m Höhe erreichen und einen luftigen, frischen Hintergrund zu den umgebenden, leuchtenden Farben bilden. Eukalyptus benötigen viel Wasser und Sie müssen daher bei trockenen Witterungsverhältnissen die benachbarten Pflanzen im Auge behalten. Mir gefallen auch die kräftigen, emporragenden Blätter des Neuseeländischen Flachses (s. S. 128), die sich, sobald die übrigen Pflanzen verblassen, noch deutlicher von ihrer Umgebung abheben als zuvor. Seine schwertförmigen Blätter ergeben ein hervorragendes, ausdauerndes Gleichgewicht zu den vielen flauschigen Gräsern.

Gräser, besonders die sehr großen Sorten, sind im herbstlichen Garten von unschätzbarem Wert. Die Blütenstände von *Miscanthus sinesis* 'Silberfeder', *M. s.* 'Zebrinus' und *Arundo donax* (s. S. 103) sind jetzt 2 oder 3 m hoch und erzeugen ein Gefühl von wildwachsender Vegetation. Das Lampenputzergras, *Pennisetum orientale* (s. S. 131), trägt seine flaumigen Blütenrispen den ganzen Winter über und bildet bei Frost und Regen eine strahlende, glitzernde Kuppel. Schneiden Sie kein Gras zurück, bevor es nicht unbedingt erforderlich ist. Lassen Sie es bis zum Frühjahr stehen: seine Wuchsform stellt im winterlichen Garten einen Blickfang dar und seine getrockneten

Herbst

Blütenköpfe und Blätter wirken mit Reif bedeckt besonders schön.

Die sehr spät blühende Edeldistel, *Eryngium proteiflorum*, leistet den Gräsern gute Gesellschaft. Wenn Sie ihr einen geschützten, wasserdurchlässigen Standort geben, erreicht die Pflanze über 1 m Höhe.

Um diese Jahreszeit erscheinen die Wände, Zäune und Kletterhilfen, die den Garten einrahmen, wie ein Spiegelbild der Beete und Rabatten: auch hier stehen mehr leuchtend gefärbte Blätter als die Blüten im Vordergrund.

Die Kletterpflanze mit der schönsten Herbstfärbung ist die Rebe, *Vitis coignetiae*. Ihre 30 cm großen Blätter zeigen ein weiches, flaumiges Grün, das mit Bronze getönt ist. Steht ihr ein Drahtgeflecht zur Verfügung, klettert sie mit enormer Geschwindigkeit senkrechte Flächen empor. Im Herbst scheint sich jedes ihrer Blätter in einer anderen Farbe zu färben: Rosa, Orange, Purpur, Scharlachrot und Gold. Sie übertrifft den einfarbig scharlachroten Wilden Wein, *Parthenocissus quinquefolia*, oder *P. tricuspidata* 'Veitchii' um ein Vielfaches an Schönheit.

Eine andere ausgezeichnete Rebsorte ist *Vitis vinifera* 'Purpurea'. Ihre Blätter erscheinen beim ersten Austrieb gräulich, nehmen aber während des Sommers eine kräftige Tönung an und verfärben sich erst pflaumenblau und dann dunkelkarmesinrot. Sie gedeiht am besten in der Sonne. *Vitis piasezkii* ist graugrün, mit tief gelappten, formschönen Blättern. Sie wächst gut in der Sonne, verträgt aber auch tieferen Schatten und ist eine ideale Pflanze, um eine schattige Wand zu bekleiden und um einem Efeu, der vielleicht schon vorhanden ist, ein interessanteres Aussehen zu verleihen.

Die dunkelkarmesinroten Blätter von *Vitis vinifera* 'Purpurea' schaffen einen leuchtenden Hintergrund für die orangefarbenen, trompetenförmigen Blüten des kletternden Trompetenbaumes, *Campsis* x *tagliabuana* oder *C. grandiflora*, der an einer geschützten Wand bis zum ersten Frost blüht (s. S. 134). Diese Kombination sieht im Spätsommer sehr schön aus, wirkt aber noch besser im Herbst, sobald die Blätter der Rebe ihre dunkelste Färbung zeigen.

Es gibt eine weitere Kletterpflanze, die ich wegen ihrer prächtig gefärbten Früchte nicht missen möchte: die etwas frostempfindliche Scheinrebe, *Amelopsis glandulosa* var. *brevipedunculata*. Sie verliert ihre einfachen grünen Blätter im Herbst, sobald ihre unscheinbaren grünen Blüten sich in wunderschöne, himmelblaue Beeren verwandeln. Die Scheinrebe benötigt gut durchlässigen, fruchtbaren Boden und gedeiht sowohl in der Sonne als auch im

Die Vorbereitung des Bodens

Natürlich möchten wir, dass unsere Pflanzen in möglichst kurzer Zeit ihr bestes Aussehen erreichen. Während wir bei Sträuchern und Stauden darauf geduldig warten müssen, benötigen die einjährigen Pflanzen, die in einem farbintensiven Garten einen besonders starken Eindruck hinterlassen, soviel Unterstützung wie möglich, um sich bestmöglich zu entwickeln. Ihre üppige Blütenpracht erscheint nicht über Nacht, aber Sie können den Vorgang beschleunigen, indem Sie die Fruchtbarkeit und das Gefüge des Bodens optimieren. Der Herbst ist die beste Zeit, um daran zu arbeiten, besonders bevor Sie irgendwelche größere Pflanzungen unternehmen.

Im Idealfall bildet der Boden eine dünne, krümelige Kruste an der Oberfläche, die bei der Berührung zerfällt. Darunter sollten Sie schwarzbraune Erde ohne große Klumpen finden, die sich leicht mit den Fingern zerkrümeln lässt. Den besten Zustand zeigt ein Boden, wenn seine Oberflächenstruktur einem Streuselkuchen mit der richtigen Zucker-Mehlmischung ähnelt – im Boden das Sand-Lehm-Verhältnis mit großen Mengen an nährstoffreichem, organischem

Substrat – die Butter im Kuchen in Form von Kompost oder verrottetem Mist.

An Standorten, an denen sich schon Pflanzen befinden, bringen Sie einfach eine etwa 5 cm dicke Schicht aus Kompost und Mulch um die Pflanzen herum aus und lassen die Krone von Stauden frei, damit sie nicht beim Austrieb im Frühjahr ersticken. Innerhalb von zwei oder drei Monaten verrottet die Kompost-Mulch-Schicht vollständig und die Würmer haben sie in den Boden eingearbeitet. Fügen Sie ab und zu eine weitere Lage Mulch hinzu – um das Unkraut niedrig zu halten und die Bodenstruktur zu verbessern.

Böden mit schlechter Durchlässigkeit

Auf schweren, wenig durchlässigen Böden stellt die Bodenfruchtbarkeit in der Regel kein Problem dar. Ton ist gewöhnlich reich an Nährstoffen, aber die festen Erdklumpen müssen zerkleinert und die Luft- und Wasserdurchlässigkeit des Bodens verbessert werden, damit die Nährstoffe für die Pflanzen verfügbar werden. Wurzeln, die im Wasser sitzen, verfaulen, unabhängig von der Bodenfruchtbarkeit. Schwere Tonböden brauchen lange bis sie sich im Frühjahr erwärmen und werden in einem trockenen Sommer betonhart.

Wenn Sie innerhalb einer Spatentiefe auf stehendes Wasser stoßen, sollte man eine Drainage in Erwägung ziehen. Dabei muss jedes Rohr eventuell mit einer Kiesumhüllung versehen werden, um das Verschlämmen der kleinen Löcher an den Drainagerohren zu verhindern.

Der nächste Schritt ist die Verbesserung der Bodenstruktur. Benutzen Sie grobkörnigen Sand. Verteilen Sie ihn etwa 5 cm dick über die zu verbessernde Fläche und graben oder fräsen Sie ihn ein. Wenn Sie gleichzeitig noch eine 5 cm dicke Humusschicht einarbeiten, wird neben der Durchlässigkeit auch die Fruchtbarkeit verbessert.

Böden mit guter Durchlässigkeit

Auf stark durchlässigen Böden müssen Sie den Verlust an Feuchtigkeit und das Auswaschen der Nährstoffe so gering wie möglich halten. Graben Sie einige Schubkarrenladungen gut verrotteten Komposts oder, falls erhältlich verrotteten Rinder-, Schweine- oder Pferdemist unter. Diese fungieren dann wie ein Schwamm und dienen als Wasserspeicher. Die organische Substanz baut sich langsam ab und verbessert den Boden mit der Zeit.

Nach dem Pflanzen der Stauden, sollte man hin und wieder eine weitere großzügige Mulchschicht verteilen.

Schatten. Sie bildet an einem geschützten, sonnigen Standort die meisten Beeren aus, besonders dort, wo die Ausbreitung ihrer Wurzeln begrenzt werden kann. Um soviel blaue Beeren wie möglich zu erhalten, versuchen Sie ein schmales Beet vor einer sonnigen Wand zu finden.

Die spät blühende *Clematis rehderiana* hat keine besonders auffälligen Blüten, aber sie duftet recht gut. Diese wüchsige Pflanze wird 6–7 m hoch und ist ab dem Spätsommer etwa einen Monat lang mit kleinen, blassgelben, glockenförmigen Blüten bedeckt.

C. flammula ist eine weitere Kletterpflanze, die im Spätjahr wundervoll aussieht. Sie hat kleine, sternförmige, weiße Blüten, die stark duften.

Eine oder mehrere dieser Pflanzen hüllen Ihren Herbstgarten in einen süßen Duft (Pflegehinweise s. S. 134).

Pflanzen für schattige Standorte

Es gibt ein paar Pflanzen mit eindrucksvollen Blättern und einige Gräser, die im Schatten gut gedeihen und ihren Höhepunkt im Spätjahr erreichen. *Hydrangea quercifolia,* die Eichenblättrige Hortensie, wäre ein idealer Strauch für eine Hintergrundbepflanzung, da sie im lichten Schatten gut gedeiht. Sie ist im Spätfrühjahr und Sommer ein Strauch mit netter Wuchsform, aber im Herbst erhält sie ihren eigenen Stellenwert, wenn sie sich in einen lodernden Busch aus leuchtenden Rot- und Karmesinrottönen verfärbt. Sie blüht im Spätsommer und Anfang Herbst und trägt weiße, pyramidenförmige Blüten, die sich rosa färben, wenn sie altern. Diese Hortensie lohnt sich, nicht wegen ihrer Blüten, sondern wegen ihrer großen, gelappten Blätter.

In ihrem Herbstgewand sieht sie prächtig aus neben den leuchtend rosa Blättern und Beeren des Spindelstrauches, der ebenfalls gut im Schatten gedeiht. Sie könnten diese beiden Pflanzen als Schwerpunkt einer spätherbstlichen Kombination in einem Schattenbeet benutzen. Wählen Sie als Unterpflanzung eine stattliche Gruppe von *Iris foetidissima,* die tiefen Schatten verträgt und sogar in trockenem Boden, der von den Wurzeln der Sträucher ausgetrocknet ist, gut gedeiht. Im Herbst platzen die Samenkapseln der Iris und zeigen Reihen leuchtend orangefarbener Samen, die genau der Samenfarbe des Spindelstrauches entsprechen. Während der übrigen Jahreszeiten ist sie eine langweilige Pflanze, ihre Sommerblüten zeigen ein unscheinbares, bräunliches Karmesinrot mit weißen Adern. Sie ist aber wegen ihrer Farben im Spätjahr unschätzbar und trägt ihre Samen länger als die meisten übrigen Pflanzen.

Es gibt einige Zuchtformen der Hortensien, einschließlich der Gartenhortensien und *Hydrangea* 'Preziosa', deren Blüten langsam nachdunkeln und im Herbst den sattesten Farbton aufweisen. Die Blüten fallen nicht ab, verlieren aber langsam ihren Glanz. Sie

sehen dann wie Papier aus und nehmen eine kupferne und grünspanartige Tönung an. Lassen Sie sie bis zum Spätherbst am Busch. Dann sollten Sie die Blüten abschneiden, denn Hortensien blühen besser an in der Frühlingssonne gewachsenem und gereiftem Holz.

Lampionblumen in Töpfen

Orangefarbene Lampionblumen, *Physalis alkegengi,* heben sich deutlich vom Hintergrund der schicken, rosa und karmesinroten Blätter des Spindelstrauches und der Hortensien ab. Aber seien Sie vorsichtig und setzen Sie die Lampionblumen nicht neben eine zu zierliche Pflanze. Sie breiten sich stark aus und können alle weniger wüchsigen Pflanzen in ihrer Nachbarschaft unterdrücken. Behandeln Sie sie so wie die Pfefferminze und pflanzen Sie sie in großen Töpfen, die in den Boden eingesenkt werden. Sie gedeihen gut, sogar mit ihren eingezwängten Wurzeln.

Das Plattährengras, *Chasmanthium latifolium,* zeigt jetzt seine schönste Seite – seine etwa 75 cm hohen Horste sind mit wunderschönen Blüten bedeckt, die an bronzefarbenen Hafer erinnern. Im Spätsommer beginnt es zu blühen und zeigt gegen Jahresende die intensivste Färbung. Es behält seine Blüten, die im Winter an der Pflanze trocknen.

Im Herbstgarten benötigen Sie Scharlachrot, Rosa und Karmesinrot als Kontrastfarben zu dem Überschuss an Orange. Die scharlachrote Dahlie 'Bishop of Llandaff' (s. S. 118) wächst gut in lichtem Schatten und ihre Unmengen samtartiger Blüten und fast schwarzen Blätter beeindrucken mit ihrem Aussehen, bis sie nach den ersten Frösten ausgegraben wird. Auch das Gras *Imperata cylindrica* 'Rubra' sorgt mit seinen karmesinroten Blättern für starke Kontrastfarben zu den orangefarbenen Dahlien oder Lampionblumen. *Imperata,* das ca. 30–50 cm groß wird, wächst am besten an einem geschützten, teilweise schattigen Platz in gut durchlässigem Boden. Es zieht feuchten Boden vor, weshalb Sie ein paar Gabeln Kompost vor der Pflanzung untergraben sollten.

Auch *Euphorbia dulcis* 'Chameleon' tritt im Herbst wieder in Erscheinung (s. S. 19). Im Herbst zeigt sie eine Mischung aus Karmesinrot mit orangefarbenen Flecken. Möchten Sie Karmesinrot in größerer Menge, lassen Sie die Samenkapseln von *Veratrum nigrum* bis in den Winter hinein hängen. (s. S. 137).

Wichtig sind auch gelbgrüne Töne, um schattige Beete im Herbst aufzuhellen. Ebenso wie die Gräser und Seggen, die bis in das Spätjahr hinein hübsch sind, formt auch *Luzula sylvatica* 'Aurea' leuchtende Gruppen (s. S. 28). Ich würde ein Band aus *Hakonechloa macra* 'Aureola' (s. S. 95) mitten durch das Orange und Karmesinrot hindurch schlängeln lassen. Seine Blätter sind im Herbst orange überhaucht und seine Farbe besteht den ganzen Winter über. Die Samenkapseln des Zyperngrases, *Cyperus eragrostis,* sehen ebenfalls hübsch aus. Diese Pflanze bildet etwa 60 cm hohe Horste, die Sie am besten zwischen den anderen Pflanzen verstreut pflanzen. Seine stachligen Samenstände bilden eine ausgezeichnete Kombination mit den Dahlien und einen

Herbst

guten Kontrast zu den Lampionblumen. *Cyperus eragrostis* ist eine einjährige Pflanze, die direkt in das Freiland gesät werden kann, sich danach selbst aussät und Teppiche aus leuchtendem Grün den Sommer über bildet. Das Zyperngras gedeiht in feuchtem Boden, in der Sonne oder im Halbschatten.

Pflanzen für Feuchtzonen in Sonne und Halbschatten

Es gibt genügend Feuchtigkeit liebende Pflanzen – ausdauernde Blattpflanzen und Sträucher, die Sie mit lodernden Farben als Hintergrund zu den letzten, strahlend bunten Blüten dieses Jahres versorgen.

Die *Rhus* x *pulvinata* Autumn-Lace-Gruppe entspricht in den Feuchtzonen dem Perückenstrauch der trockenen Standorte und ist ebenfalls wegen der Attraktivität während zweier Jahreszeiten geschätzt. Im Sommer besitzt der Strauch Blätter, die wie riesige Federn von den ausgestreckten Flügeln eines exotischen Vogels hängen – ein schöner Hintergrund zu Taglilien, Phlox und Weiderich. Im Spätherbst scheint er in Flammen zu lodern. Die Blätter reichen fast bis auf den Boden und sind leuchtend orange und wechseln zu Rot und Purpurrot an den Rispen. Der Strauch ist leicht auf feuchten, gut durchlässigen Böden in voller Sonne zu ziehen, wo er bis zu 3 m Höhe und bis zu 5 m Durchmesser erreichen kann.

Die orangefarbenen Blätter passen ideal zu den kräftigen Blüten der Fackellilie, *Kniphofia* 'Prince Igor', die mit den himmelblauen Blüten von *Salvia uliginosa* ein prächtiges Duo bildet. Die Fackellilie und der Salbei haben bis zu 2 m hohe Blütenstände, aber während der Salbei leicht und luftig wirkt, ist die Fackellilie eine robuste, schwere Pflanze mit kräftigen Blüten in leuchtendem Orange. Die Kombination dieses blauen Blütenschleiers um die festen, orangefarbigen Blütenähren ist im Herbst ein atemberaubender Anblick.

Beide Pflanzen sind Stauden und gedeihen auf tiefgründigen, humusreichen, feuchten, aber gut durchlässigen Böden. Sie sollten während der ersten Jahre die Pflanzen mulchen, um sie durch kalte Winter zu bringen. *Salvia uliginosa*, der Sumpfsalbei, ist winterfester als die meisten anderen spät blühenden Salbeiarten und kann den Winter an einem geschützten Platz überleben. Die Blütenähren des Salbeis sehen ebenfalls phantastisch aus, wie sie sich durch rosa Dahlien winden.

Außerdem gibt es weitere ausgezeichnete, spät blühende Fackellilien. Die leuchtendsten Blüten hat *K. rooperi,* die sich, sobald die Blüten älter werden, von einem tiefen Rotorange fast in eine Leuchtfarbe verwandeln. Sie gehört zu den letzten blühenden Fackellilien und sobald dieses erstaunliche Feuerwerk an den kräftigen, über 1 m hohen Stängeln beginnt, gibt es keine andere Pflanze, die mit ihr konkurrieren könnte.

Weiterhin verwende ich die großblütige, aber zartere, mit grünen Spitzen versehene, zitronengelbe *Kniphofia* 'Green Jade'. Die kühlen Farben ihrer Blütenähren bilden einen willkommenen Kontrast zu den Ocker-, Orange- und Scharlachrottönen. Ich pflanze sie in Gesellschaft einer Gruppe hoher, purpurroter Lobelien, in deren Hintergrund sich eine kräftige Pflanzung des riesigen Neuseeländischen Flachses mit karmesinroten Blättern befindet. Die

158

Pflanzen für Feuchtzonen in Sonne und Halbschatten

Links Die purpurroten und goldenen Töne, mit denen ich die Pfosten anstrich, greifen die Farbtöne der Pflanzung auf: die purpurroten Blätter der Berberitze, das Laub von *Dahlia* 'Bishop of Llandaff', die Mischung aus Gold und Karmesinrot der Blüten des Sonnenhuts und die orangefarbene *Physalis alkekengi*.
Ganz oben Das satte Karmesinrot von *Hydrangea* 'Preziosa' verstärkt sich mit dem Alter der Blüten.
Oben Die formschönen Blätter von *Hydrangea quercifolia* passen gut zu den verschiedenen Sorten des Efeus, wie *Hedera canariensis* 'Gloire de Marengo'.

Herbst

Lobelie verblüht vor der Fackellilie, aber der immergrüne Neuseeländische Flachs bildet einen länger bestehenden, ausgezeichneten Hintergrund zu den kühlen, zitronengelben Blüten.

Es gibt noch einige Schneeballarten, deren Blätter sich gegen Ende dieser Jahreszeit zu verfärben beginnen und sich von einem unbedeutenden Grün zu feurigen Rottönen und Karmesinrot wandeln. *Viburnum sargentii* und *V. opulus*, die früher im Jahr einen prächtigen, wenn auch einfachen, grünen Hintergrund zu bunten Blüten gebildet haben, nehmen jetzt eine Schlüsselrolle ein (s. S. 142).

Die Gräser bilden um diese Jahreszeit herrliche Lichtungen. Je kälter der Winter wird, desto mehr fallen die Büschel des Chinaschilfs ins Auge. Am schönsten sehen sie nach einer sehr kalten Nacht aus, wenn jeder seiner flaumigen, fedrigen Blütenstände mit Eiskristallen besetzt ist.

Etwas weniger spektakulär tritt das Schildblatt, *Darmera peltata*, erneut in Erscheinung. Je mehr Rhabarber, Schmuckblatt, Ligularia, Funkien und Gunnera vom Wetter mitgenommen werden und erschöpft aussehen, umso unversehrter sind die großen, rundlichen Blätter des Schildblattes und verfärben sich von Dunkelgrün zu Karmesinrot und dann zu leuchtendem Rot. Diese Farbe bildet einen idealen Hintergrund zu dem Spaltgriffel, *Schizostylis coccinea* 'Major'.

Die Gattung *Schizostylis* zeigt Blüten in einer Reihe von Rosa- und Rottönen und ist bemerkenswert, da sie dann auftauchen, wenn man eigentlich das Ende der Blühsaison erwartet. Sie ist auf feuchten Wiesen und an Bachufern in Südafrika heimisch und gedeiht daher am besten auf mäßig fruchtbarem, aber gut durchlässigem Boden in voller Sonne, besonders im Schutz einer sonnigen Mauer. Sie ist nicht absolut winterhart und sollte mit einer Mulchschicht bedeckt werden, um ihr durch den Winter zu helfen. Auf jeden Fall müssen die Pflanzen jedes zweite Jahr ersetzt werden. Die strahlend rosa *Schizostylis coccinea* 'Mrs Hegarty' ist ein anderer wunderbarer Partner für den himmelblauen *Salvia uliginosa*. Obwohl der Salbei größer ist als der Spaltgriffel, leuchtet das kräftige Rosa durch den blauen Schleier. 'Sunrise' stellt ebenfalls eine strahlend rosa Sorte des Spaltgriffels dar, die gut zu malvenfarbenen Astern passt, wie z. B. *A.* x *frickartii* 'Mönch', die auch gut auf feuchten, durchlässigen Böden wachsen.

Viele im Herbst blühende Astern wachsen gut auf feuchtem Boden. Die *novae-angliae*-Zuchtformen, die Rauhblattastern, gedeihen am besten auf gut kultivierten, fruchtbaren Böden, die das ganze Jahr feucht bleiben. Meine Lieblingssorte ist die magentafarbene *A. novae-angliae* 'Andenken an Alma Pötschke'. Sie bildet blattreiche Gruppen mit über 1 m Höhe und muß gestützt werden, sobald die Stängel im späten Frühjahr erscheinen. *A. novae-angliae* 'Barr's Pink' ist eine weitere hübsche Sorte mit einfachen, leuchtend rosa Blüten. Sie haben nicht die Probleme der *novi-belgii* Sorten, deren Blätter von Mehltau und deren Blüten von Milben befallen werden können (s. S. 149).

Herbstliche Anpflanzung für

Die stark gefiederten, fedrigen Blätter von *Rhus* x *pulvinata* Autumn-Lace-Gruppe stellen ab dem Zeitpunkt ihres Austreibens im Frühjahr einen nützlichen, blattreichen Hintergrund zu den Blüten dar. Im Herbst erreichen sie einen Aufsehen erregenden Höhepunkt. Jedes Blatt nimmt eine andere Farbe an – einige Scharlachrot oder Orange, manche Gold, Tiefrot und Purpurrot, oder eine Mischung aus allen fünf. Dieser fast glühende Busch ist der Angelpunkt dieser Anpflanzung, die ihre beste Zeit im Herbst erfährt. Der Essigbaum spiegelt die Farben der vielen ihn umgebenden Blüten wider.

Kniphofia rooperi und *K.* 'Prince Igor' gehören zu den am spätesten blühenden Fackellilien. Sie sehen prächtig aus, wenn sie mit den himmelblauen Blüten von *Salvia uliginosa*, die etwa

Feuchtzonen

1. *Salvia uliginosa* x 2
2. *Kniphofia* 'Prince Igor' x 3
3. *Salvia uliginosa* x 1
4. *Phormium tenax* x 2
5. *Miscanthus sinensis* 'Zebrinus' x 3
6. *Verbena bonariensis*, im ganzen Beet
7. *Kniphofia rooperi* x 3, vorher *Cosmos* 'Bright Lights'
8. *Salvia uliginosa* x 3
9. *Darmera peltata* x 1
10. *Schizostylis coccinea* 'Major' x 14; vorher *Calendula officinalis* 'Indian Prince'
11. *Darmera peltata* x 1
12. *Rhus* x *pulvinata* Autumn-Lace-Gruppe x 1

1 Meter

Kniphofia rooperi

Schizostylis coccinea 'Major'

Salvia uliginosa

Rhus x *pulvinata* Autumn-Lace-Gruppe

gleich groß sind, gemischt werden. Der Salbei ist zwischen die stämmigen Rosetten der Blätter der Fackellilie gepflanzt, damit sich ihre Blüten ineinander verflechten können. *Verbena bonariensis* ließ ich bei dieser Anpflanzung selbst aussäen. Haben Sie einmal drei oder vier Pflanzen gepflanzt, verteilen sie sich von selbst. Auch die einjährige *Cosmos* 'Bright Lights' befindet sich hier, um im Sommer orangefarben zu leuchten, bis sie durch die Fackellilien ersetzt wird.

Darmera peltata ist eine weitere Blattpflanze für Feuchtzonen, die zeitiger im Jahr hübsch aussieht. Ihre tellergroßen Blätter sind im Frühjahr und im Sommer glänzend grün. Im Herbst färbt sich jedes Blatt an den Rändern scharlachrot und geht dann zur Blattmitte hin in Grün und Karmesinrot über. Diese Farbe wiederholt sich in der scharlachroten *Schizostylis coccinea* 'Major' – mit die letzten Blüten, die im herbstlichen Garten erscheinen. Im Sommer verbreitete hier *Calendula officinalis* 'Indian Prince' ihre Farbpracht.

Um eindrucksvolle Formen im Hintergrund zu schaffen, wurden die kräftig wirkenden Fackellilien, eine große Gruppe des golden und grün gestreiften Grases *Miscanthus sinensis* 'Zebrinus' und des immergrünen *Phormium tenax* mit einbezogen. Im Herbst ist das Gras mit Blüten bedeckt. Schneiden Sie die Stängel bis zum Frühjahr nicht zurück, da sie im Winter als schöner Blickfang wirken, der durch die Horste des karmesinroten Neuseeländischen Flachses noch unterstrichen wird.

Bezugsquellen

Staudengärtnerei
Dieter Gaissmayer,
Jungviehweide 3,
D-89257 Illertissen,
Tel: 0 73 03 / 72 58
Fax: 0 73 03 / 4 21 81
Internet:
www.staudengaissmayer.de
E-mail:
stauden.gaissmayer@t-online.de
Große Auswahl an Stauden,
Duftpflanzen, Kräutern

Thysanotus Samen-Versand,
Uwe Siebers,
Bockhorster Dorfstr. 39 a,
D-28876 Oyten,
Tel: 0 42 07 / 57 08
Fax 0 42 07 / 57 22
Vertrieb von Thompson &
Morgan-Samen aus England,
Samen von Sommerblumen,
Zweijährigen, Stauden, Gemüse,
viele englische Sorten

Raritäten-Gärtnerei Treml,
Eckerstraße 32,
D-93471 Arnbruck,
Tel: 0 99 45 / 90 51 00
Fax: 0 99 45 / 90 51 01
Internet: www.pflanzentreml.de
E-mail: treml@pflanzentreml.de
Seltene Kräuter, exotische
Stauden, Raritäten

Staudengärtnerei
Gräfin von Zeppelin
D-79295 Sulzburg-Laufen
Tel: 0 76 34 / 6 97 16
Fax: 0 76 34 / 65 99
Internet:
www.graefin-v-zeppelin.com
Breites Sortiment an Stauden,
besonders Iris und Hemerocallis

Gärtnerei Werner Simon
Staudenweg 2
D-97828 Marktheidenfeld
Tel: 0 93 91 / 35 16
Fax: 0 93 91 / 21 83
Breites Staudensortiment,
viele Raritäten

Baumschule H. Hachmann
Brunnenstraße 68,
D-25355 Barmstedt in Holstein
Tel: 0 41 23 / 20 55
Fax: 0 41 23 / 66 26
Große Auswahl an
Rhododendren und Azaleen

Gisela Schmiemann
Belvederestraße 45 a
D-50933 Köln
Tel: 02 21 / 49 54 34
Spezialisiert auf Helleborus-
Arten, Galanthus und Wild-
päonien, nur begrenzte Mengen
im Herbst und Frühling lieferbar

Jelitto Staudensamen
Am Toggraben 3
D-29690 Schwarmstedt
Tel: 0 50 71 / 98 29-0
Fax: 0 50 71 / 98 29 27
E-Mail:info@jelitto.com
Internet: www.jelitto.com

Friedrich Manfred Westphal
Klematiskulturen
Peiner Hof 7,
D-25497 Prisdorf
Tel: 0 41 01 / 7 41 04
Fax: 0 41 01 / 78 11 13
Klematis, auch duftende Sorten

Albrecht Hoch
Potsdamer Straße 40
D-14163 Berlin
Tel: 0 30 / 8 02 62 51
Fax: 0 30 / 80 26 22
Blumenzwiebeln, Spezialitäten

Monika Strickler,
Lochgasse1
D-55232 Alzey-Heimersheim
Tel: 0 67 31 / 38 31
Fax: 0 67 31 / 39 29
Wildstauden, Wildobst,
Wasserpflanzen

Flora Mediterranea
Christoph und Maria Köchel,
Königsgütler 5,
D-84072 Au/Hallertau,
Tel. 0 87 52 / 12 38
Fax 0 87 52 / 99 30
Kübelpflanzen, mediterrane
und subtropische Pflanzen

Rosarot Pflanzenversand
Gerd Hartung,
Besenbek 4 b,
D-25335 Raa-Besenbek
Tel: 0 41 21 / 42 38 84
Fax 0 41 21 / 42 38 85

Walter Schultheis Rosenhof,
D-61231 Bad Nauheim-Steinfurth,
Tel: 0 60 32 / 8 10 13
Fax: 0 60 32 / 8 58 90
Internet:
www.rosenhof-schultheis.de
Älteste Rosenschule
Deutschlands, alle Rosenarten,
besonders historische Sorten
und Rambler

Lacon GmbH,
J.-S. Piazolo-Str. 4 a,
D-68766 Hockenheim,
Tel: 0 62 05 / 70 33 / 40 01
Fax: 0 62 05 / 1 85 74
Alte Rosen, Englische Rosen

W. Kordes' Söhne
Rosenschulen GmbH & Co. KG,
Rosenstr. 54,
D-25365 Klein Offenseth-
Sparrieshoop,
Tel: 0 41 21 / 4 87 00
Fax: 0 41 21 / 8 47 45
Große Rosenbaumschule

Barnhaven Primula Saaten
Angela Bradford
Barnhaven Primula
Langerhouad
F-22420 Plouzélambre
Frankreich
Tel 00 33 / 296 353 154
Fax 00 33 / 296 353 155
email:bradford@wanadoo.fr

Register

Fett gedruckte Seitenzahlen beziehen sich auf die Bildunterschriften, während kursiv gedruckte Seitenzahlen auf die Pflanzpläne verweisen.

Acanthus
  A. mollis 50
  A. spinosus **22**, 50
Aconitum
  A. carmichaelii 138, 140, *140*, **140**, **152**
    A.c. 'Barker' Variety' 138
    A.c. 'Kelmscott' 138
  A. hemsleyanum 138, 140, *140*
Akanth (s. Acanthus) 38, 50, **129**, 148, 154
Akebia quinata **8**, **53**, 55
Akelei (s. Aquilegia) 38, 56
Alcea rosea 'Nigra' 93, **93**
Alchemilla mollis **4**, 46, *46*, 50, 58, *59*, **90**, 139, 142
Allium
  A. cristophii 90
  A. giganteum **74**, 91, **94**
  A. hollandicum 'Purple Sensation' **13**, 38, 46, *46*, **46**
  A. schubertii 91
  A. sphaerocephalon **74**, **79**, 91
Alpenveilchen (s. Cyclamen) 27, 29, 32, 33
Amaranthus
  A. caudatus **120**
    A.c. 'Viridis' 127
  A. tricolor 'Brilliant Pink' 123, 127
Amaryllis belladonna 148, 151
  A.b. 'Purpurea' **152**
Ampelopsis glandulosa var. brevipedunculata 156 f.
Anchusa
  A. azurea 92 f.
    A.a. 'Feltham Pride' 92
    A.a. 'Loddon Royalist' **8**, **84**, 92, **93**, 100, *101*
    A.a. 'Morning Glory' 92
    A.a. 'Opal' **38**, 92
Anemone (s. Anemone)
  A. blanda 33
    A.b. 'Atrocaerulea' *35*, 35
    A.b. 'Radar' 33
  A. coronaria 'Orchid' **53**
Anethum graveolens 96
Angelika (Angelica) 38
  A. archangelica 53
  A. gigas 53, 59, *59*, 140, *140*
Anthriscus sylvestris 'Ravenswing' **48**, 50, **53**, 98
Antirrhinum
  A. majus 'Black Prince' 115
    A.m. 'Liberty Crimson' 118, **118**
    A.m. 'Night and Day' 118
    A.m. 'Scarlet Giant' 118
Aquilegia 38, 56
  A. vulgaris var. stellata 57, **56**

A.v. var. s. 'Black Barlow' 57
A.v. var. s. 'Nora Barlow' 57
A.v. var. s. 'Ruby Port' 57
Arctotis
  A. fastuosa **13**, **120**
  A. 'Flame' **48**, 118
  A. 'Mahogany' 118
  A. 'Red Devil' 118
Artemisia
  A. absinthium 'Lambrook Silver' 95
  A. arborescens 'Faith Raven' **116**, 128 f.
  A. ludoviciana **74**, **94**
    A.l. 'Valerie Finnis' **13**, 95, 129, *136*, 137
  A. 'Powis Castle' 95, 128
Arundo donax 46, 47, 102, 103, **113**, 155
Asplenium scolopendrium 151 f.
Aster (Aster) 148, 149
  A. amellus **149**
    A.a. 'King George' 149
  A. novae-angliae
    A.n.-a. 'Andenken an Alma Pötschke' 160
    A.n.-a. 'Barr's Pink' 160
  A. novi-belgii
    A.n.-b. 'Carnival' 149
    A.n.-b. 'Chequers' 149
  A. x frikartii 'Mönch' 149, 160
Astrantia 102
  A. 'Ruby Wedding' **106**, 108
Atriplex hortensis var. rubra 96, **97**, 120, **120**, 131
Aubrieta 'Purple Cascade' 19

Bärenohr (s. Arctotis)
Ballota pseudodactamnus **20**, 21, 95
Bambus (s. Phyllostachys; Fargesia nitida; Pleioblastus; Sasa) 58, 60, 61, 141
Bartfaden (s. Penstemon) **80**, 112, 124, 148
Bartnelke (s. Dianthus barbatus) **38**, **74**, 78
Baumpäonie 41
Beifuß (s. Artemisia)
Berberitze (Berberis) temolaica **67**
Beta vulgaris 'Rhubarb Chard' 127
Blaukissen (s. Aubrieta) 47
Blaustern 32
Blumenrohr (s. Canna) 10, 112, **129**, 129 f., 148, 154
Boden
  Drainage 156
  Vorbereitung 156
Brugmansia sanguinea **113**, 114
Buchsbaum **8**, **16**, 20, 155
Buddleja 112,114
  B. alternifolia 38
  B. davidii 38
    B.d. 'Black Knight' 114, 136, **136**
Bupleurum
  B. fastuosum **129**
  B. fruticosum 150
  B. rotundifolium 96

Calamagrostis
  C. arundinacea 130
  C. brachytricha 70, 71, 100, *100*
Calendula officinalis 'Indian Prince' **86**, 90, 100, *101*, 149, 162, *162*
Callicarpa bodinieri var. giraldii 'Profusion' 150, **150**
Camassia
  C. cusickii 'Zwanenburg' 66
  C. quamash 'Orion' 63, *145*
Campanula
  C. glomerata 'Superba' **8**, **84**, 93, **93**, 108, 109, *109*, **109**
  C. lactiflora 'Prichard's Variety' 93
  C. latifolia 108
    C.l. 'Brantwood' 92
  C. medium 108
  C. trachelium 108
Campsis
  C. grandiflora 156
  C. x tagliabuana 102, 134, 156
    C. x t. 'Madame Galen' *46*, *47*, **135**
Canna
  C. indica **8**, **152**
    C.i. 'Purpurea' **130**
  C. 'Louis Cayeux' 130
  C. musifolia **97**, 130
  C. 'Wyoming' **120**, 130
Cardiocrinum giganteum 108
Carex elata 'Aurea' 62, **67**, 106, 142, 144, *145*, **145**
Carla-Virus 28, 33
Catalpa bignonioides 'Aurea' 96
Ceanothus **8**
Cerinthe major 'Purpurascens' **38**, 50, **53**, **79**, **83**, **86**
Chasmanthium latifolium 59, *59*, *140*, 141, 157
Chinaschilf (s. Miscanthus sinensis) 102, 103, **129**, 141, 160
Cirsium rivulare 'Atropurpureum' **106**, 108
Clematis
  C. alpina 'Ruby' 54
  C. 'Ernest Markham' 134
  C. 'Etoile Violette' 99, **99**
  C. flammula 157
  C. 'Gipsy Queen' 134
  C. 'Jackmanii' *46*, *47*, 54, 99, **99**, 134
  C. 'Jackmanii Rubra' 134
  C. 'Madame Julia Correvon' 134
  C. 'Niobe' **12**, 99
  C. rehderiana 157
  C. 'Rouge Cardinal' *46*, 134
  C. 'Royal Velours' 134, **135**
  C. 'The President' 99
Cleome
  C. hassleriana 'Cherry Queen' 124
    C.h. 'Violet Queen' 46, *46*, **123**, 124
Colchicum 148, 154
  C. byzantinum 151, **152**
Consolida
  C. ajacis 92
    C.a. Exquisite Series 92

C. regalis 92
Corydalis
  C. flexuosa **32**, 34
    C.f. 'Blue Panda' 34
    C.f. 'China Blue' 34
Cosmos
  C. atrosanguineus 115, 118, **118**, 136, *136*, 148
  C. bipinnatus 'Dazzler' **13**, 120
  C. sulphureus
    C.s. 'Bright Lights' 70, 71, 120, **120**, 127, 148, 161, *161*
    C.s. 'Sunny Orange' 120
    C.s. 'Sunny Red' 120
Cotinus
  C. coggygria 'Royal Purple' **41**
  C. 'Grace' 148, **149**
  C. obovatus 148
Crambe
  C. cordifolia **50**, 74, 96
  C. maritima 50, **50**
Crinum x powellii 114
  C. x p. 'Album' 114
Crocosmia
  C. 'Emily McKenzie' 142, 145, *145*
  C. 'Lucifer' **4**, 92, 115, **126**, 139, 142, 145, *145*, **145**
  C. masoniorum 139, 140, *140*
  C. 'Mrs Geoffrey Howard' 142
Cyclamen coum 33, 35, *35*
Cynara
  C. cardunculus **4**, 21, **97**
    C.c. Scolymus Gruppe 21
Cynoglossum amabile **84**, 93
Cyperus eragrostis 157 f.

Dactylorhiza
  D. foliosa 57
  D. x grandis 35, *35*, 57, 59, *59*, **69**
  D. maculata 57
Dahlie (Dahlia) 10, 112, 114 f., 148
  D. 'Altami Corsair' **116**
  D. 'Alva's Doris' **129**
  D. 'Arabian Night' 115, **116**, 136, *136*, 154
  D. 'Biddenham Sunset' 100, 115, **116**, **118**, *128*
  D. 'Bishop of Llandaff' **116**, 118, **142**, 157, **159**
  D. 'Black Fire' 115, **116**, 118, 123
  D. 'Chimborazo' **116**, **124**
  D. 'Classic A1' 115
  D. coccinea **116**
  D. 'Edinburgh' 148, 154
  D. 'Gypsy Boy' **116**
  D. 'Hillcrest Royal' 100, 115, **116**, 154
  D. 'Jescot Julie' 115, **116**, 127
  D. 'Jet' **118**
  D. 'Kenora Sunset' **116**
  D. 'Lavender Athalie' 115, **116**
  D. 'Mount Noddy' **116**, 136, *136*
  D. 'Pearl of Heemstede' **116**
  D. 'Raffles' 115, **116**, 127
  D. 'Requiem' **116**
  D. 'Rothesay Reveller' 148, **149**

Register

D. 'Zuster Clarentine' 115
Daphne
   D. bholua 'Jacqueline' 28
   D. odora 'Aureomarginata' 28
Darmera peltata 60, 62, **63**, 70, 71,
   160, 161, *161*
Datura 11, 114
   D. metel 'La Fleur Lilas' **113**, 114
Delphinium
   D. Black-Knight-Gruppe **4**, **90**, 91,
     115, **126**
   D. 'Blue Jay' 100, *100*, **101**
   D. 'Blue Nile' 91
   D. 'Blue Tit' 91
   D. 'Chelsea Star' **12**
   D. elatum **90**, 91
   D. 'Faust' **74**, **84**, 91
   D. 'Fenella' 91
   D. King-Arthur-Gruppe 91
   D. 'Nimrod' 91
   D. 'Nobility' 91
Dianthus
   D. 'King of the Blacks' **131**
   D. 'Laced Monarch' **79**, **90**
Dianthus barbatus
   D.b. 'Dunnett's Dark Crimson' 78,
     79
   D.b. 'Homeland' 79
   D.b. 'Oeschberg' **38**, **74**, 79, 100,
     101
   D.b. 'Sweet William' 78 f.
   D.b. Nigrescens-Gruppe **38**, **74**, 78
Dicentra 16, 27, 28, 34, 38
   D. 'Bacchanal' **32**, 34, 35, *35*
   D. formosa 34
   D. 'Luxuriant' 34
   D. spectabilis 'Alba' **19**
Dierama pulcherrimum 74, 103, 107
Digitalis 38
   D. davisiana 57
   D. ferruginea 57, **57**, 59, *59*
Dryopteris filix-mas 55

Echium candicans **97**
Edeldistel (s. *Eryngium*) 95 f., 112
Einbeere (s. *Paris polyphylla*) 56, **55**,
   59, *59*
Eisenhut (s. *Aconitum*) 112, 138 f.
Elfenblume (s. *Epimedium*) 29., **29**, 55
Elymus
   E. hispidus 95, 100, *101*
   E. magellanicus 95
Engelstrompete (s. *Brugmansia*
   sanguinea) **113**, 114
Engelwurz (s. *Angelica*)
Epimedium 29., **29**, 55
   E. x *perralchicum* 'Frohnleiten' 29
   E. perralderianum 29
Eranthis 27, 32
   E. hyemalis 33
     E.h. Cilicica-Gruppe 33
Eremurus 74, 83
   E. x *isabellinus* 'Cleopatra' **8**, 83,
     84, 91, 100, *101*, **101**
   E. stenophyllus 83

Eryngium
   E. agavifolium 129
   E. alpinum **4**, **95**
   E. giganteum 95 **95**, *136*, 137
   E. horridum 129
   E. proteiflorum 156 f., **155**
   E. x *tripartitum* **126**, 127
   E. x *zabellii* 'Donard Variety' **13**,
     95, 95, *136*, 137
Erysimum
   E. cheiri 16 f.
     E.c. 'Blood Red' **16**, 17, 19, **22**,
       46, *46*
     E.c. 'Fire King' 16, **16**, 19, 22
     E.c. 'Orange Bedder' **22**
     E.c. 'Vulcan' **22**, 136, *136*
   E. wheeleri 86, **86**, 100
Eschscholzia
   E. 'Dali' **84**
   E. 'Inferno' **84**, 86
   E. 'Orange King' **84**, 86, **118**
Eselsdistel (s. *Onopordum*
   acanthium) 50, 53
Essigbaum (s. *Rhus*)
Eukalyptus (s. *Eucalyptus*) **148**, 155
   E. dalrympleana **154**, 155
   E. gunnii 155
Euonymus
   E. alatus 150, **150**
     E.a. 'Compactus' 150
   E. europaeus 150, **150**
Eupatorium
   E. purpureum 104
     E.p. subsp. *maculatum* 'Atro-
       purpureum' 104, 145, *145*
Euphorbia
   E. amygdaloides 34
     E.a. 'Purpurea' 28, **29**, 35
     E.a. var. *robbiae* **19**, 20, 28, **90**
   E. characias
     E.c. 'John Tomlinson' 20
     E.c. 'Lambrook Gold' 20
     E.c. subsp. *wulfenii* **12**, 20, **41**,
       46, *46*, **46**
   E. cyparissias 26
     E.c. 'Orange Man' 27
   E. donii 71, 96, 104, **107**, 127
   E. dulcis 'Chameleon' 19, **20**, 29,
     29, **106**, 95, 157
   E. griffithii 27, **90**, 127, 137
     E.g. 'Dixter' **22**, 27, **50**, *136*
   E. lathyris **38**, **94**, 95
   E. x *martinii* **22**
   E. myrsinites 26
   E. nicaeensis 96
   E. oblongata 27, **83**, **84**
   E. palustris **22**, **24**, 27, 46, *46*, **55**,
     69, 127, 144, *145*
   E. polychroma 26
     E.p. 'Candy' 26
   E. schillingii 8, **74**, **94**, 96, 104, 109,
     109, 127, *136*, **136**, 137, 142, 145,
     145, 154
   E. seguieriana 96, 100, *100*, 127
   E. sikkimensis **84**, 96, 104, 127, 154
   E. stricta **50**, **79**, 90, **94**, 154

Fackellilie (s. *Kniphofia*) 148
Fargesia nitida 60 f.
Fatsia japonica 20
Federgras (s. *Stipa*)
Federmohn (s. *Macleaya*) 74, 102, 148
Felberich (s. *Lysimachia*)
Fenchel (s. *Foeniculum vulgare*,
   Ferula communiis) **16**, 27, **120**
Ferula communis 74, 96
Festuca mairei 96
Ficus carica 136
Fingerhut (s. *Digitalis*) 26, 38, 57
Fingerstrauch (s. *Potentilla*) 127
Flattergras (s. *Milium effusum*
   'Aureum') 29, 141
Flieder 38 f.
Foeniculum vulgare
   F.v. 'Purpureum' **16**, 27, **48**, **53**, **63**
Frauenmantel (s. *Alchemilla mollis*)
Fritillaria 16, 19, 148
   F. imperialis **16**, 19, 140, *140*
     F.i. 'Rubra' **19**
   F. persica 19, **19**
Fuchsschwanz (s. *Amaranthus*)
Funkie (s. *Hosta*) 38, 56 f., 69, 74, 104,
   112, 160

Gazania 'Cookei' **120**
Gartenmelde (s. *Atriplex hortensis*)
   var. *rubra* 96, **97**, 120, **120**, 131
Gartenraute (s. *Ruta graveolens*) 16,
   155
Gartenwicke (s. *Lathyrus odoratus*)
   74, 78, **80**, 82, **123**
Geißblatt (s. *Lonicera*) 10, 11, 38, 53 f.,
   74, 99
Gelbdolde (s. *Smyrnium perfoliatum*)
   28, 34, **34**, 35, *35*, 38
Gelbweiderich 103
Gentiana asclepiadea 139, **139**
Geranium
   G. 'Ann Folkard' 45, **80**, 100, *101*
   G. 'Brookside' 44
   G. himalayense 'Gravetye' 45, 59,
     59, **59**
   G. 'Johnson's Blue' **90**
   G. 'Patricia' 45
   G. 'Philippe Vapelle' 45, 46, *46*,
     46, 90
   G. psilostemon 45
   G. renardii 45
   G. sanguineum **93**
Germer (s. *Veratrum*) 33, 74
Geum
   G. chiloense 44, 86
   G. coccineum 44, 67
   G. 'Dolly North' 45, 100, *101*, **131**
   G. 'Fire Opal' 44
   G. 'Georgenburg' 67
   G. 'Lady Stratheden' 45
   G. 'Mrs J. Bradshaw' 44, **45**, **50**,
     53, *101*
   G. 'Prinses Juliana' 45
   G. 'Red Wings' 59, *59*
   G. rivale 44, 67

   G.r. 'Leonard's Variety' 67
   G. 'Tangerine' 106, 109, *109*
   G. 'Werner Arends' (syn. *G.* x
     borisii) 67, 71
Gladiolen (*Gladiolus*) 115, 148
   G. 'Arabian Night' 115, **118**
   G. 'Black Ash' 115
   G. 'Black Beauty' 115
   G. 'Blue Bird' 115
   G. communis subsp. *byzantinus*
     13, 78
   G. 'Fidelio' **4**, 115, **126**
   G. 'Plum Tart' 115
   G. 'Spring Green' 115
Glockenblumen (s. *Campanula*) 62,
   74, 103
Glockenrebe (s. *Cobea scandens*) 131,
   135
Goldlack (s. *Erysimum*) 10, 11, 16 f., 27
Gomphrena globosa 123, **124**
Guernseylilie (s. *Nerine bowdenii*) **12**,
   148, 150, 151, **152**
Gunnera 38, 58, 62 f., **67**, 141, 160
   G. manicata 62, **63**, 102, 148
   G. tinctoria 62

Hacquetica epipactis 27, 32, 33
Hainsimse (s. *Luzula*) 28, 142
Hakonechloa macra 96
   H.m. 'Aureola' **95**, 96, 100, *101*,
     101, *140*, 141, 157
Haselnuss 10
Hasenohr (s. *Bupleurum*)
Hedera canariensis 'Gloire de
   Marengo' **159**
Helenium
   H. 'Moerheim Beauty' **74**, **112**, 118,
     131, 136, *136*, **136**
Helianthus
   H. annuus
     H.a. 'Pastiche' **120**
     H.a. 'Prado Red' 118
     H.a. 'Valentine' **12**, 124
     H.a. 'Velvet Queen' **12**, 118, **120**,
       136, *136*
   H. 'Capenoch Star' **12**, **112**, 154
   H. 'Lemon Queen' 154
   H. x *multiflorus* 154
   H. salicifolius **97**, **112**, 131
Helictotrichon sempervirens 95
Helleborus
   H. argutifolius 20, **22**, **131**, *136*, 137
   H. foetidus 28
     H.f. Wesker-Flisk-Gruppe 28,
       35, *35*
   H. orientalis Hybriden 28, **32**, 33,
     35, *35*
   H. x *sternii* 28, 34, 35, *35*
     H. x *s.* Ashwood-Reihe 28, 35, *35*
     H. x *s.* 'Boughton Beauty' 28
Helmbohne (s. *Lablab purpureus*) 131
Hemerocallis 62, 74, 106 f., 108, 144
   H. 'American Revolution' 70, 71,
     104, 106
   H. 'Apple Court Damson' 106

Register

H. 'Bald Eagle' 106
H. 'Bernard Thompson' 108, 109,
109
H. 'Cherry Ripe' 106
H. 'Chicago Apache' 106
H. 'Chicago Royal Robe' 106
H. 'Frank Gladney' 107, 109, *109*
H. 'Marion Vaughn' **104**, 107
H. 'Mauna Loa' **104**, 108
H. 'Meadow Sprite' **104**, 106
H. 'Missenden' **104**, 106
H. 'Pink Damask' **13**, 107
H. 'Prairie Moonlight' 107
H. 'Red Precious' 106
H. 'Show Amber' 107
H. 'Smoky Mountain Autumn'
107
H. 'Stafford' 106, 109, *109*, **109**
H. 'Strutter's Ball' 106, 109, *109*
Herbstzeitlose (s. *Colchicum*) 148, 154
Hepatica nobilis 33
Heuchera 69
H. *micrantha* var. *diversifolia*
'Palace Purple' 69
Himalaya Mohn (s. *Meconopsis*) 66
Hirschzungenfarn (s. *Asplenium*
scolopendrium) 150 f.
Holunder (s. *Sambucus*) 96
Honigstrauch (s. *Melianthus major*)
10, **13**, 112, **116**, 129, 148, 154, **154**
Hopfen (s. *Humulus lupulus*) 54, 99
Hornmohn (s. *Glaucium*) 50
Hortensie (s. *Hydrangea*) 10, 112, 137 f.
Hosta
H. 'August Moon' **55**, *71*, 100, *101*,
104
H. 'Big Daddy' 104
H. 'Blue Angel' 104
H. 'Blue Umbrella' 104
H. 'Gold Standard' 56, *59*, **59**
H. 'Hadspen Blue' **60**, **67**
H. 'Halcyon' **55**, 56
H. 'Krossa Regal' 56
H. 'Lemon Lime' 56
H. 'Love Pat' 56
H. 'Piedmont Gold' 56, 104, 144,
145, **145**
H. *sieboldiana* var. *elegans* **55**, 56,
142
H. 'Sum and Substance' 70, *71*,
104
Humulus lupulus 54
H.l. 'Aureus' **8**, **53**, 54
Hyazinthe (*Hyacinthus*) 11, 16, 148
H. 'Amsterdam' 16
H. 'Blue Magic' 16, **19**
H. 'Distinction' **4**, 16
H**.** 'Jan Bos' 16, **16**, 19
H. 'King of the Blues' 16
H. 'Woodstock' 16, **16**
Hydrangea
H. *arborescens*
H.a. 'Annabelle' 58, *59*, 137, 138,
138, 140, *140*
H.a. 'Grandiflora' 137 f.
H. *macrophylla* 138

H. *paniculata* 138
H. 'Preziosa' 138, 157, **159**
H. *quercifolia* 59, *59*, 157, **159**

Imperata cylindrica 'Rubra' 140, **140**,
141, 157
Indianernessel (s. *Monarda*)
Ipomoea 131
I. *tricolor* 'Star of Yelta' **135**
Iris (s. *Iris*) 47, 63
Hohe Bartiris 11, 38, 47
Iris
I. 'Before the Storm' **48**
I. 'Brindisi' 47, **48**
I. *chrysographes* 38, **63**, **67**
I.c. 'Black Knight' 63
I. *foetidissima* 157
I. 'Fort Apache' **12**
I. 'Hell's Fire' **48**
I. *laevigata* 63, 70, 71, 103, 108
I. 'Marshlander' **48**
I. 'Night Owl' 47, **48**
I. 'Ola Kala' 47
I. *pseudacorus* 'Variegata' 62, 70,
71, 108, *109*, **109**, 144, *145*
I. 'Quechee' 47, **48**
I. 'Ruby Contrast' **48**
I. 'Sable' 47, **48**
I. *sibirica* 38, 62, 63, **63**, **67**, 68
I.s. 'Lady Vanessa' 63
I.s. 'Ottawa' 63
I.s. 'Ruffled Velvet' 63, *71*, **71**
I.s. 'Shirley Pope' 63
I.s. 'Showdown' 63
I.s. 'Steve' 63
I.s. 'Teal Velvet' 63
I. *versicolor* 102, 108
Island Mohn (s. *Papaver nudicaule*)
38, 61, 66, 86, 106

Kaiserkrone (s. *Fritillaria imperialis*)
19, 140
Kalifornischer Mohn (s. *Eschscholzia*)
86
Kambrischer Scheinmohn (s. *Meco-*
nopsis cambrica) 90
Kapuzinerkresse (s. *Tropaeolum*) **118**,
131
Kardone (s. *Cynara cardunculus*) 38,
148, 154
Klematis (s. *Clematis*) 10, 11, 38, 74,
99, 134
Kletterpflanzen für sonnige
Standorte 53 f., 98 f., 131 f.
Knabenkraut (s. *Dactylorhiza*) 57 f.
Knautia macedonica 82
Kniphofia
K. 'Green Jade' **131**, 158, 160
K. 'Prince Igor' 158, 160, *161*
K. rooperi 158, 160, *161*, **161**
Königsfarn (s. *Osmunda regalis*) 102,
102, 104, 109, *109*, 142
Königskerze (s. *Verbascum*) 11, 22, 94

Kosmee (s. *Cosmos*) 128
Krankheiten
Carla-Virus 28, 33
Mehltau 114, 115, 134, 142, 144,
149 f., 160
Rost 76, 95, 118
Küchenschelle (s. *Pulsatilla vulgaris*)
16

Lablab purpureus 131
Lampenputzergras (s. *Pennisetum*)
130
Lampionblume (s. *Physalis*
alkegengi) 157 f.
Lathyrus odoratus
L.o. 'Black Diamond' 82
L.o. 'Black Knight' **80**, 82, **86**
L.o. 'Cupani' 82
L.o. 'Gipsy Queen' **80**, 82, **86**
L.o. 'Henry Eckford' 82
L.o. 'Matucana' **80**, 82
Leberblümchen (s. *Hepatica*) 27 f., 33
Leonotis leonurus 120, **120**, 128
Lerchensporn (s. *Corydalis*) 16, 27, 38
Lichtnelke (s. *Lychnis*) 74
Ligularia 62 f., 141, 148, 160
L. *dentata* 'Desdemona' 62
L. *przewalskii* 62
L. 'The Rocket' 62
Lilie (s. *Lilium*) 11, 74, 83, 112 f.
Asiatische 112
Krankheiten, Schädlinge 83
Türkenbund (s. *Lilium martagon*)
38, 57 f., **107**
Lilium
L. African-Queen-Gruppe 139
L. 'Apeldoorn' 83
L. *auratum* **113**
L. 'Black Beauty' 112
L. 'Casa Blanca' 112, **113**
L. 'Connecticut King' 83
L. 'Fire King' 83, **83**, **94**
L. Golden-Splendor-Gruppe **83**,
99, *100*
L. *henryi* 139, **139**, 140, *140*, **140**
L. *martagon* 57
L. *monadelphum* (syn. L.
szovitsianum) 82
L. *nepalense* 58
L. 'Orange Pixie' **90**
L. *pumilum* (syn. L. *tenuifolium*) 57
L. *pyrenaicum* 58
L.p. var. *rubrum* 58, *59*, *59*, **59**
L. 'Red Carpet' 83
L. *regale* 83
L.r. 'Album' 83, **83**
L. *speciosum*
L.s. 'Uchida' 140, *140*, 141
L.s. var. *album* 112
L.s. var. *rubrum* 112
L. 'Star Gazer' 112
L. *superbum* 144
Lobelie (*Lobelia*) 142, 144, 160
L. *cardinalis* 144
L. *fulgens* 144

L. x *gerardii* 'Vedrariensis' **131**, 144,
145, *145*
L. 'Kimbridge Beet' 144
L. 'Queen Victoria' **90**, 104, **142**,
144, 145, *145*
L. 'Rusian Princess' 144
L. 'Tania' **142**, 144
Löwenmaul (s. *Antirrhinum*) 112, 115,
118 f.
Löwenohr (s. *Leonotis*) 127
Lonicera
L. *caprifolium* 28, 54
L. x *italica* 28, 54, 70, 71
L. *japonica* 54
L. *periclymenum*
L.p. 'Belgica' 46, *46*, 99, 114, **131**
L.p. 'Belgica Select' 99
L.p. 'Serotina' 46, *46*, 99, **99**,
114
Lunaria annua 28, 34
L.a. 'Munstead Purple' 34
Lungenkraut (s. *Pulmonaria*) 16, 27,
29, 32
Lupine (*Lupinus*) 11, 38, 44, **90**
L. 'Blue Jacket' **41**
L. 'The Chatelaine' **79**
L. 'My Castle' **41**
L. *polyphyllus* 44
L. 'The Governor' **79**
L. 'The Page' **41**
L. 'Thundercloud' **41**
L. *varius* 27
Russell Hybriden 44
Luzula 142
L. *sylvatica* 'Aurea' 28, **29**, 35, *35*,
57, 68, 157
Lychnis
L. *coronaria* 82
L. *viscaria* 107
L.v. 'Splendens Plena' 107
Lysichiton 58
L. *americanus* 63, **63**, 70, 71
L. *camtschatcensis* 63
Lysimachia
L. *atropurpurea* 'Beaujolais' 107,
136, *136*
L. *ciliata* 'Firecracker' **67**, 68
L. *nummularia* 'Aurea' 68, 71
Lythrum 74
L. *virgatum* 'The Rocket' 71, 107,
109, *109*, **109**

Macleaya
M. *cordata* 104
M. *microcarpa* 104
M.m. 'Kelway's Coral Plume'
104, 109, *109*
Mangold
Rotstieliger Mangold 127
Weißstieliger Mangold 98
Mariendistel (s. *Silybum marianum*)
97, 98, 155
Matteuccia struthiopteris 35, *35*, 38,
55, 57, 71, **71**, 104, 108, 109
Meconopsis **63**, 66

165

Register

M. betonicifolia **12**, 66
M. cambrica 90
M. grandis 66, **67**
Meerkohl (s. *Crambe maritima*)
Mehltau 114, 115, 134, 142, 144, 149 f.,
 160
Melianthus major 10, **13**, 112, **116**, 129,
 148, 154, **154**
Milium effusum 'Aureum' 16, 29, **34**,
 35, *35*, 57, 137, *140*, 141
Miscanthus sinensis 102, 103, **129**, 141,
 160
 M.s. 'Silberfeder' 103, **131**, 155
 M.s. 'Silberturm' 103, 108, *109*
 M.s. 'Strictus' **102**, 103
 M.s. 'Zebrinus' 103, **128**, 155, 161, *161*
Mohn (s. *Papaver*)
Moluccella laevis 127
Monarda
 M. 'Blaustrumpf' 144, 145, *145*
 M. 'Mahogany' 144
 M. 'Vintage Wine' 144
Mondviole (s. *Lunaria annua*) 28, 34
Montbretie (s. *Crocosmia*) 112, 142 f.,
 144

Narcissus
 N. 'Geranium' 17
 N. 'Quail' 17
 N. 'Suzy' **16**, 17, 46, *46*
Narzisse (s. *Narcissus*) 16, 17, 19, 148
 Jonquillen 17
 Tazetten 17
Nelkenwurz (s. *Geum*) 38, 44 f., 67,
 74, 127, 144
Nerine bowdenii **12**, 148, 150, 151, **152**
Neuseeländischer Flachs (s. *Phor-*
 mium) 128, 155, 158 f.
Nicotiana 112, 148
 N. alata Deep Red **86**, **90**, **118**
 N. sylvestris 114
Nieswurz (s. *Helleborus*) 16, 20 f., 27,
 33 f.
Notholirion bulbuliferum **56**, 57

Ochsenzunge (s. *Anchusa*)
Onoclea sensibilis 38, 55, **55**, 61, 67,
 68, 71, 104
Onopordum acanthium 50, 53
Orchideen (s. *Dactylorhiza*) 38, 57
Osmunda regalis 102, **102**, 104, 109,
 109, 142
 O.r. 'Purpurascens' 71, 104

Paeonia
 P. 'Fairy Princess' 41
 P. 'Illini Warrior' 41
 P. lactiflora
 P.l. 'Gay Paree' 41, **41**
 P.l. 'Globe of Light' 41
 P.l. 'Karl Rosenfeld' 41
 P. x lemoinei 'Chromatella' 41
 P. suffruticosa

P.s. 'Howki' **4**
P.s. 'Kaow' 41
P.s. 'Shimmering Velvet' 41, **41**
Papaver
 P. nudicaule 86
 P.n. 'Matador' 61, 66, 106
 P.n. 'Red Sails' **38**, **50**, 61, 66,
 68, **84**, 86, 106
 P.n. 'Tall Mix' **84**
 P. orientale 40, **67**
 P.o. 'Allegro' 40
 P.o. 'Beauty of Livermere' **13**,
 39, 40
 P.o. 'Curlilocks' **39**
 P.o. 'Derwisch' 40
 P.o. 'Forncett Summer' **39**
 P.o. 'Harvest Moon' 38, 40, 46,
 46, **46**
 P.o. 'Kleine Tänzerin' 40
 P.o. 'Lilac Girl' 40
 P.o. 'Marcus Perry' 40
 P.o. 'May Queen' **39**
 P.o. 'Mrs Perry' **39**
 P.o. 'Patty's Plum' **39**, 40, 136,
 136, 137
 P.o. 'Raspberry Queen' 40
 P.o. 'Sultana' **39**, 40
 P.o. 'Türkenlouis' **39**, 40
 P. ruprifragum **84**, 90
 P. somniferum 79, **80**, 82, **90**
 P.s. 'Danebrog' (syn. 'Danish
 Flag') **80**
Parahebe perfoliata 129
Paris polyphylla 56, **55**, 59, *59*
Parthenocissus
 P. quinquefolia 156
 P. tricuspidata 'Veitchii' 156
Paulownia 10, 112, 130
Pennisetum 130
 P. orientale 130, 155
 P. setaceum 130
 P. villosum *136*, **136**
Penstemon 124, 127
 P. 'Andenken an Friedrich Hahn'
 124
 P. 'Burgundy' 124, **142**
 P. 'Midnight' 124
 P. 'Raven' **74**, **94**, 124, **124**, 127
Perlfarn (s. *Onoclea sensibilis*) 38, 55,
 55, 61, 67, **68**, 104
Perückenstrauch (s. *Cotinus*) 50, **67**,
 148
Petunie (*Petunia*) 148, 151 f., 154
 P. 'Purple Wave' 151, **152**
 P. 'Surfinia Purple' 151
Pfennigkraut (s. *Lysimachia*
 nummularia) 68
Pfingstrose (s. *Paeonia*) 10, **16**, 38, 40 f.
Phlox 10, 11, 74, 114, 142
 P. paniculata 112, 113 f., 142, 144
 P.p. 'Amethyst' 109, *109*, 142,
 145, *145*, **145**
 P.p. 'Brigadier' 142, 144
 P.p. 'Le Mahdi' 142
 P.p. 'Orange Perfection' 142
 P.p. 'Othello' 142

P.p. 'Prince of Orange' 142
P.p. 'Starfire' 142, 144
P.p. 'Windsor' 109, *109*, 142
Phormium 128, 155, 158 f.
 P. 'Aurora' 108, *109*
 P. 'Sundowner' 128, **130**, **148**
 P. tenax 161, *161*
Phyllostachys 61
 P. bambusoides 61
 P. nigra 60 f., 70, 71, **71**
Physalis alkekengi 157, **159**
Pittosporum tobira **4**
Pleioblastus 61
Poa labillardierei 95
Polygonatum
 P. biflorum (syn. *P. giganteum*) 56
 P. x hybridum 56
Polypodium 151
 P. vulgare 'Bifidum' 151, **152**
Potentilla
 P. atrosanguinea 'Gibson's Scarlet'
 86
 P. 'Etna' 86
 P. fruticosa 86
 P.f. 'Hopleys Orange' 86
 P.f. 'Red Ace' 86
 P.f. 'Red Robin' 86
 P.f. 'Sunset' 46, *46*, **84**, 86, 127
 P. 'William Rollison' **45**, **84**, 86
Prärielilie (s. *Camassia*) 38, 63
Primel (s. *Primula*) 16, 27 f., 29, 32 f.,
 34, 67, 70
 Barnhaven Primeln **29**, 32 f., **32**
 Kandelaberprimeln 38, **63**, 66,
 70, 102
Primula
 P. aurantiaca **60**, 66
 P. beesiana 66
 P. bulleyana 66, **69**
 P. cockburniana 66, *71*, **71**
 P. Cowichan-Amethyst-Gruppe
 29
 P. Cowichan-Garnet-Gruppe 28,
 29, *35*
 P. Cowichan-Venetian-Gruppe
 29, **29**, **34**
 P. Flamingo-Gruppe 29
 P. Fuchsia-Victorians-Gruppe **32**
 P. 'Inverewe' **60**, 66, **67**, 68, 71
 P. japonica 66
 P.j. 'Miller's Crimson' 66
 P. Old-Rose-Victorians-Gruppe 29
 P. pulverulenta 61, 66, **68**, 71
 P. 'Red Hugh' 66
 P. Redfield-Reihe 66
 P. Rote-Land-Gruppe **29**, *35*
 P. 'Rowallane Rose' **68**
 P. secundiflora 66, 68, **69**
 P. Spice-Shades-Gruppe *35*
Prunkwinde (s. *Ipomoea*) 131
Pulmonaria
 P. angustifolia subsp. *azurea* 32
 P. 'Lewis Palmer' 32, **34**, *35*
 P. longifolia 32
 P. saccharata
 P.s. 'Boughton Blue' 32

P.s. 'Frühlingshimmel' 32
Pulsatilla vulgaris **16**, 29
Pyrus salicifolia 'Pendula' 95, 99, 100,
 101

Rainfarn (s. *Tanacetum*) 50
Rhabarber (*Rheum*) 10, 16, **16**, 21, 38,
 58, 61 f., 67, **97**, 148, 154, 160
 R. 'Ace of Hearts' **19**, 61, **104**, 106,
 109, *109*
 R. x hybridum 21
 R. palmatum **60**, **97**
 R.p. 'Atrosanguineum' 61, 70,
 71, 109, *109*
 R.p. 'Bowles' Crimson' 61
Rhododendron luteum **63**
Rhus
 R. x pulvinata Autumn-Lace-
 Gruppe **148**, 158, 160, *161*, **161**
Rebe (s. *Vitis*) 156
Ricinus communis
 R.c. 'Carmencita' **129**, **148**
 R.c. 'Impala' 128
Riesenfenchel (s. *Ferula communis*)
Riesenschilf (s. *Arundo donax*) 46, 47,
 102, 103, **113**, 155
Ringelblume (s. *Calendula*) 86
Rittersporn (s. *Delphinium*) 40, **74**, 91 f.
Rizinus (s. *Ricinus communis*) 112, 128,
 129
Rodgersia
 R. aesculifolia **60**, 62, **107**
 R. elegans **55**
 R. pinnata **60**, 62, **107**
 R.p. 'Elegans' **60**, 62
 R. podophylla 62
Rosa
 R. 'Alain Blanchard' 76, **77**
 R. 'Bleu Magenta' 54, 102
 R. 'Cerise Bouquet' 102
 R. 'Charles de Mills' **8**, **74**, 76, 78,
 77, 100, *100*
 R. 'Chevy Chase' 102
 R. 'Climbing Ena Harkness' **99**,
 102
 R. 'Climbing Etoile de Hollande'
 102
 R. 'Cocktail' 76, **77**
 R. 'De Rescht' 78, **77**
 R. 'Eclair' 76
 R. 'Excelsa' 102
 R. gallica var. *officinalis* 78, **77**
 R. 'Geranium' 149
 R. glauca **53**
 R. 'Guinée' 102
 R. 'Hansa' **77**, 140, *140*, 141
 R. 'Joseph's Coat' 76
 R. 'L. D. Braithwaite' 76
 R. 'Louis XIV' 76, **77**
 R. 'Madame Isaac Pereire' **12**, 78,
 100, *101*, **101**, 102
 R. 'Nuits de Young' 76, **77**
 R. x odorata 'Mutabilis' 76
 R. 'Playboy' 78
 R. 'Portlandica' 78, **90**, **142**

Register

R. 'Roseraie de l'Hay' 141
R. 'Souvenir du Docteur Jamain'
58, *59*, **59**, 74, 141
R. 'The Prince' 76
R. 'Tuscany Superb' **41**, 76, **77**, 83
R. 'Ulrich Brünner Fils' **80**
R. 'Violacea' (syn. 'La Belle
Sultane') 76
R. 'Violette' 54, 102
R. 'Warm Welcome' 46, *46*, **77**, 78
R. 'William Lobb' 76
R. 'Zéphirine Drouhin' **99**, 102
Rose (s. *Rosa*) 10, 11, 74 f., 76 f., 114, 131
Bourbonrose 78
Gallicarose 76 f., 141
Kletterrose 76 f., 102
Moosrose 76, 141
Portlandrose 78
Pflege, Schnitt 78
Rugosa-Hybriden 78, 141
Schädlinge und Krankheiten 74
Strauchrosen 76
Rosmarin (*Rosmarinus*) 16, 20, 155
R. 'Benenden Blue' 20
R. 'Sissinghurst Blue' 20
Rudbeckia
R. hirta 'Gloriosa Daisy Mix' **120**
R.h. 'Rustic Dwarfs Mixed' 118
Ruta graveolens 20, **20**, 100, *101*

Salbei (s. *Salvia*) 11, 16, 27, 95, 112, 127,
148
Salomonssiegel (s. *Polygonatum*) 55
Salvia
S. aethiopis 27
S. argentea 27
S. coccinea 'Lady in Red' **130**
S. guaranitica 'Blue Enigma' 127
S. involucrata 124, **124**
S. nemorosa 44
S. officinalis 21
S.o. 'Berggarten' 21
S. patens **12**, 127
S.p. 'Cambridge Blue' **126**, 127
S. 'Purple Majesty' **124**, 127
S. splendens 'Spice of Life' **12**
S. x *sylvestris* 44
S. uliginosa 112, 158, 160, *161*, **161**
S. verticillata 44
S. viridis **90**, 92, **139**
Sambucus
S. nigra 'Guincho Purple' 96, 150
S. racemosa
S.r. 'Plumosa Aurea' 50
S.r. 'Sutherland Gold' 50
Santolina
S. chamaecyparissus 129
S.c. 'Lemon Queen' **95**
S. pinnata subsp. *neapolitana* 95
Scabiosa
S. atropurpurea 'Ace of Spades'
79, 82
S. 'Chile Black' Z4 82
Schaftdolde (s. *Hacquetica epipactis*)
27, 32, 33

Scheincalla (s. *Lysichiton*) 58
Scheinmohn (s. *Meconopsis*) 66
Schizostylis
S. coccinea
S.c. 'Major' 160, 161, *161*, **161**
S.c. 'Mrs Hegarty' 160
S.c. 'Sunrise' 160
Schlafmohn (s. *Papaver somniferum*)
80, 82, 149
Schmetterlingsstrauch (s. *Buddleja
davidii*) 38
Schmuckblatt (s. *Rodgersia*) 58, 62,
141, 160
Schneeball (s. *Viburnum*) 148
Schönfrucht (s. *Callicarpa bodinieri*
var. *giraldii* 'Profusion') 150, **150**
Schönranke (s. *Eccremocarpus*) 134
Schwarznessel (s. *Ballota
pseudodactamnus*) **20**, 21, 95
Segge (s. *Carex elata* 'Aurea')
Seidelbast (s. *Daphne*) 28
Selinum wallichianum 98
Silybum marianum **97**, 98, 155
Smyrnium perfoliatum 28, 34, **34**, 35,
35, 38
Sonnenblume (s. *Helianthus*) 40, 120
Sonnenbraut (s. *Helenium*) 112, 118,
127, 148
Sonnenhut (s. *Rudbeckia*) 11, 21, 112,
118, **123**, 148, **159**
Spaltgriffel (s. *Schizostylis*) 148, 160
Spindelstrauch (s. *Euonymus*) 150, 157
Spinnenpflanze (s. *Cleome*) 21, 112,
124, 148
Stachys 95
S. byzantina 27
S.b. 'Big Ears' 27
S.b. 'Silver Carpet' 27
Stechapfel (s. *Datura*) 11, 114
Stecklinge von frostempfindlichen
Stauden 127
Steppenkerze (s. *Eremurus*) 74, 83
Sterndolde (s. *Astrantia*) 102
Sternjasmin (s. *Trachelospermum
jasminoides*) 74, 99, **99**, **131**
Stiefmütterchen
'Bluminsall' **29**, **44**
'Giant Forerunner Tangerine' *44*
Stipa
S. arundinacea 70, 71
S. calamagrostis 98, 100, *100*, 130
S. gigantea 46, *46*, 98, 130, **155**
Stockrose (s. *Alcea rosea*) 93
Storchschnabel (s. *Geranium*) 38, 45 f.,
74
Straußenfarn (s. *Matteuccia
struthiopteris*) 55
Syringa vulgaris
S.v. 'Andenken an Ludwig Späth'
38
S.v. 'Charles Joly' 38
S.v. 'Congo' 38

Taglilie (s. *Hemerocallis*) 62, 74, 102,
106 f., 108, 144

Tanacetum
T. parthenium 'Aureum' **16**, **90**
T. vulgare 'Isla Gold' **45**, 50, **50**, **84**
Thalictrum flavum subsp. *glaucum*
69, 106, 142
Tithonie (*Tithonia*) 11, 120
T. rotundifolia 120, **120**, *136*
T.r. 'Torch' 46, 47, *101*, 120
Trachelospermum jasminoides 74,
99, **99**, **131**
T.j. 'Madison' 99
Tränendes Herz (s. *Dicentra*) 16, 27,
28, 34, 38
Trichterschwertel (s. *Dierama
pulcherrimum*)
Tricyrtis 139
T. formosana 35, *35*, 139, 140, **140**,
141
T. ohsumiensis 141
Trollblume (*Trollius*) 38, 66 f.
T. chinensis 'Golden Queen' 67
T. x *cultorum* 67
T. x *c.* 'Earliest of All' 67
T. x *c.* 'Feuertroll' (syn.
'Fireglobe') 67
T. x *c.* 'Goldquelle' (syn. 'Gold
Fountain') 67
T. 'Orange Princess' 67
Trompetenblumen (s. *Campsis*)
Tropaeolum
T. 'Empress of India' 131
T. 'Tip Top Mahogany' 131
Tulipa
T. 'Abu Hassan' 22, **24**, 136
T. acuminata **24**, 26
T. 'Ballerina' 22, **22**, *100*, 136, 136
T. 'Bird of Paradise' **22**, **24**
T. 'Black Parrot' 22, **24**
T. 'Flaming Parrot' **24**, 26
T. 'Generaal de Wet' 22, **24**, *136*
T. 'Mariette' **24**, 26
T. 'Mickey Mouse' **24**, 26
T. 'Negrita' **16**, 22, 140
T. 'Orange Favourite' 22, **24**, 46,
46
T. 'Orange Princess' **48**
T. 'Orange Sun' 22
T. 'Prince Charles' 22, *100*
T. 'Prinses Irene' **4**, 22, **24**, 26
T. 'Purple Star' 22
T. 'Queen of Night' **13**, 22, **24**, 26
T. 'Queen of Sheba' **24**, 26, 100
T. 'Recreado' 22, **24**, 136, *136*
T. 'Texas Flame' **24**, 26
Tulpe (s. *Tulipa*) 16, 22, 26
Darwin Hybriden 22
Papageientulpen 10, 22
Tüpfelfarn (s. *Polypodium*) 151
Türkischer Mohn (s. *Papaver
orientale*) 10, 11, 27, 38, 40

Veilchen (s. *Viola*) 38, 45, 47, 74, 112
Veratrum 33, 74
V. nigrum 35, *35*, 59, *59*, 137, 157

V. viride 137
Verbascum 11, 22, 94
V. bombyciferum 22, 154
V.b. 'Polarsommer' **112**
V. nigrum 94
V. olympicum 22, 94, 154
Verbene (*Verbena*) 148
V. bonariensis **138**, **148**, 151, **155**,
161, *161*
V. rigida 151, **152**
Viburnum 148
V. opulus 142, 160
V.o. 'Compactum' 46, 47, **130**
V.o. 'Xanthocarpum' 160
V. sargentii 142, 145, *145*, 160
Viola 38, 45, 47, 74, 112
V. cornuta **13**, 45, **45**, **50**
V. 'Huntercombe Purple' 45
V. 'Jolly Joker' 45, 139, **139**
V. 'Paparadja' 45, **74**, 139
V. 'Roscastle Black' **44**, 45, **45**, **50**
V. tricolor **79**
Vitis
V. coignetiae 46, 54, *136*, 137,
150, 156
V. piasezkii 156
V. vinifera 'Purpurea' **150**, 156

Wachsblume (s. *Cerinthe*)
Wasserdost (s. *Eupatorium*) 74, 102,
104, 141
Weidenblättrige Birne (s. *Pyrus
salicifolia* 'Pendula') 95, 99, 100,
101
Wein, Wilder (s. *Parthenocissus
quinquefolia*) 156
Weißdorn (s. *Crataegus laciniata*) 11,
35, *35*
Wiesenkerbel (s. *Anthriscus
sylvestris*) **48**, 50, **53**, 98
Wiesenraute (s. *Thalictrum flavum*
subsp. *glaucum*) 69, 106, 142
Wohlriechende Wicke (s. *Lathyrus
odoratus*)
Wolfsmilch (s. *Euphorbia*) 16, 96 f.,
127
Wurmfarn, Gemeiner (s. *Dryopteris
filix-mas*) 55

Zierlauch (s. *Allium*) 38, 74, 90 f., 148
Ziertabak (s. *Nicotiana*) 112, 148
Ziest (s. *Stachys*) 11
Zinnie (*Zinnia*) 10, **86**, 112, 120, 123,
128
Z. 'Cactus Orange' *100*, 123, **123**
Z. 'Early Wonder Mixed' **13**, 123, **123**
Z. 'Envy' 123, **123**, 141
Z. 'Parasol Mixed' 123
Z. 'Peppermint Stick' **123**
Z. 'Scabious-flowered Mixed' **123**
Zuckermais **120**
Zyperngras (s. *Cyperus eragrostis*) 157 f.

167

Danksagung der Autorin

Dieses Buch benötigte nahezu fünf Jahre bis zu seiner Fertigstellung. Diese Mühe ging weniger auf meine Kosten als auf die meiner Familie und Freunde. Mein Ehemann Adam, meine Kinder Rosie und Molly und alle meine Mitarbeiter, die im Büro oder in der Gärtnerei arbeiten, wurden dabei in Mitleidenschaft gezogen.

Ich möchte mich besonders bei Tessa Bishop (und ihrer Familie), Anna und Charlotte Cheney, Jo Hart, Zeline Dupraz und Ken Weekes bedanken. Auch andere Freunde darf ich nicht vergessen: Anna Canetty Clark und Alison Moody lasen das Manuskript in seinem Anfangsstadium; Pip Morrison, der an der Geburt der Idee zu diesem Buch direkt beteiligt war, und mit mir den Trockengarten in Perch Hill anlegte und ebenso viele Einfälle über Farb-, Duft- und Strukturkombinationen hatte wie ich; Pots Samarine, Flora McDonnell, Aurea Carpenter und Kate Boxer ermutigten mich immer zum richtigen Zeitpunkt, eine Pause einzulegen oder weiterzumachen und zu einem Ende zu kommen.

Weiterhin möchte ich denjenigen danken, die mir und Jonathan erlaubten, ihre Gärten zu photographieren: Meiner Mutter Faith Raven, Mary Christie, Christopher Lloyd, Beth Chatto, David und Mavis Seeney, Sarah Cooke, Colin Hamilton, Julian Upstone, de Countess von Crawford und Balcarres, Margaret Ogilvy, Bill Chudziak, Robert und Jane Sackville West, Peter Rocket, Peter Beales und Graham Spencer von der Gärtnerei in Croftward und dem Personal von Monet's Garten in Giverny, das unser Eindringen ertragen hat.

Großer Dank gebührt meinem Herausgeber Tristram Holland, dessen Exaktheit und Genauigkeit an der Spitze einer herausgeberischen Brillianz stehen, die für mich unübertroffen ist; Caroline Hiller, die auch während stürmischer Zeiten an das Buch glaubte; Sarah Lutyens, meine Agentin, und Jonathan Buckley, dessen Fotografien diesem Buch ein prachtvolles Aussehen verliehen, so wie ich es erhofft hatte – sie alle setzten sich weit über ihre Pflichten hinaus ein.

Tony Lord, John Elsley, Fergus Garrett und Keith Atkey danke ich für ihre gärtnerische und botanische Beratung. Ohne sie, hätten sich einige nicht unbeträchtliche Fehler eingeschlichen.

Der größte Dank gebührt wahrscheinlich meinen Eltern, die wundervolle Gärten schufen, von denen ich lernen konnte, und Christopher Lloyd, der mich inspirierte, neue Wege zu beschreiten. S.R.

Bildnachweis

Alle Photographien stammen von Jonathan Buckley mit Ausnahme der hier angeführten (o. = oben, u. = unten, m. = mitte, r. = rechts, l. = links):

Deni Bown 149r.; Neil Campbell-Sharp 145u.; John Fielding 20r., 29m., 55o., 59u., 93r., 136u., 150o., 152l.u.; Garden Picture Library/Chris Burrows 140o.; John Glover 140m.o.; Sunniva Harte 140u., 161o.; Mayer/LeScanff 20l.; Howard Rice 99u.; JS Sira 103; Didier Willery 92u., 105u.l.,161.u.; Jerry Harpur 41o., 53r., 64/5, 105m.r. und u.r., 121u.l., 140m.u., 161m.o.; Marcus Harpur 99o., 117m., 135u.; Andrew Lawson 39m.u.m., 46m.u., 49o., 77u.l., 80o.l., r.m. und u.l., 99m., 109u., 118r., 120o., 134/5, 135o., 136m.u., 139l. und o.r.; Adrian Thomas Photography 55m., 84 o.r., 105m.l., 109o., 130l.; Pia Tryde © FLL 121o.r.

Die folgenden Gärten werden auf den hier aufgeführten Seiten gezeigt: Balcarres, Fife 91r.; The Beth Chatto Gardens, Essex 54, 62; The Dingle, Powys 151; Frenich, Perthshire 66/7, 67o.r. und m., 106, 107; Glyndebourne, East Sussex 97u., 129u., 155o.; Great Dixter, East Sussex 23l., 55u., 95m.u., 97o.l., 125u.r., 129o., 130r., 139r.u., 146/7, 152o.l., 159u.; Hadspen Gardens, Somerset 49o., 93r.; House of Pitmuies, Tayside 63; Invewe, Ross und Cromarty 64/5; Monet's Garden, Giverny, France 119o.; Powis Castle, Powys 154; The RHS Garden in Wisley, Surrey 39o., 69o.; Saling Hall, Essex 53r.; Sticky Wicket, Dorset 120o.; Ticehurst, East Sussex 110/1; Upper Mill Cottage, Kent 60/1.

Danksagung des Herausgebers

Der Herausgeber möchte Sally Cracknell für ihre Arbeit an der ursprünglichen Gestaltung danken, Sarah Pickering für die Unterstützung bei der Gestaltung, Marie Lorimer für das Erstellen des Index, und John Elsley und Tony Lord für ihre gärtnerische Beratung.

Illustration der Pflanzpläne Sally Launder
Gestaltung Sandra Wilson
Produktion Hazel Kirkman
Art Director Caroline Hillier
Bildredaktion Anne Fraser